莲乡的侠少年

公元 715 年 [15岁] 青莲乡

李白的诗时而浪漫玄妙，时而豪放不羁，脍炙人口的佳作为后世广为流传，但李白这个人又有着太多的未解之谜。

关于李白的出生地，就有些扑朔迷离。没有任何史书对李白的出生地有过明确记载，以至于后人再三推敲，形成了以下较为流行的三种说法：一种认为李白出生于蜀郡绵州昌隆县青莲乡（今四川江油市青莲镇）；一种认为李白出生于西域碎叶城（今吉尔吉斯斯坦境内）；一种认为李白出生于陇西成纪（今甘肃秦安）。

所以，青莲乡是否为李白的出生地尚有疑问，但他一定在那里度过

了一段美好的童年时光。普遍认为，公元705年，5岁的李白跟随父亲李客定居在了昌隆县青莲乡。李白或者把那里当成了故乡，或者对那里心怀眷恋，以至于在后来的人生中，即便行路万里，四海为家，也初心不改地以"青莲居士"自居。

"涪江中泻而左旋，盘江迂回而右抱"，说的正是李白的故乡青莲乡。只是李白在世时，这里还不叫青莲，而叫清廉，因盘江古时称廉水，涪江古时称清溪而得名。到了宋代，后人为了纪念李白，才把清廉乡改为了青莲乡。

青莲乡是个避世读书的好地方，李白天生聪颖，5岁诵六甲，10岁通读诸子百家。待年纪稍长，家中所藏书便被他读了个遍。15岁时，李白开始了游学生涯，他以匡山为读书的据点，把周边的戴天山、太华山、紫云山、窦圌山等游玩了个遍。巴山蜀水涵养了他健壮的体魄，陶冶了他热情、浪漫的情怀。

萧萧树 ◎ 著

大唐少年游

李白

花山文艺出版社
河北·石家庄

图书在版编目（CIP）数据

大唐少年游. 李白 / 萧萧树著. -- 石家庄：花山文艺出版社，2025. 2. -- ISBN 978-7-5511-7631-6

Ⅰ. K825.6-49

中国国家版本馆CIP数据核字第2024R8A570号

书　　　名：	**大唐少年游**
	DATANG SHAONIAN YOU
著　　　者：	萧萧树

责任编辑：	郝卫国
装帧设计：	李彦伟
美术编辑：	王爱芹
出版发行：	花山文艺出版社（邮政编码：050061）
	（河北省石家庄市友谊北大街330号）
销售热线：	0311-88643221/34/48
印　　刷：	三河市双升印务有限公司
经　　销：	新华书店
开　　本：	787毫米×1092毫米　1/16
印　　张：	29
字　　数：	320千字
版　　次：	2025年2月第1版
	2025年2月第1次印刷
书　　号：	ISBN 978-7-5511-7631-6
定　　价：	138.00元（全三册）

（版权所有　翻印必究·印装有误　负责调换）

目录

1
公元715年 [15岁] 青莲乡
青莲乡的游侠少年

6
公元720年 [20岁] 渝州
锦绣春日谒李邕

10
公元724年 [24岁] 峨眉山
仗剑去国，辞亲远游

14
公元725年 [25岁] 江陵
江陵踏歌行

18
公元726年 [26岁] 金陵
金陵酒肆李公子

22
公元726年 [26岁] 扬州
千金散尽思故乡

26
公元730年 [30岁] 江夏
"千古一别"送浩然

31
公元730年 [30岁] 长安
啊，长安！

36
公元733年 [33岁] 梁园
人世艰难，还是修仙吧

42
公元733年 [33岁] 襄阳
倦游归安陆

46
公元735年 [35岁] 颍阳
千秋功业一壶酒

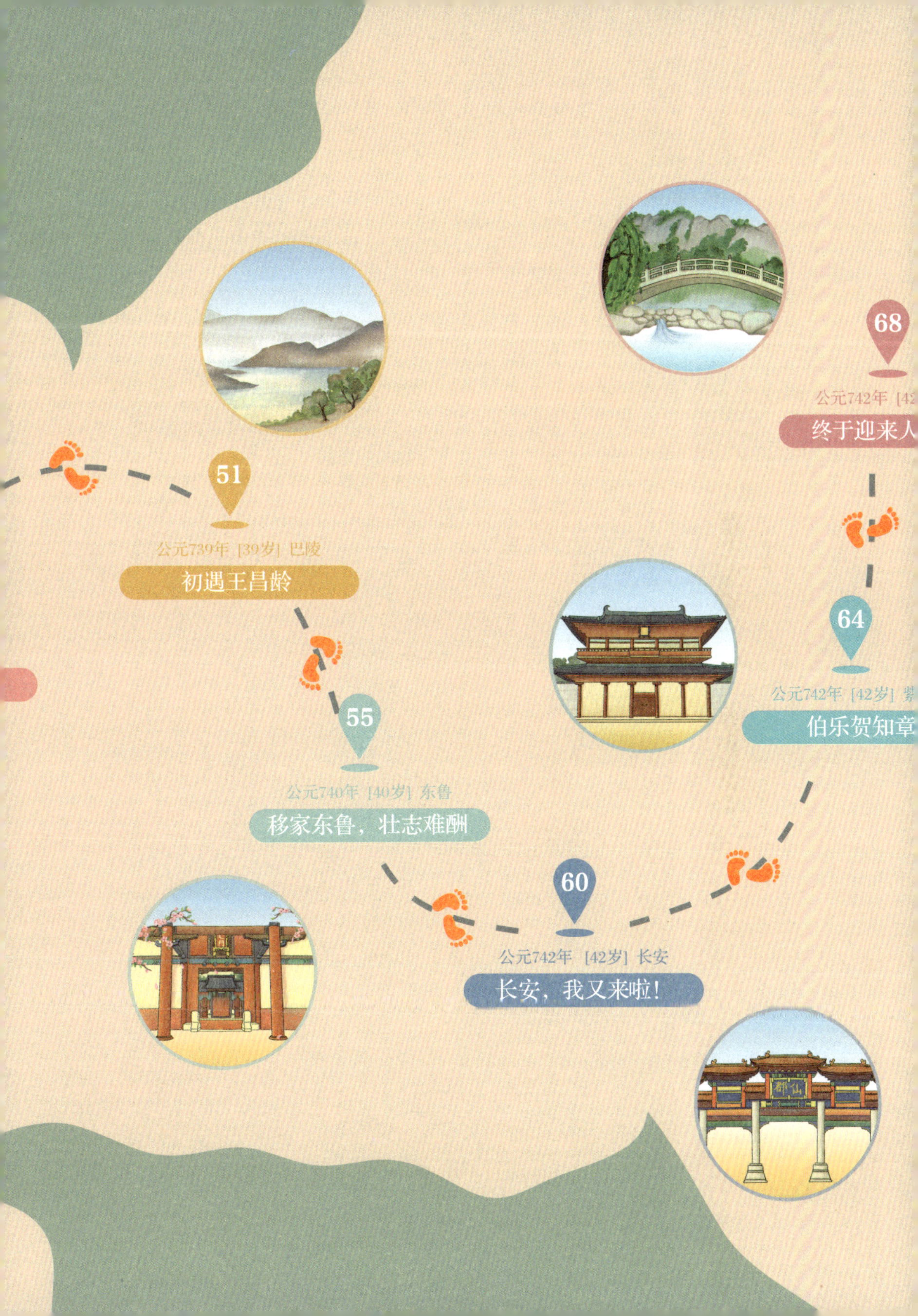

51 公元739年 [39岁] 巴陵
初遇王昌龄

55 公元740年 [40岁] 东鲁
移家东鲁，壮志难酬

60 公元742年 [42岁] 长安
长安，我又来啦！

64 公元742年 [42岁] 紫
伯乐贺知章

68 公元742年 [42
终于迎来人

73
公元743年 [43岁] 终南山
酒中八仙人

77
公元744年 [44岁] 长安
朝堂复杂，请辞还山

85
公元745年 [45岁] 齐州
归来已是"李道士"

81
公元744年 [44岁] 梁宋
"头号粉丝"杜子美

89
公元746年 [46岁] 天姥山
南下越中吟留别

98

公元752年 [52岁] 幽州

狼子之心谁可知?

102

公元753年 [53岁] 敬亭山

秋风黄叶到宣城

106

公元754年 [54岁] 宋城

逃亡，逃亡

93

公元747年 [47岁] 金陵

不觉浮云已蔽日

111 公元756年 [56岁] 庐山
投永王，出山即入坑

115 公元758年 [58岁] 白帝城
长流夜郎路八千

119 公元759年 [59岁] 颍阳
中兴梦碎醉洞庭

122 公元760年 [60岁] 庐山
为君槌碎黄鹤楼

125 公元762年 [62岁] 当涂
大鹏折翅，谁为出涕？

访戴天山道士不遇

犬吠水声中，桃花带露浓。
树深时见鹿，溪午不闻钟。
野竹分青霭，飞泉挂碧峰。
无人知所去，愁倚两三松。

虽然标题写明"访道"一事，但从诗的内容来看，俨然是在描写山中明丽清幽的风景，并不涉及道教思想，所以更像是一首写景诗。其实，游学和慕道并不冲突，唐朝盛行道教，道观多建在风景秀丽之地，也许正是早年学道的经历给予了他仙游名川的机会，也培养了他寄情山水的情怀。

除了学道，李白还酷爱剑术。人们可以想象一个长发少年郎，骑骏马、佩宝剑，策马山水间，正是"抚长剑，一扬眉，清水白石何离离"。后来，李白带着一身剑术登峨眉，出巴蜀，上庐山，游洞庭……去往了更广阔的世界。

也是15岁这年，李白遇到生命中至关重要的一个人——蜀中名士赵蕤。15岁正是一个少年最难管教的年纪，李父深知李白的才华，更懂他骨子里的桀骜，他急需一位良师，就那么凑巧，赵蕤出现了。

赵蕤造访李家，听李父谈论李白的顽劣，偶然看到案上李白所作的一首《初月》。诗中描绘李白散步至河边，仰头看着天上弯弯的月亮，俯身倾听着客船上的丝丝乐声，拒绝了西园毫无意义的文艺活动，只是静静地感受这孤独寂寞的夜。诗略显稚嫩，好似少年强说愁，但赵蕤却不这么看，他敏锐地觉察到诗作背后那颗不甘平凡的心，于是立刻要见一见这位"傲娇"的少年郎。

恰巧，李白正在后院舞剑，又那么恰巧，赵蕤是个剑术高手，忍不住上前指点一二，就这么一来二去，二人惺惺相惜。

三年后，周游巴蜀的李白来到梓州县，特意拜访了在长山修行的赵蕤。再次相见的二人，情分好似更深了，李白于是正式拜赵蕤为师，二人同住山中，读书练剑、谈论政治，为的是有一天能像管仲辅佐齐桓公一般，共匡天下。赵蕤学富五车，善纵横之术，又好行侠仗义；通晓道术，又深得法家真传；有着经天纬地之才，又淡泊名利，向往隐士生活……赵蕤身上的一切都深深吸引着、影响着李白。修行期间，李白不但在学问上有所精进，在思想上也染上了赵蕤那种知世而不入世的隐士之风，这为李白桀骜的一生埋下了伏笔。

以李白的性子，必然不会一直停留在赵蕤处，很快，他便告别赵蕤，再次踏上仙游蜀中的旅程。那么下一站他会去哪儿呢？

"地理发现"

匡山

相传,匡山是少年李白求学、习剑、悟道之处。李白、杜甫分别在诗中提到过灵气逼人的"匡山"。那么,是否确有其山呢?如果有,匡山又在哪里呢?1000多年过去了,就算有此山,名字也不知改过多少回了,实在很难推断。好在中国汉字博大精深,可以从"匡"字着手分析。这座山为什么以"匡"命名呢?是否山体看起来像个"匡"字呢?毕竟汉字起源于象形,发展于会意。通过三维地图,人们果然在四川江油周边发现了酷似李白所说的"匡山"。那是一座连体山,由东西两座山体连绵而成,位于太平镇边界沟村至大康镇因明村之间,当地人叫"大康山"。无论山体外形,还是两山位置,都与人们想象中的匡山十分接近,甚至十分符合"匡"的字形。最为关键的是,传说中的李白读书台、大明寺都在这片山体中找到了对应之处。

如今,人们把让水河河道东西两座山分别称为大小匡山,合起来便成了一座真正的匡山。匡山不仅囊括了大明寺、读书台、点灯山、太白祠等一系列人文遗址,还形成一个保持着原生态自然风光的景区。

锦绣春日 谒李邕

公元 720 年 [20岁] 渝州

告别赵蕤，李白前往成都。不过这次不是"仙游"，而是别有他求。

其实，这并不是李白第一次来成都。随赵蕤悟道后，他曾去往道教圣地青城山修炼神仙之术，而去往青城山必经过成都，那次才是李白首次到成都。

这次再下成都，李白已经20岁。20岁的青年雄心壮志，已生功名心，李白此番前来，不为修行，而是要干谒贵人，求取功名。他先是谒见了当时益州的长史苏颋。苏颋表达了对李白的欣赏，夸赞他"天才英丽，下笔不休"。苏颋虽然并没有给李白指出一条明确的仕途，但他的认可

无疑是对青年李白最好的激励。

李白的心情如春日阳光般明媚起来。既然干谒不成，不如一览成都美景，他瞻仰了司马相如琴台，游览了扬雄旧居，登上了散花楼并写下名作《登锦城散花楼》，恣意汪洋的笔法和强大的感染力初现端倪。

带着苏颋的鼓励和一身的傲气，迎着锦绣斑斓的春日阳光，李白决定下渝州，拜访李邕。

那么，李邕是谁呢？为什么要拜访李邕呢？

李邕，是当时知名的书法家，喜欢结交名士，且在推举后生方面是出了名的大度。因《黄鹤楼》而名噪一时的崔颢，就被李邕亲自邀来府中做客。李白心想，李邕如此爱惜后生，我李白的才华又绝不在崔颢之下，一定能得到他的举荐。

李白就是带着这样的笃定叩响了李邕的大门。

然而，他却碰了壁……

有理想、有抱负、才华加持、金钱傍身的李白，几乎是人人渴慕的存在，连地方长官都对他夸赞有加，偏偏李邕成了个例外。

其中缘由并不明朗，大概是因为李白在李邕面前不拘俗礼，又放言高论，把自己当成策士般纵谈王霸，吓坏了李邕这样的正经人。李邕在历史中的确是个极正面的人物，他"颇自矜"，不喜欢自卖自夸，欣赏不了李白这种"野路子"。这是事实。李白虽善结交，但结交的都是民间或道教修行人士，再加上李白个性桀骜，挥金如土，谒见李邕时，不拘礼仪，笑傲权贵，这在正经官宦世家看来，分明就是个"吊儿郎当"的纨绔子弟。

可李白不服啊，大手一挥，满怀愤懑地写下这首脍炙人口的《上李邕》。

上李邕

大鹏一日同风起，扶摇直上九万里。
假令风歇时下来，犹能簸却沧溟水。
世人见我恒殊调，闻余大言皆冷笑。
宣父犹能畏后生，丈夫未可轻年少。

李白自比大鹏，直接向李邕宣告：总有一日，我会借风而起，直上九万里高空。全诗每一字、每一句都带着被冷眼轻视后不服输的倔强。"大鹏"也是庄子哲学体系中自由的象征，是庄子最浪漫的幻想，代表着他傲视权贵和对个体自由的追求。后四句是对李邕怠慢之举的反击，"世人"指当时的凡夫俗子，这里影射李邕，"殊调"指不同凡响的言论，指他的高谈被当作"大言"来耻笑。李白万万没想到，礼贤下士的李邕竟是这般世俗，于是，就用孔圣人提拔后生的故事反唇相讥。

气是解了，但冷静下来，李白或许也进行了一番自我反思，认识到才华才是最好的反击。于是返回家中，沉下心来，拿出铁棒磨针的精神钻研学业，决心过个三年五载，再重整行囊，游历名山大川，干谒天下名士，到时还愁遇不到伯乐吗？

就这样，他再次住进了大匡山，收敛锋芒，深居简出。

"地理发现"

散花楼

李白在锦城登的那座散花楼，传说建于隋朝，为蜀王杨秀所建，后毁于南宋末年兵荒马乱之际。据考证，散花楼遗址就位于现在的成都市中心大业路一带。秦至隋年间，这一带有一大片水域，称"摩诃池"，后又多次更名，叫过"龙跃池""宣华池"等，这在杜甫、陆游的诗中都有所见。散花楼就曾遥立在水域边缘，这才有了李白的那首名篇《登锦城散花楼》。

2003年，散花楼和摩诃池在成都市市政府的城市规划中得到了重建，"日照锦城头，朝光散花楼"的美景也得以重现。如今，全新的散花楼位于成都市青羊区百花潭公园。由北向南的西郊河与自西向东的浣花溪在青羊宫东北角汇合，水流湍急，水花迸溅，形成一个白色的深潭，正是百花潭。只是不知百花潭是否能再现陆游笔下"宣华无树著啼莺，惟有摩诃春水生"的往日风光。

仗剑去国,辞亲远游

公元 724 年 [24岁] 峨眉山

在大匡山蛰伏数年,李白认为学有所成,便做了一个重大决定——仗剑去国,辞亲远游。这次是真的远游,他要走出巴蜀,结交天下士人,游遍大好河山,闯出一番功名。

24岁的李白,在人生最美好的年华,开始了他的征程。银鞍骏马、宝剑环腰、踌躇满志的他本想头也不回地离开故乡。然而,未知的前程固然令人欣喜神往,对过往的告别也令他神伤。终是勒马驻足,几番回头,直到离曾经读书、玩乐、修行、练剑的地方越来越远。

别匡山

晓峰如画碧参差，藤影风摇拂槛垂。
野径来多将犬伴，人间归晚带樵随。
看云客倚啼猿树，洗钵僧临失鹤池。
莫怪无心恋清境，已将书剑许明时。

这首诗明明白白记录了李白为了实现理想而决心离开故土的两难心情。整首诗极为细致地描写了匡山的风景、山间的小路、晚归的农民、大明寺的僧人等，勾勒了一幅美好而恬淡的生活场景，然而最后一句，话锋一转，表明自己对此番"清境"已是"无心恋"，因为"已将书剑许明时"。诗人用美景来衬托壮志，下定决心要把毕生所学献给清明盛世。

决心表给谁看？难道不是自己吗？李白内心深处何尝不是充满着隐世与入世的矛盾？从赵蕤处学来的隐逸情怀让他深深眷恋着故乡的恬静与闲适，然而大唐盛世下，好男儿不该志在四方，建功立业吗？

一声长鞭，策马疾驰，直到再也看不见匡山。

别过匡山，李白沿着大路直奔成都，途经峨眉山时，偶然结识了一位高僧，而这位高僧与初唐"诗骨"陈子昂是莫逆之交。

性情相投的人总是有缘相会。李白和高僧一见如故，再加上对陈子昂敬仰万分，便登峨眉山打算小住几日。高僧将珍藏的陈子昂的诗集交给李白，李白边欣赏峨眉山风景边研读前辈大作，不觉间，这一住竟长达数月。

下山时，已是初秋。出发前夕，在峨眉山下的青衣江边，李白乘上了船，望着天上的半轮秋月倒映在水中，忽然感慨万千，借着月光写下了这首《峨眉山月歌》。

峨眉山月歌

峨眉山月半轮秋，影入平羌江水流。
夜发清溪向三峡，思君不见下渝州。

这首诗不但报备了接下来的行程，而且又一次抒发了他依恋家乡山水的柔情。尤其最后一句"思君不见下渝州"，仿佛是在说：我很思念你，却难以再相见，因为我马上就要去往渝州了。

此诗妙在短短四句话，连用五个地名，交代了自己的行程，却丝毫不让人觉得刻意或有失美感，构思实属精巧新颖。从峨眉山到平羌江，再到清溪、三峡，最后下至渝州，一幅千里蜀江游行图跃然纸上。

是的，李白要去往渝州，但那里并非目的地，只是途经地。他要在渝州乘船一路东行：出三峡，入荆门，抵江陵。

一路上的风景，自然美不胜收，浪漫多情的李白也常常逗留，饱览美景之余，不忘恣肆挥毫泼墨，留下许多名篇，正如这首《渡荆门送别》。

渡荆门送别

渡远荆门外，来从楚国游。
山随平野尽，江入大荒流。
月下飞天镜，云生结海楼。
仍怜故乡水，万里送行舟。

由此可见，李白并不觉得远游十分艰辛，反而玩得不亦乐乎，又是游览，又是泛舟，又是赏月，又是作诗，可他似乎忘了一件重要的事，此番远行，是为了干谒名士，求取功名啊！

一拍脑门，继续上路吧！

"地理发现"

峨眉山

峨眉山屹立在四川盆地的西南边缘，是川蜀之行必不可少的旅游胜地。不仅如此，峨眉山还是中国佛教四大名山之一，相传为普贤菩萨的道场。

如今的峨眉山已成为一片占地约154平方千米的旅游风景区。景区内有寺庙26座，其中有8座名寺，香火旺盛。峨眉山最高峰万佛顶海拔3099米，佛教圣地华藏寺所在地金顶海拔3079.3米，峨眉山又有着"峨眉天下秀"的美誉。

峨眉山有着丰富的文化遗产，是中国佛教圣地，有"佛国天堂"之称。同时，它是全国著名的游览胜地，有着丰富的自然遗产，被誉为"植物王国""动物乐园""地质博物馆"。峨眉山凭借钟灵毓秀的自然景观和深厚广博的佛教文化，被联合国教科文组织列入《世界文化与自然遗产名录》。

江陵踏歌行

公元 725 年 [25岁] 江陵

过荆门，便是江陵了。对于李白来说，这是第一次真切感受到川蜀以外的文化，一切都是那么新鲜，山川清丽明秀，人儿清雅绝尘。

正当李白陶醉于青山绿水间时，突然得知一个天大的好消息，司马承祯道长要来江陵了。司马承祯是陶弘景的四传弟子，一心好道，拒绝入仕，遍游天下后便常年隐居天台山。这次正赶上司马承祯出游南岳衡山，路过江陵。李白年少慕道，对司马道士早就敬仰万分，能与偶像不期而遇，内心激动不已。李白立刻打听到司马承祯的行踪，前去拜访，

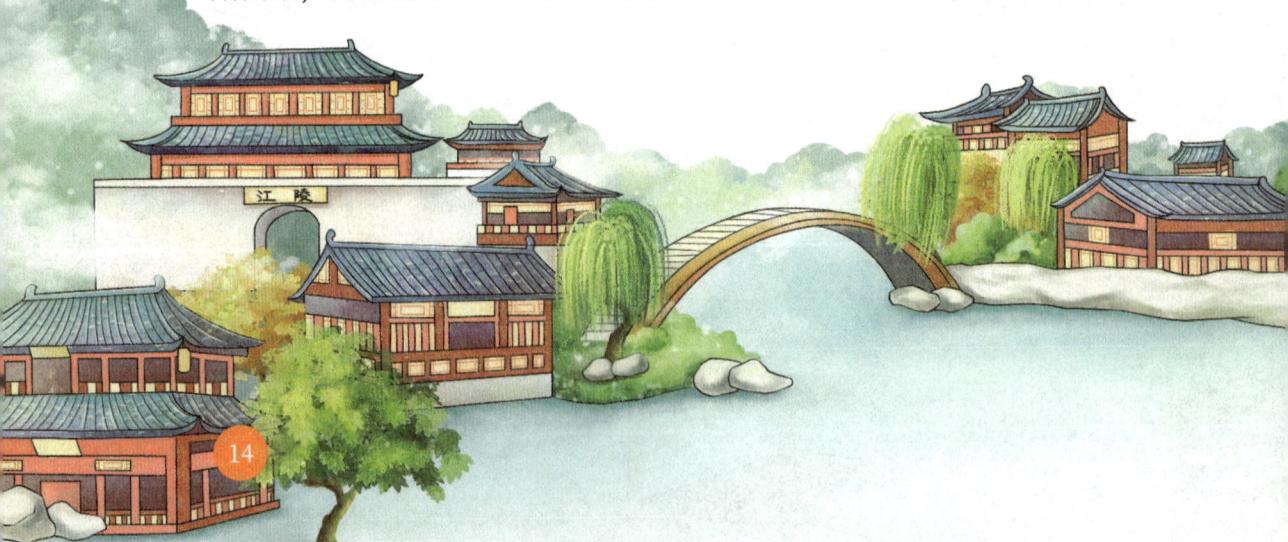

还特意将自己的诗文整理成册，呈献给道长。司马承祯见眼前青年举止不凡，颇有道家清秀之气，心中已是十分欣赏，又看了他的诗文，更是震惊有余，称赞他"有仙风道骨，可与神游八极之表"。

> 司马承祯（639—735），字子微，法号道隐，自号白云子，河内郡温县（今河南温县）人。少时笃学好道，无心仕途，常年隐居天台山。司马承祯有着极深的文学修养，与陈子昂、卢藏用、宋之问、王适、毕构、李白、孟浩然、王维、贺知章并称"仙宗十友"。
>
> 公元735年，司马承祯于王屋山阳台宫仙逝，时年九十有六，一生对中国道教文化做出了重大贡献。

一个初出茅庐的小子，能得顶级道长称赞，够他吹一辈子牛了。李白该是多么欢欣雀跃，多么骄傲自豪啊，当即洋洋洒洒写下千余字，这便是让他声名鹊起的《大鹏遇希有鸟赋》。

"大鹏"本出自庄子的寓言，李白以"大鹏"自况，以"稀有鸟"比司马承祯，将大鹏置于天地浩渺间，写出了大鹏壮志凌云、搏击万里的气魄，以及它无拘无束、超凡脱俗的性情。接着，李白以黄鹄等世间俗鸟与大鹏作比，将少年时代以来凝聚在心头却迟迟得不到抒发的豪情宣泄出来，表明自己欲大鹏展翅的宏大志向。全篇如大江东去，滔滔不绝，又变化万千，汪洋恣肆。

《大鹏遇希有鸟赋》让李白一战成名,也奠定了他洒脱俊逸、豪放飘逸的文风。与司马承祯的这次相遇深深影响了青年李白,坚定了他对道教的信念,以及他"五岳寻仙不辞远,一生好入名山游"的人生观。

李白当时恨不得立刻同道长神游八极。然而,20多岁的李白还有一颗功名心以及满腔的抱负,即便万分不舍,还是告别了司马承祯。

离开江陵后,李白顺江而下,直奔金陵,沿途也不忘游览名胜。经岳州时,登了岳阳楼,游了洞庭湖;到鄂州时,又游了江夏,登了黄鹤楼,游览了鹦鹉洲、赤壁、南浦等地。在登黄鹤楼时,李白诗兴大发,迫不及待地想要为这座千古名楼题诗一首,奈何崔颢的那首"昔人已乘黄鹤去,此地空余黄鹤楼"已经珠玉在前,便索性不写了。接着,李白继续东下,经过浔阳,来到庐山脚下,仰望巍峨壮丽的庐山和气势磅礴的瀑布,李白再也按捺不住胸中涌动的诗意,挥笔写下脍炙人口的《望庐山瀑布》。

望庐山瀑布

日照香炉生紫烟,遥看瀑布挂前川。
飞流直下三千尺,疑是银河落九天。

旅游绝对是灵感的源泉,李白这句"飞流直下三千尺,疑是银河落九天"简直是脑洞大开,也难怪成为千古名句。接着,李白登上香炉峰,从对面遥望瀑布,另作一首五言古体《望庐山瀑布》。

别过庐山,李白继续前行,很快来到当涂,游览了天门山而作《望天门山》,留下"两岸青山相对出,孤帆一片日边来"的名句。李白自此爱上当涂,并与当涂结下了不解之缘。后来,他又多次游历当涂,直到生命走到尽头的那一刻仍在当涂，为当涂留下许多诗篇。

暂别当涂，李白便往梦寐以求的金陵去了。

"地理发现"

青莲巷

江陵是李白首次出川，真正仗剑远游、闯荡江湖的第一站，或许连他自己也不曾想到，他这一生在江陵的日子算起来能有10年之久。直到公元728年定居安陆以前，他大部分时间在江陵一带游历。在这里，他广结善缘，极力融入名流雅士的圈子，了解中原文化，熟悉中原的民风民俗，结识了众多文人雅士。

据说，他在江陵期间住在今天湖北省荆州市沙市区解放路的青莲巷，这条巷子与杜甫曾住过的杜工巷近在咫尺，更增加了李白曾旅居青莲巷的可信度。而且人们也有理由相信，这一带很可能是当时外来文人常住的地方，如果是这样，进一步推测，"青莲居士"的名号或许来源于此。试想，李白初出茅庐，只是个才华出众却没有什么社会名气的青年，为了方便与社会交流，取一个与居住地相关的雅号做自己的活招牌，也未尝不可。总之，青莲巷就这样保留了下来。

如今，在繁华喧闹的沙市区，青莲巷就像一件古老的文物，见证着历史的沧桑巨变。

金陵酒肆

李公子

公元 726 年 [26岁] 金陵

当李白来到梦寐以求的金陵时，已是深秋时节。金陵，曾是孙权的大本营，六朝古都，长期以来都是中国南方重要的政治、经济、文化、军事中心，其繁华程度可见一斑。

经济的昌盛带来文化的繁荣，金陵成了文人最爱扎堆的地方。秦淮河最为繁荣时，两岸商贸云集，才子佳人皆流转于此。风流倜傥的李少侠自是不会缺席。李白虽不似后世的柳永那般流连风尘，但在金陵住了

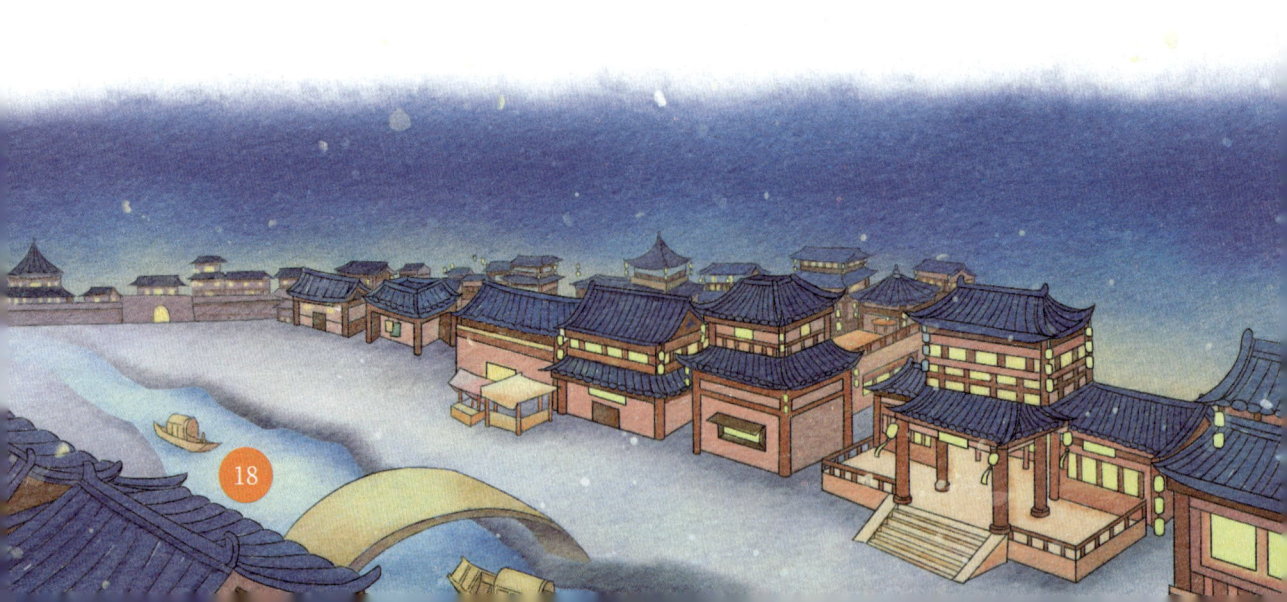

半年有余，也难免留下些风流韵事，不然怎么会写下这首缠绵悱恻的情诗《示金陵子》。

> ### 示金陵子
>
> 金陵城东谁家子，窃听琴声碧窗里。
> 落花一片天上来，随人直度西江水。
> 楚歌吴语娇不成，似能未能最有情。
> 谢公正要东山妓，携手林泉处处行。

诗一开篇点明了地点和人物，一位姑娘的琴声，悠扬婉转、余音绕梁，引人驻足窃听，足见其技艺娴熟。那么，琴艺如此好的佳人是谁呢？李白没有揭秘，而是用一片落花来比喻这位"金陵子"：她一定是翩翩下凡的仙女，与人共渡西江来到的金陵。

不可否认，20多岁的李白正意气风发，第一次听到这般娇滴滴的吴侬软语，铁汉也柔情，醉倒在了这琴音里，这才有了如此深情款款的赞美诗。最后，李白自比谢公（晋朝谢安），要携手这位金陵子游山玩水，诗酒风流呢！

此诗清新洒脱，仙气十足，情意绵绵却不落俗套，让人忍不住梦回千年，回到那金陵酒家，与李白一起听美曲、赏佳人。

喝酒、写诗、赏佳人，李白一定在这里玩得很开心。然而，开心的日子总是流逝得很快，好男儿志在四方，李白尚有远大的抱负未能实现，怎能沉迷于温柔乡？天下没有不散的筵席，李白觉得是时候动身了，离开这里，奔赴下一个目的地——扬州。临行前，新朋旧友在酒馆为他饯行，李白甚是感动，写下这首《金陵酒肆留别》。

> **金陵酒肆留别**
>
> 风吹柳花满店香，吴姬压酒唤客尝。
> 金陵子弟来相送，欲行不行各尽觞。
> 请君试问东流水，别意与之谁短长？

李白的风格向来是直抒胸臆，从来不肯兜兜转转，哪怕是一首令人伤怀的留别诗。春风拂面的时候，在江南水乡的一家小酒馆里，有这么一群为他送别的客人。春意正浓，但浓不过酒香，更浓不过这些人的情谊，一切都很美好，没什么大不了，把酒言欢就好，莫要问前途，也不要发愁什么时候再相见，只带着美好愿望，去憧憬就对了！

来送别的不是稀疏几个人，而是一群人，可见我们这位李少侠在金陵逗留的短短半年时间里积攒了不少人气！据说李白是个富家子，出门在外，常常仗义疏财。年轻风流、才气逼人又仗义疏财的李白，谁能不爱呢？

然而，相聚再开心，终要离别，他还有更重要的事要做，那么下一站，要去哪里呢？定是让他魂牵梦绕的扬州。

"地理发现"

孙楚楼

李白在金陵期间,几乎日日饮酒,而他喝酒也从来不挑地方,大酒楼也饮过,小酒馆也喝过,大街小巷,闻着酒香随处停下来就喝。于是,金陵到处留下了李白与友人喝酒的身影,而金陵的名胜古迹也大多被李白写进了诗歌里,孙楚楼就是其中之一。

相传,孙楚楼由晋朝太守孙楚所建,位于金陵城西,挨着秦淮河,大约在今南京市集庆门一带,只是这座名楼早已毁在了历史的沧桑巨变中,人们已经很难再一睹其风采。孙楚楼是李白很喜欢去的酒肆之一,更留有"朝沽金陵酒,歌吹孙楚楼"的名句。相传,有一次李白跟朋友在孙楚楼喝到了天亮,又一起乘船,沿着秦淮河继续喝酒欢歌,把两岸熟睡的人家都吵醒了。

孙楚楼虽然被毁,但它的名号一直传承下来。明初之际,人们在孙楚楼的遗址上建立了醉仙楼,但为了纪念李白,称它为孙楚酒楼或太白酒楼。后来这座酒楼于明代中期废弃,又于清代复建,几番修葺,样貌不知变了多少回,但唯一不变的是,它始终是文人墨客云集之地。

千金散尽思故乡

公元 726 年 [26岁] 扬州

李白在金陵一待就是大半年，又是喝酒又是交友，玩得不亦乐乎，然而这开心的背后也隐含着丝丝失落。因为此番出游的目的是干谒天下名士，求个报效朝廷的机会，结果却是"十谒朱门九不开"，只能纵情山水。谁又懂其中的心酸与寂寥呢？

第二年春天，也就是公元 726 年一开春，李白便决定离开金陵，去往扬州探探门路。在扬州短暂停留后，李白发现官员和当地其他有头有脸的人都奉诏去泰山观皇帝封禅大典了，根本无人可谒。李白决定继续南下，经镇江、苏州、杭州，至剡中一带，于是有了这首《别储邕之剡中》。此诗对这次旅行做了很好的描述："舟从广陵去，水入会稽长。"

李白是夏天从扬州乘船沿京杭大运河南下的，过会稽，再沿曹娥江逆流而上，至剡中再往天台山时已是初秋。在一个秋高气爽的日子里，李白登上华顶峰，写下了《天台晓望》。

天台晓望

天台邻四明，华顶高百越。
门标赤城霞，楼栖沧岛月。
凭高登远览，直下见溟渤。
云垂大鹏翻，波动巨鳌没。
风潮争汹涌，神怪何翕忽。
观奇迹无倪，好道心不歇。
攀条摘朱实，服药炼金骨。
安得生羽毛，千春卧蓬阙？

同期之作还有《早望海霞边》："四明三千里，朝起赤城霞。日出红光散，分辉照雪崖。一餐咽琼液，五内发金沙。举手何所待，青龙白虎车。"诗中的四明山与天台山、大盘山、天姥山，形成群山错落、幽谷穿岩的自然风景名胜。但李白似乎无心美景，而是把焦点放在了寻仙问道上，大概是因为心中敬仰的司马承祯的道观就建在天台山上，只是此时的道长应玄宗征召入京，未能相见。

天台山之游后，李白认为还是要返回扬州。扬州是唐朝淮南大都督府所在地，更是重要的内陆水上交通枢纽，这里百姓富庶、城市繁华，一点儿也不逊色当时的京城长安，就好比今天的上海，颇有水上"魔都"的味道。李白本以为能在繁华的扬州得贵人指点，然而他仍像在金陵那般拜谒无门，不得权贵的青睐。

既然如此，李白又走上了过去的老路子，登高览胜、饮酒问月、呼

大唐少年游

朋唤友、仗义疏财。这里可是扬州啊，李白再有钱，也禁不住这么个"散"法，很快他就囊中羞涩了。

没了金钱傍身的李白，立刻不那么光彩照人了，酒肉朋友日渐疏远，求仕之途依然艰难，再加上两年来的奔波，李白顿感惆怅，身心俱疲，病倒在了旅舍中。"树倒猢狲散"，好在还有个靠谱的朋友，这位"扬州好人"就是被李白称为"孟少府"的江都县县丞。孟少府又是为李白求医问药，又是差人送钱，就差衣不解带地亲自照顾了。在朋友的关照下，李白的身体好不容易好转起来。

回想近两年的远游生涯，李白百感交集，夜不能寐，倚靠窗边，见皓月当空，才想起来正值中秋佳节。离家越来越远，却一事无成，如今还贫病一身，乡愁不由得从胸口涌出，于是提笔写下这首流传千年的《静夜思》。

静夜思

床前明月光，疑是地上霜。
举头望明月，低头思故乡。

纵观李白的一生，思乡诗并不多见，可见在扬州的这一病，对李白的打击着实不小。

那么，接下来，是选择返乡，还是继续踏上征程呢？病后的李白锐气大减，两年的挫败让他变得踌躇不决。这时，又是这位"扬州好人"孟少府给李白指了一条出路，让他前往安州。去安州干什么呢？

入赘，成亲。

"地理发现"

天台山

天台山位于浙江省东中部，地处宁波、绍兴、金华、温州四市的交界地带，主峰海拔 1098 米，虽不算挺拔雄伟的高山，却贵在奇石林立、别有洞天。它的秀丽风景曾令无数文人骚客折腰。

天台山有着得天独厚的自然景观，奇石、幽洞、飞瀑、清泉，它们又共同孕育出众多的奇草异木、珍禽异兽，如有着"长生不老药"之称的乌药和"救命仙草"铁皮石斛等。奇的是，在千米云端之上还分布着十分稀有的百年云锦杜鹃，老干虬枝，枝繁叶茂，树龄最大的已逾千年。每至暮春时节，淡红、嫩黄之花竞相开放，花大而艳，犹如碗口，且一树千葩，因此又有"千花杜鹃"之称，望之似锦若霞，可谓天台山一大奇观。

如今，天台山已成为国家 5A 级风景区，包括国清寺、石梁飞瀑、琼台仙谷等众多观光景点，吸引着无数游客。

"千古一别"送浩然

公元 730 年 [30岁] 江夏

没错,李白要成亲了,而且是入赘!

孟少府介绍的这门亲,在离扬州不远的安州,是当地的名门望族许家。许氏祖父许圉师曾是高宗一朝的宰相,父亲也在中宗一朝做过员外郎。许员外膝下有一女,出于种种原因耽搁了婚事,如今正想降低门槛,招婿上门。

对于这门婚事,李白其实十分犹豫,但眼下也没有更好的出路,只好先上路,去了再作打算。

前途渺茫，入赘的事也没想好，李白一路上心绪烦躁。突然听闻自己仰慕已久的诗人孟浩然在襄阳隐居，李白便特地绕道襄阳拜会偶像。

当时的李白，虽然无缘仕途，但才华早就名扬天下，孟浩然也早就想见一见这位自由不羁的"李大侠"了。二人就这样一见如故，一连几日促膝长谈、不眠不休。李白自然也谈到了入赘许家的犹豫。

孟浩然听后，想起了自己艰难的仕途。他也是个有理想的人，从小刻苦学习，为的就是有朝一日能入朝为官，建功立业。终于，孟浩然学有所成，成为远近闻名的才子，但由于唐代科举考试门槛太高，做官的梦想难以实现，只能不断干谒官员，进献诗文，以期得到举荐。然而，任凭干谒诗写得再漂亮，也难遇伯乐。就这样，心灰意冷的孟浩然便在襄阳鹿门山隐居起来。

这人生路径，是否很熟悉？是的，跟李白的梦想、志趣、境遇简直是复制粘贴！所以，二人才如此投缘。孟浩然比李白年长12岁，是妥妥的大哥，李白对他既尊敬又崇拜，孟浩然也真心地希望能为李白的入仕之路出一把力。认真思索几天后，孟浩然认为李白入赘许家当是个不错的选择。"乡曲无知己，朝端乏亲故。谁能为扬雄，一荐甘泉赋。"他认为，李白目前最大的障碍就是朝中无人，或许可借许家门楣一用，举荐入仕或许就不难了。再者，许员外为人宽厚，十分惜才，家里颇有些藏书，若是入赘许家，还可以深耕学业。这岂不是一举多得的好事！

李白听孟浩然这么一番分析，大腿一拍，想通了，一路赶往安陆，和许氏成了亲。那年，李白27岁。

时光荏苒，一晃三年过去了，婚后的李白隐居于许圉师读书的白兆山，深耕学业。可以说，那几年，是他这一辈子最为安定的几年，直到有一天，收到孟浩然的一封来信，说要去扬州了。二人已是许久未见，分外想念，于是约定当年的三月在江夏相见。

当时的孟浩然因仕途不顺而寄情山水，从襄阳南下至江夏，想要见过李白后继续顺江而下，抵达扬州。

> 孟浩然（689—740），字浩然，号孟山人，襄州襄阳（今湖北襄阳）人，世称"孟襄阳"。唐代著名山水田园派诗人。
>
> 孟浩然以五言古诗见长，代表作有《春晓》《过故人庄》《早寒江上有怀》《望洞庭湖赠张丞相》等。因艺术上的独特造诣，后人把孟浩然与王维并称"王孟"。
>
> 孟浩然早年有志用世，在仕途困顿、痛苦失望后，尚能自重，不媚俗世，修道归隐。

故友重逢，推杯换盏、相谈甚欢自不必说，兴之所至，二人携手同登黄鹤楼。

时值阳春三月，正是燕舞莺啼好时节，两人登高望远，看长空万里，看漫山春色，看大江东去，好不畅快。

几天后，孟浩然乘船东下，李白送到江边，有不舍，也有艳羡。毕竟，"腰缠十万贯，骑鹤上扬州"是唐人的最高理想，更何况是在这样一个充满生机的美丽季节。

身未动，心已远。

正是这次相送，让李白写下了千古名篇《黄鹤楼送孟浩然之广陵》。

李白

黄鹤楼送孟浩然之广陵

故人西辞黄鹤楼,烟花三月下扬州。
孤帆远影碧空尽,唯见长江天际流。

　　这是一首非典型的离别诗。通常离别诗都充满离愁别绪,显得悲凉孤寂,而这首诗丝毫不见悲伤,反而流淌着快乐和向往。分别的双方都是风流潇洒的诗人,加上当时正是阳春三月,李白遥望孤帆远影,羡慕孟浩然去往自己神往的扬州,胸中无限的深情和畅想随着江水荡漾而去。愉快的分别中带着满满的向往,使得这次离别多了几许诗意,少了几许伤情。

　　此去经年,不知故友何时能够再见,但愿故友此番能如大鹏展翅腾

空而起，转念一想，自己又该何时才能离开白兆山呢？

打马回家的路上，李白感慨良多，心情复杂。

"地理发现"

黄鹤楼

黄鹤楼始建于三国东吴黄武二年（223年），因唐代诗人崔颢登楼所题《黄鹤楼》一诗而名扬四海，自古有"天下绝景"之美誉，与湖南岳阳岳阳楼、江西南昌滕王阁并称"江南三大名楼"，是"中国古代四大名楼"之一、"中国十大历史文化名楼"之一，世称"天下江山第一楼"。

黄鹤楼屡建屡废，现存建筑以清代"同治楼"为原型设计，建于1985年。主楼为四边套八边形体、钢筋混凝土框架仿木结构，通高51.4米，底层边宽30米，顶层边宽18米，飞檐五层，攒尖楼顶，顶覆金色琉璃瓦，由72根圆柱支撑，楼上有60个翘角向外伸展。楼外有铸铜黄鹤造型、胜像宝塔、牌坊、轩廊、亭阁等建筑环绕，整楼形如黄鹤，展翅欲飞，檐下四面悬挂匾额，正面悬书法家舒同题"黄鹤楼"三字金匾。

如今的黄鹤楼位于湖北省武汉市武昌区，地处蛇山之巅，濒临万里长江，与晴川阁、古琴台并称"武汉三大名胜"。

啊，长安！

公元 730 年 [30 岁] 长安

别过孟浩然，回到白兆山后的李白久久不能平复心情，他不甘心久居于此，必须要做点儿什么。岳父大人能不知道他的心思吗？早就开始为他张罗了，这不正值"千秋节"（唐玄宗生辰），许员外借此机会宴请地方官员，为的就是把自家女婿李白介绍给大家。

宴会上，李白特意将整理好的诗文分发给在座的官员，还耍了一段剑术给大家助兴。正巧新上任的安州裴长史是个文韬武略、喜欢提携后生的人，看过李白的诗文后，他十分欢喜，认为李白是个可造之才，恰逢皇帝下诏书求举人才，心中便暗暗属意李白。

一切似乎正在向着好的方向发展，然而，上天似乎也在嫉妒李白的才华，意外发生了。

这天，李白在郊外偶遇一位老僧，二人相谈甚欢，一时忘了时间，等到回家时，街鼓已过，大街小巷已关门闭户。唐代法律规定，夜幕鼓声过后，行人不得在街上逗留。李白心存侥幸，硬着头皮往家赶，巡夜的士兵也都认得他是许家的女婿，不多为难，只当看不见便放行了。但不知为何，自此关于许家女婿聚赌宿娼、夜不归宿的谣言不胫而走，而这事也传到了裴长史的耳中，就这样举荐之事不了了之。李白不甘心，几次拜访裴长史，结果都被拒之门外。

一切又回到了原点。

李白赌气搬回白兆山，但心里就像扎了根刺，搅得他寝食难安。某个夜里，辗转难眠的李白提起笔来，一气呵成，写下《上安州裴长史书》。李白的本意是想借诗文自我介绍，说说自己的冤屈，谈谈自己的理想，相当于投诗干谒。

结果，写着写着，突然豪放起来，放荡不羁、骄傲自负的本性暴露无遗："若赫然作威，加以大怒，不许门下，遂之长途，白既膝行于前，再拜而去，西入秦海，一观国风，永辞君侯，黄鹄举矣。何王公大人之门，不可以弹长剑乎？"意思是说，安州容不下我李白，我不信长安没有我的路。长安城的大门为我而开，哪个王公大人怠慢我，我就弹剑而歌，何愁没有鱼肉，出门没有车呢？

当这封傲气冲天的书信被送到裴长史跟前时，李白注定不能再留在安州了。

公元730年，李白告别许氏，由安陆出发，途经襄阳、南阳、商州、蓝田，西入长安。这年的盛夏时节，李白抵达春明门，高耸的皇城近在眼前。李白兴致勃勃地游荡在长安的各个角落，曲江池、大慈恩寺、明德门、朱雀门、东西二市等，帝都的繁华让李白眼花缭乱，京城的文化盛景让李白斗志昂扬，心里的那团火仿佛更加灼热了。

这团烈火促使李白叩响了宰相府的大门，将岳父的书信和自己的诗文递了进去。果然，没几天，李白就被张宰相的二儿子、宁亲公主的驸马张垍热情地安排在了玉真公主的别馆。

玉真公主是唐玄宗的亲妹妹，自小便做了女道士。她才华无双，还颇有政治眼光，向朝廷推荐了不少人才。李白也明白了驸马张垍的用意——只要得到玉真公主的赏识，就能被举荐入朝。

但玉真公主常年在外修道，不知归期，李白就这么被干巴巴地晾在了离京城几十里远的玉真别馆，一连二十几天，都没有张垍的消息。李白顿感不妙，写下了《玉真公主别馆苦雨赠卫尉张卿二首》。

玉真公主别馆苦雨赠卫尉张卿·其一

秋坐金张馆，繁阴昼不开。
空烟迷雨色，萧飒望中来。
翳翳昏垫苦，沉沉忧恨催。
清秋何以慰，白酒盈吾杯。
吟咏思管乐，此人已成灰。
独酌聊自勉，谁贵经纶才。
弹剑谢公子，无鱼良可哀。

李白在诗中大发牢骚，抱怨张垍将其置于别馆不闻不问，只得在这绵绵不绝的秋雨中左顾右盼、借酒浇愁。这是赤裸裸地兴师问罪啊。牢骚发完，心里的确没那么憋屈了，但李白也深知，张宰相父子这条路走不通了。

愤懑之余，李白收拾行囊，准备告别相爷后就返回安陆，哪知来到相府门前，才知相爷归天了。李白欲进门吊唁，却被拒之门外，可是就这么回去有失礼节，于是又在长安逗留了几日，走访了几位许家的亲属故旧，但都碰了壁！

这时的李白已经三十出头。来长安已近一年，想起这一年来的遭遇，李白心中愤懑，说好的"广开才路"，路在我李白脚下怎么就这么难？万千的委屈化为诗篇迸发而出，写下《行路难》三首。

行路难·其二

大道如青天，我独不得出。
羞逐长安社中儿，赤鸡白雉赌梨栗。
弹剑作歌奏苦声，曳裾王门不称情。
淮阴市井笑韩信，汉朝公卿忌贾生。
君不见昔时燕家重郭隗，拥篲折节无嫌猜。
剧辛乐毅感恩分，输肝剖胆效英才。
昭王白骨萦蔓草，谁人更扫黄金台？
行路难，归去来！

诗中，李白大声呼喊：眼前条条通天大道，眼见别人一个个飞黄腾达，为什么唯独我李白找不到出路呢！长安啊！你的路在哪儿呢？我又该何去何从？回安陆，还是继续周游？

李白茫然无措！

"地理发现"

大雁塔

大雁塔位于唐长安城晋昌坊（今陕西省西安市南）大慈恩寺内，又名"慈恩寺塔"。最初，是由大唐玄奘法师主持修建，为的是供奉从天竺带回的佛教梵文典籍、佛像和舍利。该塔仿照的是西域窣堵坡形制，五层砖塔，砖面土心，不可攀登，每一层都存放着舍利。后来，大雁塔经历代改建、修缮，逐渐演变成具有中国传统建筑特点的砖仿木结构，结构牢固，可以像阁楼一样供人攀登。

如今，大雁塔塔高约64米，塔身枋、斗拱、栏额均为青砖仿木结构，是唐朝长安城保留至今的古建筑标志之一。

人世艰难，还是修仙吧

公元 733 年 [33岁] **梁园**

旅居长安期间，李白结识了陆调，又因陆调结识了王炎。天下没有不散的筵席，李白拜谒不成，打算离开长安，而王炎选择去蜀中漫游，二人自然谈论起蜀中的风土人情。推杯换盏间，眼下的离愁别怨、未来的路途迷茫都涌上心头，李白不免诗兴大发，创作了旷世名篇《蜀道难》。

蜀道难（节选）

噫吁嚱，危乎高哉！
蜀道之难，难于上青天。
蚕丛及鱼凫，开国何茫然。
尔来四万八千岁，不与秦塞通人烟。
西当太白有鸟道，可以横绝峨眉巅。
地崩山摧壮士死，然后天梯石栈相钩连。
上有六龙回日之高标，下有冲波逆折之回川。
黄鹤之飞尚不得过，猿猱欲度愁攀援。
青泥何盘盘，百步九折萦岩峦。
扪参历井仰胁息，以手抚膺坐长叹。
问君西游何时还？畏途巉岩不可攀。
但见悲鸟号古木，雄飞雌从绕林间。
又闻子规啼夜月，愁空山。
蜀道之难，难于上青天，使人听此凋朱颜！

此诗袭用乐府旧题大胆畅想，从历史、传说和自然地理环境，逐渐深入社会政治的角度，全方位歌咏蜀道之难，诗人将传说、想象等虚的东西与山川、历史、现实等实的东西融为一体，营造出一个神秘而惊险、奇幻而壮阔的世界，反映了李白出神入化的文字造诣。

20多岁的李白意气风发而作《大鹏遇希有鸟赋》，30多岁的李白历尽人世艰难而作《蜀道难》，两篇均是一经问世就产生巨大影响的名篇，尤其《蜀道难》被当时的人誉为"奇之又奇，然自骚人以还，鲜有此体调也"。多年后，再次入京的李白，正是因此不朽的名篇打动了伯乐贺知章，并留下一段金龟换酒的佳话。

酒醒之后，送别友人，李白想起当初离开安陆时的豪言壮语："何王公大人之门，不可以弹长剑乎？"惭愧呀！或许是没能想好今后的路，也或许是无颜回安陆见岳父和夫人，总之，这位孤独的侠客并没有直奔安陆，而是顺着黄河来到河南道梁宋一带。

梁宋历史悠久，摔个跟头都能磕出几片甲骨来，对于唐朝文人来说，无疑是一处很好的访古胜地，对于此时此刻心怀怨怼的李白来说也是个再好不过的去处。李白就这样拖着疲惫的身躯在梁宋一带游荡，恍恍惚惚来到一处西汉梁孝王修建的园林遗址——梁园。

数百年的时光，倏忽而过，文中所描述的梁园盛景早已不再，如今的梁园不过是一片断壁残垣。人世沧桑，乾坤巨变，李白突然悲从中来，写下这首《梁园吟》。

梁园吟（节选）

我浮黄河去京阙，挂席欲进波连山。
天长水阔厌远涉，访古始及平台间。
平台为客忧思多，对酒遂作梁园歌。
却忆蓬池阮公咏，因吟"渌水扬洪波"。
连呼五白行六博，分曹赌酒酣驰晖。
歌且谣，意方远。
东山高卧时起来，欲济苍生未应晚。

这首诗无疑是李白的情感宣泄，它利用各种抒情手段形象地记录下自己的心境变化。客观景物与历史遗事的碰撞，再加上一些生活场景的描写，让人感到一股强烈的情感激流。然后，一个正在进行着苦闷挣扎的灵魂跃然纸上，它正舔舐着伤口，愤怒地抵抗着时世对他无情的摧残和压迫。

　　而立之年的李白不再那么意气风发，他的心境发生了翻天覆地的变化，仕途的坎坷，让他渐渐萌生入道的想法。

　　这个想法，让李白别过梁园，直奔嵩山，拜访在蜀中结交的故人元丹丘道士。元丹丘是当时著名的隐士，好神仙之术，常年隐居在嵩山。元丹丘所居之地北倚马岭，南瞻鹿台，对望汝海，是个适宜清修的圣地。

> 　　元丹丘，唐朝人，生卒年不详，是李白于20岁左右在蜀中认识的道友，也是李白一生中重要的交游人物之一。
>
> 　　李白曾与元丹丘隐居在河南嵩山。元丹丘好修仙之术，被李白当作长生不死的仙人，李白曾为元丹丘作诗14首。元丹丘不但对李白的文学创作有所影响，更对李白放弃功名、产生隐退思想的形成有着举足轻重的影响。

　　在元丹丘处，李白那颗无处安放的心终于找到了归处。二人同游中岳，登三十六峰，累了便饮酒，兴致来了便赋诗，同醉同眠。清晨，李白看他在颍川边引水；夜幕降临，李白看他在紫烟环绕的嵩山顶闲游。

李白感受到了仙人的自由和逍遥，发誓此生决不向权贵低眉，决不因世事无常而改变初心，大不了就卸下尘世间的烦恼，同他一起修仙！正如这首《元丹丘歌》所写："横河跨海与天通，我知尔游心无穷。"

修仙固然不错，但李白有妻有子，还有着对功名的执念，怎么能统统放下呢？最终，告别元丹丘后，李白继续游荡，抵达了繁华的东都洛阳。东都繁华，尽是王侯贵胄，同时弥漫着一种奢靡颓废的风气。李白不但没有找到入仕之路，反而开始了一段"黄金白璧买歌笑，一醉累月轻王侯"的纵情生活。

冬去春来，又一年过去了。李白每每买醉，醒来感受到的只有更加强烈的孤独。这天，醒来已是深夜，耳边突然传来阵阵幽怨的笛声，使他想起大匡山，想起父母已两鬓斑白，又想起临行前夫人折柳送别的情景，再也抑制不住内心的悲伤，写下《春夜洛城闻笛》。

春夜洛城闻笛

谁家玉笛暗飞声，散入春风满洛城。
此夜曲中闻折柳，何人不起故园情。

古人有折柳送别的习惯，曲子所吹奏的正是古曲《折杨柳》，春夜、醉酒、笛声，周围的一切深深勾起了李白的乡情。

策马回家！

"地理发现"

嵩山

嵩山地处中原腹地，属伏牛山系，是五岳中的中岳。嵩山由东部太室山和西部少室山相连组成，太室山与少室山各拥三十六峰，峰峰有名。

嵩山北瞰黄河、洛水，南临颍水，东临五代京都汴梁，西连古都洛阳，素有"汴洛两京、畿内名山"之称。因为得天独厚的地理位置，嵩山曾迎来众多皇帝、名人，更被称为神仙相聚的洞天福地。

嵩山是道教圣地，古名为外方、嵩高。嵩山上建有多座道教建筑，其中最著名的要数中岳庙。中岳庙前身是太室祠，是道教圣地之一，有"第六小洞天"之称。如今，中岳庙已成为五岳中现存规模最为宏大的、保存较为完整的古建筑群。

除道教建筑外，嵩山还是佛家圣地。位于嵩山五乳峰下少室山茂密丛林之中的少林寺自古以来香火旺盛，与白马寺、相国寺、云岩寺一道，被称为"中原四大名寺"。印度名僧菩提达摩曾不远万里来到少林寺传授禅法。此后少林寺名气大增，僧徒不断从四面八方慕名而来，少林寺声名大振，于是不断扩建，被誉为"天下第一名刹"。

倦游归安陆

公元 733 年 [33岁] 襄阳

　　公元 733 年年底，一直在外闯荡的李白带着一身倦意回到安陆家中。然而，在他离开的这三年，家中发生了太多变故。岳父已病逝一年，家产旁落，妻子许氏只分得几亩山田。种种打击下，许氏忧愤成疾。

　　在外谋事不成，家里后院还"起火"，李白产生了遁世的想法，二话不说，举家迁往他曾经读书的白兆山。远离尘世喧嚣，在青山绿水间，李白渐渐找回了内心的宁静，妻子的身体也逐渐康复，日子倒也清闲自在。

　　这天，李白收到孟浩然的来信。原来孟浩然的旧识荆州大都督府长史韩朝宗兼任了采访使。采访使是为陛下寻访民间人才的官职，孟浩然便想到了李白。韩朝宗本就有着推贤进士的美名，又与孟浩然相识，这让李白再次看到干谒的希望，便欣然前往襄阳，直奔孟浩然处。

　　韩朝宗正宴请四方，孟浩然特意安排李白代自己赴宴，好让他借机结识这位贵人。孟浩然深知李白脾性，千叮万嘱让他不要意气用事，结果"李大侠"的一番操作，还是把自己的干谒之路堵死了。

其实原也没有发生什么大事,只是宴会上各路人等捧高踩低、趋炎附势,处处排挤李白,给他难堪。李白自尊心受挫,又看不惯小人模样,借着酒劲留下一封书信便扬长而去,正是《与韩荆州书》。

文章写得真叫一个气势磅礴、文采斐然,但字里行间也确实太过桀骜跋扈、咄咄逼人。虽然开篇对韩荆州举贤任能之事大加歌颂,但一句"而君侯何惜阶前盈尺之地,不使白扬眉吐气,激昂青云耶?"这种言辞确定是有求于人,而不是在威胁人吗?

所谓干谒,虽说要表现自身的才华,但要含蓄、谦虚地表达才好,像李白这样一会儿以先贤自况,一会儿又与当朝名士自比,处处表达自己的才华可"平交王侯",这哪里是有求于人的态度呢!果然,韩朝宗拒绝举荐李白。

干谒再次失败,李白的心情可想而知,而他排遣的方式便是览胜和饮酒了。

襄阳有一处名胜古迹,名为"山公楼",是西晋征南将军山简所建。登上山公楼时已近黄昏,襄阳的山水在夕阳的映照下格外壮丽。美景当前,没理由不喝酒啊,于是李白喝得格外尽兴。就这样,一首弥漫着酒香的名作诞生了,这就是《襄阳歌》。

襄阳歌

落日欲没岘山西，倒著接䍠花下迷。
襄阳小儿齐拍手，拦街争唱《白铜鞮》。
旁人借问笑何事，笑杀山公醉似泥。
鸬鹚杓，鹦鹉杯。
百年三万六千日，一日须倾三百杯。
遥看汉水鸭头绿，恰似葡萄初酦醅。
此江若变作春酒，垒曲便筑糟丘台。
千金骏马换小妾，醉坐雕鞍歌《落梅》。
车旁侧挂一壶酒，凤笙龙管行相催。
咸阳市中叹黄犬，何如月下倾金罍？
君不见晋朝羊公一片石，龟头剥落生莓苔。
泪亦不能为之堕，心亦不能为之哀。
清风朗月不用一钱买，玉山自倒非人推。
舒州杓，力士铛，李白与尔同死生。
襄王云雨今安在？江水东流猿夜声。

　　李白仿佛打通了任督二脉，从此喝酒写诗再也不加收敛。都说了，人生在世不过"百年"，一共"三万六千日"，每天都应该喝上"三百杯"，而且是用"鹦鹉杯"那种超大杯！神仙啊，这是要喝多少啊！

　　除了喝酒，还要"千金骏马换小妾，醉坐雕鞍歌《落梅》"。这是在呼吁人生苦短，当及时行乐！李白的酒后诗文总给人一种放浪形骸、自暴自弃的感觉，但也因此坐稳了他潇洒不羁的"酒中仙"人设。《襄阳歌》之后，李白纵酒疏狂的作品越来越多，逐渐形成他的一大风格。

　　酒醒后的李白，告别孟浩然，便返回安陆去了！

"地理发现"

仲宣楼

在湖北省襄阳市的襄阳古城的东南角，坐落着一座古香古色的小楼，这便是仲宣楼。仲宣楼是为纪念东汉末年建安七子王粲所建，因此又名"王粲楼"。

仲宣楼始建于东汉。东汉末年，战乱不断，刘表却将荆州一带治理得井井有条，引得大批有才学的名士纷纷投奔襄阳，王粲正是其中之一。王粲虽投奔刘表，却15年不得重用，抑郁忧愤之下写成《登楼赋》。

仲宣楼曾多次被毁，又几番重建。据记载，明代王世贞时期就得到过一次修缮，王世贞还特意作传《仲宣楼记》；清朝雍正年间再次重建，乾隆二十五年重修；1993年，襄阳市政府在原址上重建了仲宣楼。现建成的仲宣楼高17米，双层重檐歇山顶，总面积650平方米，坐落于城墙一角，十分壮观。

千秋功业一壶酒

公元 735 年 [35岁] **颍阳**

李白在洛阳时，结识了元丹丘的从弟元演。元演的父亲是太原府尹，元演则是个不缺钱的富家公子哥儿。这天，李白正百无聊赖，突然收到元演的来信，邀请他同游太原。李白心想反正一路开销也不用自己支付，便欣然前往。

到洛阳会合后，李白与元演一起渡黄河，过泽州、潞州，于夏初抵达太原。元父见爱子归来分外开心，待李白也多了几分热情。很多年后，李白还写过一首诗，回忆那段日子里元演父子二人对他的热情招待，正是："行来北凉岁月深，感君贵义轻黄金。琼杯绮食青玉案，使我醉饱无归心。"

告别元父，二人游历至代州，抵达雁门关，登万里长城，看到了一眼望不到边的塞外风光。看着浩瀚的大唐边疆，李白想参军入伍或者依靠元父谋个太原幕府的差事，但元演则表示，太原地处偏僻，其父在此10年都无功业可言，更何况李白了。既然如此，还是继续游历吧！

次年秋，李白大概游历累了，终于向元演父子辞别。这位府尹大人着实喜欢李白，临行之际不但送给他足足的盘缠，还外加一件价值千金的狐裘和一匹昂贵的五花马。

李白穿着千金裘，骑着五花马美滋滋地上路了。

好巧不巧，行至洛阳时，遇上了元丹丘。元丹丘说有一位叫岑勋的贵门公子很是仰慕李白，便邀李白跟他一起去颍阳山居见一见这位名门之后。李白就这样被元丹丘拐带去了颍阳。

同道相见，不胜欢喜，三人一拍即合，喝酒吧！推杯换盏、吟诗谈笑，三人发现这酒不但不醉人，还越喝越精神，于是小杯换大杯，小酌改痛饮，喝了一斗又一斗。直到元丹丘开玩笑说再喝下去，就没钱打酒了。李白一听没钱喝酒了，那怎么行，立刻掏出千金裘，牵来五花马，要人拿去换酒！更是诗兴大发，大笔一挥，写下旷世名篇《将进酒》。

将进酒

君不见黄河之水天上来,奔流到海不复回。
君不见高堂明镜悲白发,朝如青丝暮成雪。
人生得意须尽欢,莫使金樽空对月。
天生我材必有用,千金散尽还复来。
烹羊宰牛且为乐,会须一饮三百杯。
岑夫子,丹丘生,将进酒,杯莫停。
与君歌一曲,请君为我倾耳听。
钟鼓馔玉不足贵,但愿长醉不愿醒。
古来圣贤皆寂寞,惟有饮者留其名。
陈王昔时宴平乐,斗酒十千恣欢谑。
主人何为言少钱,径须沽取对君酌。
五花马,千金裘,
呼儿将出换美酒,与尔同销万古愁。

李白的纵酒诗以这篇《将进酒》达到巅峰。诗中的李白时而桀骜,时而悲愤,时而自信满满,对建功立业充满了向往;时而深沉寂寥,深

含怀才不遇之情。但无论是悲是喜，是愁是乐，此诗的种种情感就如同奔涌迸发的江河一样宣泄而出，跌宕起伏，恣意汪洋。

告别元丹丘后，李白回归安陆，很快迎来第二个孩子，是个儿子。新生子带来欢喜的同时，也让李白入仕的心情更加急迫。他已经38岁了。

冬去春来，又是一年，李白急在心头，满怀愁怨地写下一首《惜余春赋》："春每归兮花开，花已阑兮春改，叹长河之流春，送驰波于东海。春不留兮时已失，老衰飒兮逾疾。恨不得挂长绳于青天，系此西飞之白日。"

眼见春天又要过去了，建功立业的理想依然遥遥无期！河水，你为何奔流入海一刻不停歇？春天，你为何走得如此匆忙，不肯多留一会儿？岁月啊，你为何如此狠心催人老？我恨不得抛一根长绳向青天，拴住那已向西斜的太阳！

李白突然觉得，再这么蹉跎下去，诗是写得越来越精进了，可功名不会白白送上门啊！不行，还是得出山，这次要"远征"江淮，不信遇不到个伯乐。

论朋友，还得是元丹丘，听说李白要去游历江淮，便为他筹措了一笔盘缠。就这样，李白带着老友的祝福上路了。

"地理发现"

雁门关

雁门关，位于山西省忻州市代县县城以北约20千米处的雁门山中，是长城上的重要关隘，地势险要，有着"中华第一关"之称。秦始皇统一六国后，派大将蒙恬从雁门关出塞，直击匈奴，把匈奴赶到阴山以北，并修筑了万里长城。雁门关从此成了中原镇守边塞的第一关卡，自古以来，为保卫我国领土完整不受侵犯，起到了关键作用。

2001年，雁门关作为古建筑被国务院批准列为第五批全国重点文物保护单位。雁门关的围城随山势而建，周长5000多米。城墙与关城形成合围，建有城门。围城以外还筑有3道大石墙和25道小石墙，起到屏障的作用。

关城正北保留着明清驻军的营房旧址，东南是练兵的校场，西门外有一座关帝庙，东门外是一座靖边祠遗址，是祭祀战国名将李牧的，现仅存石台、石狮子、石旗杆和数通明清碑刻。关城以西是旧关城，两关之间以城墙相连，并建造了敌楼、烽火台等，形成一整套完备的防御体系。

初遇王昌龄

公元 739 年 [39岁] 巴陵

带着元丹丘的祝福，李白经陈州、宋州，至徐州、泗州，直奔楚州，当他抵达扬州时已经是夏天。

阔别多年，再次与扬州相见，似乎一切都变了。

李白不再是初出茅庐的小子，再也没有千金可挥霍，但他有了人人传诵的《望庐山瀑布》《静夜思》《将进酒》等名篇。扬州还是那个扬州，只是不再是文人扎堆的地方。自从朝廷开始重武轻文，游侠比士子更受欢迎，也更容易得到举荐。推荐游侠去边塞参军，没准儿哪个立下战功

就成了将军。像李白这种资深大龄文艺青年，依然干谒无果，便辗转去往了杭州。

李白有意投奔任杭州刺史的一个远房从侄，还作了一首《与从侄杭州刺史良游天竺寺》，但举荐的事，也只是得来几句客套话便没有了下文。

告别这位从侄，李白去往金陵，金陵的情形与扬州无异。李白突然觉得自己像只丧家犬，一时竟不知该去哪里，便乘着船溯江而上，不知不觉抵达当涂。

那时夜已深，李白伫立船头，感受着悲凉的秋风和凄凉的皓月，想到又是一年过去了，自己依然一无所获，不免悲从中来。转头看到不远处的石壁上刻着"牛渚矶"三个大字，想到这里曾是晋代征西将军谢尚与袁宏偶遇的地方，不由得写下这首《夜泊牛渚怀古》。

夜泊牛渚怀古

牛渚西江夜，青天无片云。
登舟望秋月，空忆谢将军。
余亦能高咏，斯人不可闻。
明朝挂帆席，枫叶落纷纷。

当涂亦是空留记忆罢了，毫无收获，李白继续溯江而上，来到江陵。江陵又能好到哪里去？依然干谒无果。李白便也不多做停留，继续乘船去往巴陵。不承想，这一去，竟在巴陵洞庭湖畔偶遇王昌龄。二人之前虽未曾谋面，却早就从彼此的诗文中互相熟悉。此番相遇就像故友重逢，二人惺惺相惜，谈论着彼此的境遇，李白才得知王昌龄被贬岭南。促膝长谈后便是别离，王昌龄以一首《巴陵送李十二》为这次短暂的相遇画上句号。

分手之后，李白返回安陆。然而，这次回家竟是与妻子做最后的告别。原来，许氏疾病缠身已经多日，一直苦等夫君返家。果然，李白回家后不久，许氏便撒手人寰了。

李白伤心欲绝，想起自己非但一事无成，还拖累了妻子，更是悔恨交加，作诗一首。

寄远十一首·其十一

爱君芙蓉婵娟之艳色，色可餐兮难再得。
怜君冰玉清迥之明心，情不极兮意已深。
朝共琅玕之绮食，夜同鸳鸯之锦衾。
恩情婉娈忽为别，使人莫错乱愁心。
乱愁心，涕如雪。
寒灯厌梦魂欲绝，觉来相思生白发。
盈盈汉水若可越，可惜凌波步罗袜。
美人美人兮归去来，莫作朝云暮雨兮飞阳台。

这首诗被认为是李白为妻子许氏所写的最后一首情诗。前几句罗列了奢华珍美之物，用来比喻与妻子前半生缠绵的恩爱之情，后情绪一转，突逢别离，使诗人乱了心境。结尾一句深情呼唤，既是魂牵梦绕的思念，也是对怀才不遇的控诉。

后事安排妥当，李白看着空荡荡的庭院，除了伤怀，已心无可恋，便变卖家产，带着儿女离开了这个伤心地。

"地理发现"

牛渚矶

牛渚矶其实就是今天的采石矶,位于安徽省马鞍山市西南5000米处的长江东岸。"渚"原本指水中的小块陆地;"牛渚"指的是牛渚山;"矶"指突出江边的岩石或小石山。牛渚矶,也就是指牛渚山突出江面的部分。

采石矶的名字来自山中的一口古井——赤乌井。传说三国时期东吴赤乌二年建广济寺,在挖掘一口井时挖到了一块彩色的石头,人们认为这是天降祥瑞,于是将彩色石头雕刻成香炉供奉在寺庙内,时间久了,这个香炉便成了镇寺之宝。采石矶的名字由此而来。相传,采石矶是李白酒醉后赴水中捉月而溺亡的地方,当涂县县令李阳冰还把李白葬在了采石矶龙山东麓,几十年后,宣歙观察使范传正才将李白尸骨迁葬于他处。

采石矶如今已是5A级景区,在游览采石矶时还可以在广济寺看到这口古井,井上盖着一座小亭,叫赤乌亭。除此之外,景区内还有太白楼、李白纪念馆等人文景点。

移家东鲁,壮志难酬

公元 740 年 [40岁] 东鲁

李白再次开始了漂泊之旅,只是他不再是个独行的侠客,而是身挑重担的老父亲,一头是他的长女,一头是他出生不久便丧母的幼子。显然,他要有一个明确的去处。

那么,拖家带口的李白是要往哪里去呢?原来,他听说有一个远房叔父在东鲁任城（今山东济宁任城区）任县令，还有几个远房兄弟在瑕丘县（今山东济宁兖州区）任佐吏，再加上他崇拜的金吾将军裴旻也在东鲁丁忧，东鲁本就是个神仙之地，符合他李白的神仙气质，便一往无前地去了。

李白先是投奔了时任任城县令的远房叔父，只是这位叔父不久之后便卸任回了京。李白又辗转去了瑕丘县，在远房兄弟的帮助下，置办了家产、田地，总算落户成功。

为了庆祝自己终于成为一名真正的山东大汉，李白给幼子取名伯禽（伯禽是周文王姬昌之孙，周公旦长子，受封鲁地，并治理鲁国长达46年）。可见，迁居东鲁对李白来说意义重大，或许在他心里无论是江油还是安陆，于他而言，不过是父母的家、妻子的家而已，只有这里才是他李白真正的家。

有了自己的家，必然要放任自己去做自己喜欢的事，排在第一位的就是去学剑术——找"剑圣"裴旻。

结果，李白来晚一步，裴将军已经"封剑"。原来在唐朝，世人只把剑术当成一种娱乐项目，剑耍得再漂亮，也只不过是花拳绣腿，上不得阵、杀不了敌。因此，裴将军认为自己不过是空有"剑圣"之称，还因此遭受朝中小人的讥讽，所以发誓不再当众舞剑，更不愿再授徒传艺。

李白替裴将军愤愤不平之余，心中更多的是不能一睹绝世剑术的遗憾。恰逢此时，吴道子来了。原来，裴旻之前邀请了画家吴道子为亡母在天宫寺作壁画以超度亡灵。吴道子倒是欣然同意，但有一个条件就是请将军舞剑来激发他的灵感。裴旻当即持剑起舞，只见他"走马如飞，左旋右抽"，突然将剑抛起数十丈高，仿佛没入云端，而后手持剑鞘稳稳当当地接住了那把空中落下的宝剑。在场的观众都为之震撼，吴道子也有如神助，挥毫图壁，不一会儿，一幅令世人叫绝的壁画就完成了。

面对绝妙的剑法、潇洒的画作，李白忍不住吟上一首《侠客行》。

> ### 侠客行
> 赵客缦胡缨，吴钩霜雪明。
> 银鞍照白马，飒沓如流星。
> 十步杀一人，千里不留行。
> 事了拂衣去，深藏身与名。
> 闲过信陵饮，脱剑膝前横。
> 将炙啖朱亥，持觞劝侯嬴。
> 三杯吐然诺，五岳倒为轻。
> 眼花耳热后，意气素霓生。
> 救赵挥金槌，邯郸先震惊。
> 千秋二壮士，烜赫大梁城。
> 纵死侠骨香，不惭世上英。
> 谁能书阁下，白首太玄经。

少年时的李白认为路见不平拔刀相助就是"侠"；青年时代意气风发，他认为对朋友两肋插刀、仗义疏财就是"侠"；现在，人到中年，他才懂得真正的"侠"，是那些在国家危急关头，勇于舍身赴难而不居功、不恋功名利禄的人。裴将军正是这样的大侠、豪侠。

然而，身怀绝技、战功傍身的裴将军，竟也沦落到"封剑"的地步，李白不由联想到自己的境遇，突然一阵伤怀，自己已是四十出头的中年人，漂泊至今，虽干谒了天下名士，却依然报国无门，不知有生之年，是否还有出头之日。好在定居东鲁后，总有文人士子登门拜访，这给了李白莫大的安慰，这才有了这首《客中作》。

> ☁ 客中作
>
> 兰陵美酒郁金香，玉碗盛来琥珀光。
> 但使主人能醉客，不知何处是他乡。

虽然题名为《客中作》，书写的却非乡愁。有文人士子登门，有兰陵美酒作陪，不知不觉，身在东鲁的李白已不觉得自己是客了。然而，他不知道的是，命运的齿轮正悄悄转动，很快，他就要离开东鲁了。

"地理发现"

济宁太白楼

在今山东省济宁市任城区古运河北岸，有一座两层飞檐式小楼，正是太白楼。太白楼全称"太白酒楼"，原为唐代贺兰氏经营的一家酒楼，因李白经常在此饮酒作诗而声名鹊起。

公元861年，吴兴人沈光敬慕李白，特意登楼观光，然后大笔一挥，为该楼篆书"太白酒楼"匾额，并作《李翰林酒楼记》，从此贺兰氏酒楼正式更名为"太白酒楼"。

宋、金、元时期，太白酒楼均得到了不同程度的整修。到了明代朱元璋时期，济宁左卫指挥使狄崇奉命重建此楼，他取义"谪仙"，将此楼依原貌迁至南门城楼东城墙上，同时去掉"酒"字，更名为"太白楼"。之后，由于年久失修和历次战争，太白楼遭到一定程度的破坏。

1952年，太白楼得到政府的专项资金支持，得以重建。重建后的太白楼为两层重檐歇山式建筑，青砖灰瓦，二层檐下正中高悬着"太白楼"三个楷体大字。楼上有李白、杜甫、贺知章的"三公画像石"，还有李白亲手书写的"壮观"斗字方碑。

今天的太白楼虽然闻不到酒香，但仍然因李白的大名而吸引了众多游客。

长安，我又来啦！

公元 742 年 [42岁] 长安

当李白在东鲁大地上饮酒赋诗、醉生梦死之时，千里之外的唐玄宗做了一个梦，这个梦好巧不巧圆了李白的梦。

一天夜里，唐玄宗突然梦到李家的老祖宗老子，托玄宗务必到终南山楼观台寻得他的真容，迎他入宫。老祖宗梦中相托，可不敢怠慢，玄宗立刻派人前往终南山楼观台，果然在那里找到梦中老子描述的那个紫檀匣子。打开匣子，里面藏着一位身骑青牛、手持麈尾的老者画像，正是老子真容。

李唐皇室视老子为始祖，唐高宗还追封老子为太上玄元皇帝。既然是本家先帝，为显郑重，玄宗特命权臣李林甫、牛仙客率一众官员前去迎老子真容进京。同时，原本在大宁坊供奉着玄元皇帝的庙宇则改名为紫极宫，正紧锣密鼓地扩建中，以便迎回老子。

　　皇帝都做梦了，臣民上行下效。很快，民间就流传说老子空中显灵了，还在函谷关故居留下一道灵符。这道闪闪发光的灵符很快被找到，上书四个大字"圣寿千年"。这是何等的荣耀，唐玄宗龙颜大悦，认为自己的功绩得到了上天的肯定，可以和三皇五帝相媲美了。

　　美滋滋的唐玄宗立刻做了一个重大决定，他要开启新的盛世篇章。于是，第二年的春天，择了一个良辰吉日，登上兴庆宫勤政楼，受百官朝贺，宣布改元"天宝"，下令天下诸州改称郡，刺史改称太守。三年后，又将"年"改为"载"。

　　老子托梦于皇帝，显灵于臣民，一心向道的玉真公主怎能没动静呢？果然，玉真公主也梦到了老子，要她到亳州真源宫朝拜，再去往王屋山接受道箓。玄宗本就爱护胞妹，这等大事当然要第一个力挺，立刻诏令天下道门人士汇集京师，随玉真公主一同前往。道教名士元丹丘接到诏令后，不忘提携李白，借机将李白为玉真公主所作诗词呈献上去。公主看了十分欢喜，就这样，李白也得到了入京的诏令。

　　事情就这么成了。

　　这一年，是公元 742 年，大唐天宝元年，李白干谒遍天下名士而不得的入仕机会就这么从天而降。不知李白该是怎样一种心情呢？仰天大笑？喜极而泣？这首《南陵别儿童入京》大概正是李白当时心情的真实写照。

大唐少年游

南陵别儿童入京

白酒新熟山中归,黄鸡啄黍秋正肥。
呼童烹鸡酌白酒,儿女嬉笑牵人衣。
高歌取醉欲自慰,起舞落日争光辉。
游说万乘苦不早,著鞭跨马涉远道。
会稽愚妇轻买臣,余亦辞家西入秦。
仰天大笑出门去,我辈岂是蓬蒿人!

这一天是李白生命中最重要的一天,多年的心愿得以实现,狂傲的本性再也掩藏不住:我定要仰面朝天纵声大笑着走出去,告诉世人,我李白不可能是个一直身处草野之人。

看得出来,李白对这次的入京期望很高,但李白这次真的能得偿所愿吗?

"地理发现"

楼观台

在陕西秦岭山脉的终南山上有一处老子说经著书的地方，相传《道德经》便是诞生于此，这就是"说经台"。其实说经台起初是周代大夫函谷关令尹喜观天象的地方，因此又称草楼观。后来，老子西游此处，在楼南高冈处筑台授经，取名楼观台。

老子被誉为道教的始祖，被尊为"太上老君"，由此得到神化。到了唐朝，李唐皇室奉道教为国教，更认老子为本家始祖，封其为玄元皇帝，并为其修建规模宏大的宗圣宫。唐高宗改说经台为"老子祠"，唐玄宗把宗圣宫改为"宗圣观"，后从楼观台迎老子真容入京。

可以说，唐朝是楼观台最为昌盛的时期，后来随着岁月积淀，这里就成了道教圣地，素有"天下第一福地"之称。

如今的楼观台位于陕西省周至县东南15千米的山麓中，基本沿承了唐朝时期的规模，里面的庙宇建筑星罗棋布，有宫观30余座，书法名碑1座，得到省级保护的古树多达7种20余株。楼观台依山傍水，茂林修竹，风景迷人，成为西安热门的旅游景点之一。

伯乐贺知章

公元 742 年 [42岁] 紫极宫

　　此番京城之行，快马加鞭，只走了 10 多天便抵达，可真是"春风得意马蹄疾"。然而谁又能知道，为了等这一天，李白曲曲折折几乎走遍了整个大唐！

　　即便征召文书已在手，李白心中依然生出一种抑制不住的迫切感。在驿馆等待召见的日子里，他反复构思诗文，都不敢出门饮酒了，可一连几日滴酒不沾，又实在心痒难耐，便想着趁天气好出门走走。

　　长安的街头，繁华喧闹、人头攒动，李白漫无目的地跟着人流走，竟来到城东紫极宫。圣上为迎回玄元皇帝真容扩建了紫极宫，早已不是李白初入长安时所见的模样。如今的紫极宫雄伟壮丽，游人交头接耳地传说着圣上来此拜谒的盛况。

　　李白心想，紫极宫啊，真要论起来，还是我李白沾了你的光呢！回想起这些年自己四处投书无果的窘困，再抬头看看这金碧辉煌的宫殿，一时间竟有些哭笑不得，转身走进了旁边的酒肆。

酒肆里人满为患，李白横扫一眼，发现在一位鹤发童颜的老者对面有一个空位，便一个箭步冲了过去，直冲老者拱手作揖。长者见李白剑眉星目、乖戾桀骜却又有一种说不出来的脱尘之气，心里生出几分喜欢，便请他落了座。

李白仔细打量了下眼前的长者，见他七十有余，便衣布履，却难掩周身的仙风道骨，与紫极宫竟毫不违和，一问才知他竟是贺知章。

贺知章得知李白是奉诏而来，便问他身上可带有诗文，李白便把新写的一首小诗递了过去，正是《乌栖曲》。

乌栖曲

姑苏台上乌栖时，吴王宫里醉西施。
吴歌楚舞欢未毕，青山欲衔半边日。
银箭金壶漏水多，起看秋月坠江波。
东方渐高奈乐何！

《乌栖曲》本是乐府旧题，写的是宫廷靡靡之音，不知被南梁文人写过多少遍，然而到了李白手里却是旧词赋新意，让人眼前一亮。诗中，李白明着写吴王夫差，实际暗指当朝皇帝。没想到李白身不在朝，却看到了开元盛世下的阴影，看到了唐玄宗正在发生着和夫差一样的变化。贺知章大赞："此诗可泣鬼神矣！"这不仅仅是对李白艺术上的欣赏，更是对他思想上的认同。

李白心想这算什么啊，于是把自己写过的名篇吟了个遍。当听到《蜀道难》时，贺知章连称李白一定是位"谪仙人"。这对忘年交就这样对

大唐少年游

酒当歌，一直聊到漏夜。到结账时，二人才发现身上都没有带钱，贺知章便把身上佩戴的金龟一扯，丢给了店家。

贺知章与李白，果然是"鱼找鱼，虾找虾"！

后来在贺知章的引荐下，李白被召进宫面圣了。

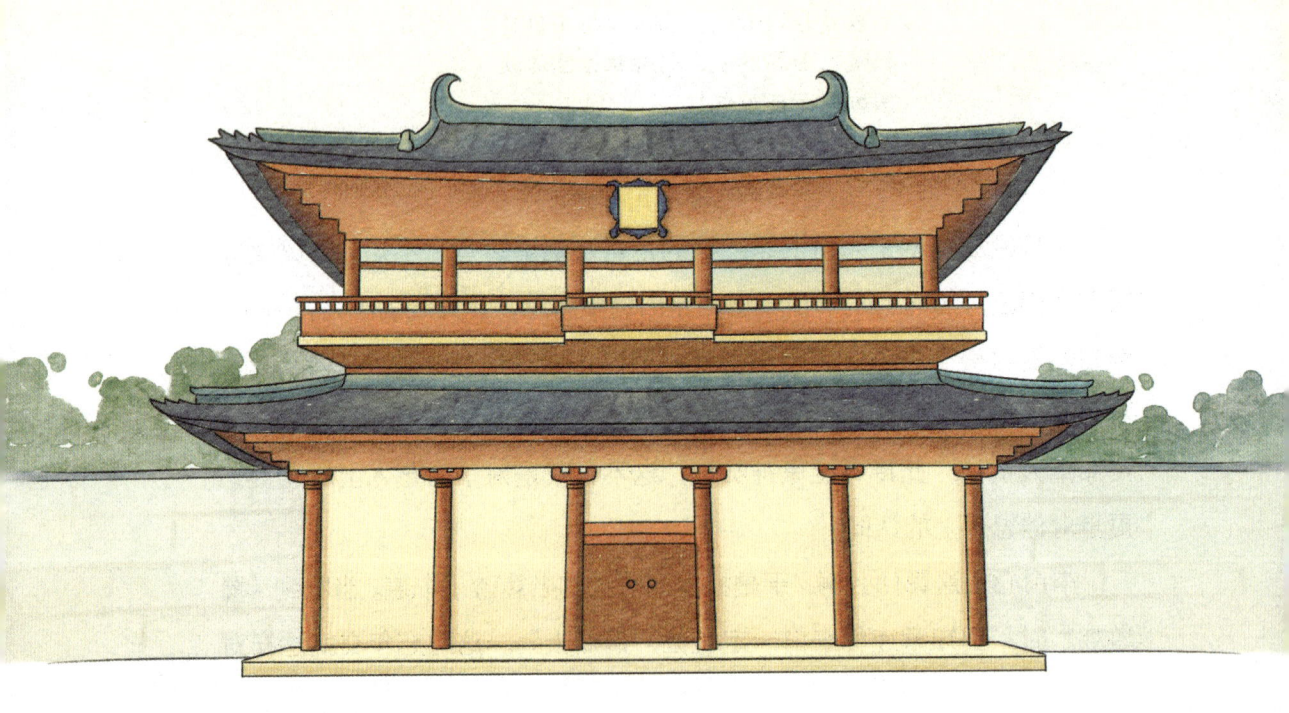

"地理发现"

仙姑观

在陕西省华阴市华山北麓玉泉院东,有一所道观,俗名"仙姑观"。金仙公主与玉真公主同为唐玄宗胞妹,又一同出家做了女道士。当时,金仙公主在华山大上方的金仙洞修道,玄宗便在山下为其建道观作为下院,正是仙姑观。

相传,唐玄宗曾派两位大臣侍奉公主左右,不承想这两位大臣也看破红尘,入了道。因此,此观又叫柱臣观,宋代更名为二臣观。如今的仙姑观门楼上除"仙姑观"三个大字外,还保留着记叙这件事的对联:"系出黄庭,柱臣改作二臣观;身入唐室,仙姑乃是皇姑成。"仙姑观青砖白灰,古朴大方,东面还有一座公主塔。院内主殿两旁各有配殿一座,古朴典雅,十分别致。

终于迎来人生巅峰

公元 742 年 [42岁] 长安

公元 742 年秋，42 岁的李白终于得偿所愿，站到了金銮大殿上。唐玄宗宠遇非常，"降辇步迎，如见绮皓，以七宝床赐食，御手调羹以饭之"。可以想见大唐皇帝该是多么迫切地想要见一见这位天上下凡的太白，这才给予李白至高无上的荣耀——叫停步辇，亲自相迎。

相谈间，玄宗问李白当朝事务，李白游历半生，所见所闻，所思所想，

必然非同一般，均对答如流，侃侃而谈。玄宗大为赞赏，忍不住感慨道："李卿既有扬、马之才，何其来迟？"

李白一听，眼泪都要掉下来了，想起20年来的辛酸干谒路，一时竟不知该埋怨谁。但不管怎样，眼下可不能发牢骚，只能毕恭毕敬地自谦了一番，说自己"耳目闭塞，疏懒成性""自弃圣朝"等。

桀骜不驯的本性总算收敛住了，至少没有像孟浩然那样来一句"不才明主弃"自毁前程。从此，李白"置于金銮殿，出入翰林中"，唐玄宗一句话，李白就成了翰林供奉。其实每天的工作就是等待皇帝召见，草拟文书，或朝廷里有重大活动时从侍一旁，赋诗纪实。

总之，李白在金銮殿有了一席之地。翰林院虽然能人众多，但李白作为皇帝的新宠，必然享受到了众星捧月般的待遇。交往的官员和名士越来越多，从此长安城各大酒肆里多了一个以嗜酒好诗闻名的新贵李白。

十月，唐玄宗圣驾移往骊山温泉宫，命李白侍从左右，李白写下这篇《驾去温泉后赠杨山人》。

驾去温泉后赠杨山人

少年落魄楚汉间，风尘萧瑟多苦颜。
自言管葛竟谁许，长吁莫错还闭关。
一朝君王垂拂拭，剖心输丹雪胸臆。
忽蒙白日回景光，直上青云生羽翼。
幸陪鸾辇出鸿都，身骑飞龙天马驹。
王公大人借颜色，金璋紫绶来相趋。
当时结交何纷纷，片言道合惟有君。
待吾尽节报明主，然后相携卧白云。

这是李白写给杨山人的一首赠别诗。杨山人，曾为谏议大夫，后来弃官隐居了。写这首诗时，李白正处于一生最得意的光景。诗中，他回忆了自己奉诏入朝前四处游历的情形，再对照眼下情形，骑着皇家白马从侍皇帝仪仗，权贵奔走环绕，好不威风。但李白的内心犹如明镜，他高声呐喊：我李白心知肚明，这些人中只有你才是我的同路人，有朝一日，等我报效明主恩遇后，一定要同你一起隐入云山。

功成身退，一直以来就是李白的梦想，可怎样才算"功成"呢？李白希望自己能像鲁仲连和张子房那样用自己的才华辅佐君王，因此总是迫切地期待皇帝向自己咨询国政。可是在骊山温泉宫小住半月有余，玄宗只让他写了一首驾幸温泉宫的诗，仅此而已。

一晃年关将近，李白奉诏为内廷歌舞作词，写下《宫中行乐词八首》。第二年早春，玄宗出游宜春苑，车驾启动时见兴庆宫龙池景色秀丽，急召李白，遂作《侍从宜春苑奉诏赋龙池柳色初青听新莺百啭歌》。隔几日，李白又奉诏作《春日行》。

时间已至暮春，唐玄宗与贵妃在兴庆宫东游赏新品牡丹，李龟年则带伶人欲表演歌舞以助兴。玄宗却说："赏名花，对妃子，焉用旧词为？"于是，急召李白进宫写新词，李白奉诏而作《清平调词三首》。

清平调词·其一

云想衣裳花想容，春风拂槛露华浓。
若非群玉山头见，会向瑶台月下逢。

清平调词·其二

一枝秾艳露凝香，云雨巫山枉断肠。
借问汉宫谁得似？可怜飞燕倚新妆。

清平调词·其三

名花倾国两相欢，长得君王带笑看。
解释春风无限恨，沉香亭北倚阑干。

  杨妃见此立刻眉开眼笑，玄宗龙颜大悦，命众乐工以新词谱曲，唱了一遍又一遍。自此，玄宗待李白更有别于其他翰林学士，对李白的召见也越来越频繁。朝堂下，李白也成了京城名流争先邀请的座上宾，常常是刚从徐王府回来就被拉到了汝阳王府，还没从驸马府中出来就被玉真公主请了去，李白的每个休沐日都被安排得满满的。

  然而，恩宠渐增，李白却愁上了心头。冷不丁地回想起裴将军"封剑"一事，才体会到他当时是怎样一种心情了。

  惆怅间，李白感慨，何时才能拜相封侯，在长安拥有一所自己的府邸呢？到时，就可以接一双儿女入京与他共享天伦。想到这里，李白更想念儿女了，然而身为朝中人，又岂能说回家就回家呢！只能找一个休沐日，去近郊游玩，一解思乡情了。

"地理发现"

华清宫

华清宫是唐玄宗时期的行宫，它的前身历史悠久，可追溯到 2800 年前的西周。当时，周幽王在此修建了"骊宫"，后秦始皇改为"骊山宫"，唐太宗改为"汤泉宫"，至高宗时，才改名为"温泉宫"。唐玄宗晚年追逐"长生不老"，特意赐名"华清宫"。

华清宫依骊山而建，引山中天然温泉，又利用山脚下自然形成的扇形地带，使宫内布局严谨。宫内设置百官衙署、公卿府第，玄宗皇帝还新修了皇帝专用的"御汤九龙殿"、杨贵妃的"海棠汤"，以及太子专用的"少阳汤"，百官公卿、宫女沐浴的"尚食汤""宜春汤""长汤十六所"等。

经玄宗重修后，整个骊山被划入华清宫范围内，因此又在山上大肆修建道观。远远望去，华清宫层峦叠嶂，十分壮观。

如今的华清宫是在清代建筑基础上经过多次修缮、扩建以及发掘复原唐代遗址后形成的，虽已占地 85 560 平方米，但也只恢复了唐鼎盛时期华清宫的核心部分。

酒中八仙人

公元 743 年 [43岁] 终南山

入朝第二年的夏天，李白想念家中儿女，也想念京城之外的大好河山，但身为朝中人，已没有了往日的自由，只好借休沐日游览长安近郊的终南山，顺便与山上道士谈经论道。

下山时，已是傍晚，眼看夕阳西斜，月亮升起，密林深处已笼罩在一片暮霭中。终南山自蓝田县至眉县，绵延不绝八百里。李白心里难免有些发慌，这时路上同行的友人便提议不如跟他一起回家留宿，他家就在终南山脚下。

待至门前，只见门上刻着几个清秀雅致的小字：斛斯山人。李白心中欢喜，果然字如其人，没来错地方。开门的是一个小童，引领着他们穿过清幽的竹林，一路上感受着青萝拂过衣裳，来到屋前。

唐朝时，终南山隐士颇多，与

李白同行的这位"山人"怕也是个超凡脱尘的妙人，二人聊着聊着就喝起酒来，而且是大杯大杯地开怀畅饮。酒至酣处，李白觉得眼也迷离了，耳朵也红了，为朋友唱首歌吧，可是没有琴，也罢，就伴着山头的松风高歌一曲。

边喝边唱，待曲子唱完，才发觉东方渐白。李白猛然醒悟，这才是我李白啊，抛开人间俗事，清净淡泊、与世无争的李白啊！

后来，李白把这天的近郊远足之行记录下来，成就这首《下终南山过斛斯山人宿置酒》。

下终南山过斛斯山人宿置酒

暮从碧山下，山月随人归。
却顾所来径，苍苍横翠微。
相携及田家，童稚开荆扉。
绿竹入幽径，青萝拂行衣。
欢言得所憩，美酒聊共挥。
长歌吟松风，曲尽河星稀。
我醉君复乐，陶然共忘机。

这次经历，让李白认识到要想排解忧闷，还是得靠酒啊！回到京城，李白又做回了那个"酒中仙"，日喝夜饮，醉生梦死。名士喝酒也能喝出名堂来，这不长安城都在传"酒中八仙"的故事。

贺知章是这八仙中年纪最大的，说他醉酒后骑马，摇摇晃晃，就像在坐船，有一次跌落井中，居然在井底睡着了；汝阳王李琎不饮酒三斗是不肯见天子的，他恨不得把自己泡在酒缸里；左相李适之豪饮说是为了摆脱政务烦恼；苏晋虽吃斋念佛，但饮起酒来就什么都不顾了；玉树临风的崔宗之哪怕醉着举起酒杯都英俊潇洒;张旭醉酒后必然要挥笔疾书;焦遂虽是布衣,酒后却高谈阔论,常常语出惊人。

关于李白饮酒的传闻就很离谱了。有一次李白正在狂饮,突然内侍闯进来大声唤李白,说兴庆宫传诏。李白一听是皇帝诏,跟跟跄跄地站起来说:"李白斗酒诗百篇,长安市上酒家眠,天子呼来不上船,小臣本是酒中仙……"还没说完便醉倒了下去。

酒中八仙人的故事后来还被杜甫写到自己的诗中,即《饮中八仙歌》。故事或许有杜撰的成分,但可以想象李白在长安的日子越来越不开心了,否则怎么会在长安任职期间喝那么多酒,写了那么多月下独酌诗呢?

月下独酌·其一

花间一壶酒,独酌无相亲。
举杯邀明月,对影成三人。
月既不解饮,影徒随我身。
暂伴月将影,行乐须及春。
我歌月徘徊,我舞影零乱。
醒时同交欢,醉后各分散。
永结无情游,相期邈云汉。

月下独酌·其二

天若不爱酒,酒星不在天。
地若不爱酒,地应无酒泉。
天地既爱酒,爱酒不愧天。
已闻清比圣,复道浊如贤。
贤圣既已饮,何必求神仙。
三杯通大道,一斗合自然。
但得酒中趣,勿为醒者传。

身边纵有喝酒论诗的朋友，可又有谁能真正懂李白的孤独啊！孤独到只能举杯邀月，对影成饮。这也作罢，最怕的是今后岁月漫漫也难以找到共饮之人，只能与月影相约在遥远的天上相见！

"地理发现"

兴庆宫

兴庆宫原是唐玄宗李隆基登基前的藩王府邸，地处长安繁华地带东市附近的隆庆坊。李隆基登基后，朝廷为避皇帝名讳而将隆庆坊改为兴庆坊，后又改为兴庆宫。

公元726年，唐玄宗扩修兴庆宫，将北侧永嘉坊南半部分和西侧胜业坊的东半部分纳入兴庆宫，并在宫内建造朝堂。公元728年，扩建后的兴庆宫正式成为玄宗听政的地方。公元732年，玄宗再次扩建皇城，将兴庆宫与大明宫、曲江池相通，后又向西扩建。公元756年，安史之乱后，兴庆宫失去政治中心的地位，成为太上皇或太后的闲居之所。唐朝末年，长安城被毁，兴庆宫被废弃。

如今，西安市政府在唐兴庆宫遗址上建立了兴庆宫公园，占地约0.53平方千米，其中兴庆湖占0.1平方千米。兴庆宫公园的主要景点包括沉香亭、花萼相辉楼、南薰殿、"李白醉卧"雕像等，是人们缅怀历史、赏玩游乐的好去处。

朝堂复杂，请辞还山

公元 744 年 [44岁] 长安

李白入朝已两年有余，两年多来，皇帝待他确实不薄，时刻将他带在身边，哪怕醉酒不能应诏，玄宗也从未苛责过他。这样的荣宠，旁人羡慕还来不及呢，李白却开心不起来：这算什么荣宠，大丈夫当立于朝堂之上，指点江山，做点儿真切有用的正经事。

李白把自己的心声明明白白写在诗里，玄宗能不知道吗？但朝堂之事，远没有李白想得那么简单。先说翰林院，唐朝的翰林院本来就是待诏之所，"掌四方表疏批答，应和文章"，也就是为皇帝撰写重要文书的地方，这就需要选拔一些文采出众的人士，即翰林学士（翰林供奉）。除此之外，翰林院待诏还需要精通典籍、占卜、医术等的人，称为集贤学士，他们主要负责刊辑经籍、侍读、侍讲，偶尔也起草一些内阁文书。如此一来，翰林院就被划分为了两院，虽然两院都叫学士，但显然翰林学士更接近皇帝，职责更重要，人数也少，地位也就高于集贤学士。而李白是唐玄宗亲自任命的翰林学士，地位似乎又比旁人高了些，因此招致一些非议也在所难免。

　　李白是谁？他才不会在意别人的眼光。他在意的是自己并没有看上去那么受宠，皇帝把他放在身边只是为了吟唱玩乐、赋词歌咏，他只是皇帝用来显示和见证大唐荣耀的玩物。李白逐渐从看似耀眼的荣宠中清醒过来，但也更加不开心，他明白或许这辈子再没有机会接触国家大事了。李白心有不甘，再次表明心迹，写下这首《翰林读书言怀呈集贤诸学士》。

> ### 翰林读书言怀呈集贤诸学士
>
> 晨趋紫禁中，夕待金门诏。
> 观书散遗帙，探古穷至妙。
> 片言苟会心，掩卷忽而笑。
> 青蝇易相点，白雪难同调。
> 本是疏散人，屡贻褊促诮。
> 云天属清朗，林壑忆游眺。
> 或时清风来，闲倚栏下啸。
> 严光桐庐溪，谢客临海峤。
> 功成谢人间，从此一投钓。

　　这首诗表面上看是写给集贤诸学士的。面对集贤诸学士的嫉妒、嘲讽，李白认真作出回答，而后表白心迹、陈述志趣，以一种潇洒倜傥的名士风度，抒发其志未申的情怀。然而，这首诗又何尝不是给皇帝看的，诗歌表面上写读书的闲情逸致，实际是在说："我太闲了，闲得只能读书打发时间了。"暗示翰林院供职令他心情烦闷，进一步提出了仕不如隐的想法，表达了隐退的意向。

玄宗怎能不知，就那么突如其来的一天，玄宗宣李白进殿，让李白为其草拟诏书。李白瞪大眼睛，怀疑自己是不是听错了，三年了，终于等来一件国家要务！李白激动得忘乎所以。总之按照玄宗的意思，李白用自己毕生的才华草拟出一份诏书，玄宗看后很满意，重赏了李白。

第二天，李白还幻想着自己有一天成为股肱之臣，把一双儿女接到京城府邸时，那份引以为傲的诏书却被门下省驳回了，圣上大怒。原来，唐玄宗有些飘了，好大喜功，在李林甫的蛊惑下想要强攻吐蕃据守的石堡城，但朝堂上以王忠嗣为首的大臣则认为这是一场无把握的战争，不能贸然出兵。两方对峙下，唐玄宗才私诏李白草拟出兵诏书，李白就这样卷进一场君臣之间的拉锯战。

到了第三天，君臣之间不可调和的矛盾纷纷转向了草拟诏书的李白。宫中谣言四起，都是关于李白的各种负面消息，有说他恃才傲物的，有说他不务正业的，有说他跟朝臣勾结的，有说他借诗侮辱贵妃的……总之，谣言都快将翰林院的房顶掀起来了。更要命的是，从此以后，唐玄宗再也没有宣召过李白，不论于公于私。

公元744年春，贺知章因病告老还乡，李白自此连个喝酒说话的人都没有了，惆怅之余，写下《送贺宾客归越》。

伯乐的离去、皇帝的冷落、小人的谗言，就像一座座大山压得李白喘不过气来。他何曾受过这等窝囊气，再也压抑不住内心的激愤，当即做了一个重大的决定——上书请求还山。

没想到，金銮殿上，唐玄宗竟一口应允，赐金准他还山。唐玄宗的痛快应允，反倒让李白一时语塞，心中更是感慨万千，感觉自己就像因谗言而被楚襄王赶走的宋玉，又像一色未衰而被人遗弃的妇人。后来，他将这种感觉真切地写在诗中,便昂头而去了。

好在皇帝赏赐的金钱不算少,够他游山玩水,潇洒一阵子了!

"地理发现"

大明宫

唐代的长安城有三座宫城,俗称"三大内",分别是大明宫、太极宫、兴庆宫。大明宫是三大宫殿中规模最大、最雄伟壮丽的一座,也是当时世界上面积最大的宫殿建筑群,称为"东内"。

大明宫始建于唐太宗贞观八年,后因高祖李渊驾崩而终止修建,高宗李治即位后,举全国之力再兴土木营建大明宫。建成后,大唐皇室便从太极宫迁入大明宫,大明宫成为大唐帝国新的政治中心。大明宫占地约3.2平方千米,分为前朝和内庭两部分。前朝的中心包括含元殿、宣政殿、紫宸殿,内庭有太液池和各种别殿、亭、观等30余所。

大明宫毁于唐朝晚期天祐年间,到宋代,大明宫的遗物要么被当地政府征用,要么被居民拆走,自此荡然无存。2010年,西安市政府在大明宫原址建立大明宫国家遗址公园。

「头号粉丝」杜子美

公元 744 年 [44岁] 梁宋

公元 744 年春,被唐玄宗赐金还山的李白匆匆离开了长安,正如来时那样快马加鞭,只不过三年前是扬扬得意而来,现在是怏怏不乐而归。好在走至洛阳时,碰到了一个能让他心情稍稍好转的妙人——杜子美,也就是杜甫。

大唐少年游

> 杜甫（712—770），字子美，自号少陵野老，汉族，祖籍襄阳，河南巩县（今河南省巩义）人。杜甫是唐代伟大的现实主义诗人，被后人称为"诗圣"，与李白合称"李杜"。代表作有《春望》《北征》"三吏""三别"。
>
> 杜甫19岁出游郇瑕，20岁漫游吴越，几年后返乡参加"乡贡"，24岁在洛阳参加进士考试落榜，而后在齐赵一带交游。公元744年，杜甫再赴洛阳，与李白、高适偶然相遇，同游梁宋。

　　这时的李白44岁，曾作为御前的红人在长安城出尽了风头，也留下不少传唱的名篇；杜甫33岁，身上无功名，干谒无门，仰慕李白的才华，同情他的遭遇，正打算去长安拜见这位偶像，顺便发展仕途。没想到，二人竟在洛阳不期而遇。

　　听说李白的遭遇后，杜甫为李白打抱不平，心中除了尊敬，又对李白多了一份同情和关怀。这对于仕途受挫的李白来说，无疑是莫大的安慰。

　　李白心想，子美是个同道中人，什么也别说了，一起漫游吧。就这样，两个人结伴向着梁宋一带出发。中途，又遇上杜甫早年相识的高适。同是天涯沦落人，一起上路吧，二人行变成三人行。

　　这段漫游时光使三人的友情得到升华，杜甫在《与李十二白同寻范十隐居》中有云"怜君如弟兄"，说的是三个人就像亲兄弟一样，同醉同眠,携手同行。他们采仙草、找仙人,累了就饮酒唱歌,对诗相和,在闲游的日子里建立起深厚的友情。

这年秋天,三人抵达梁宋,游了梁园,登了单父台。杜甫有诗《昔游》,高适也有《同群公秋登琴台》,李白则作《秋猎孟诸夜归,置酒单父东楼观妓》。

三人在梁宋游览名胜时也结交了不少新友,高适和李白分别做过一首名为《送蔡山人》的诗,高适诗中云:"看书学剑长辛苦,近日方思谒明主。"李白则在这首《送蔡山人》中说"我本不弃世,世人自弃我",一抒在朝中积攒多日的委屈。

> **送蔡山人**
>
> 我本不弃世,世人自弃我。
> 一乘无倪舟,八极纵远舵。
> 燕客期跃马,唐生安敢讥?
> 采珠勿惊龙,大道可暗归。
> 故山有松月,迟尔玩清晖。

前两句,诗人表达了被朝廷抛弃的愤慨,虽然朝廷抛弃了我,但我并没有自弃,又勉励山人前途无量,不可轻言放弃。如果实在求而不得,再归山也为时不晚。其实,这番宽慰的话,既是说给友人听的,又是说给自己听的,更是说给天下人听的。

李白此时的心迹已经很明显了,他一心向往的仕途走过了,但朝堂复杂,并非如他心中所期所想。曾经多次许下功成身退的愿望,"功"

虽难成，"身"却可以退了。既然人世间的路走不下去了，就只能寻一条世外之路，为胸中的寂寞和苦闷找一个出口。

同游作罢，三人终究走上不同的人生之路：杜甫说"安得广厦千万间，大庇天下寒士俱欢颜"，他悲天悯人，心怀天下，仍要去长安，去天子脚下看一看；高适说"莫愁前路无知己，天下谁人不识君"，依然心怀抱负，留在梁园等待一个机遇；李白则是个浪漫的谪仙人，他只活在当下，当下的他一心只想访道求仙，于是向东奔齐州去了。

"地理发现"

单父台

李白、杜甫、高适所登的单父台，位于今山东省西南部单县县城南关。单县古称单父，因舜帝的老师单卷在此居住而得名。单父台，又叫琴台、半月台，是为纪念春秋时在单父"身不下堂，鸣琴而治"的良吏宓子贱而修筑的。宓子贱是孔子的学生，曾在鲁国做官，因深得鲁国国君的赏识而被任命为单父宰。宓子贱治理单父有道，三年大治，深受百姓爱戴。单父城有一座高丘，宓子贱常到高丘上抚琴，后世为了纪念他的功德而在高丘上修了一处琴台，这便是单父台。

唐朝时，单父县尉陶沔（李白的朋友）在琴台旧址上进行了一番整修，建成一座规模宏大的半月形高台，于是，单父台又有"半月台"之称。如今，这里因护城堤而积水成湖，单父台就立于水中央，半浮于水面。台上松柏苍翠，水面清波如镜，别有一番风味。

"归来已是『李道士』"

公元 745 年 [45岁] 齐州

公元744年的秋天,李白在去往齐州(今山东济南)的途中一路访道,过安陵时拜访了盖寰道士,二人相谈甚欢。道观焚香让他找到心灵的慰藉,眼前之人也令他神清气爽,这不正是他梦想中的生活吗?他要入道,做一个真正的道士。

事情并没有想象得那么容易,首先,凡入道者必须请一位道教尊者

为他"授道箓",道箓相当于入道的标志,但道箓不会轻易授予别人,需要找一位道家尊者为你打造真箓,李白所幸遇到了,就是眼前的这位盖寰道士,李白在《访道安陵遇盖寰为余造真箓,临别留赠》一诗中记录了这件事。其次,入道者还需要一位德高望重的道教尊师做授道箓仪式,然后才能正式成为在编的道士。在盖寰的推荐下,李白决定请齐州紫极宫的高如贵尊师为其授箓。最后,授箓仪式前,入道者还要斋戒多日,经历一番苦修。

就这样,李白在一个秋高气爽的日子里,在齐州的紫极宫内,伴着缭绕的烟气和浑厚的钟声,听完"真言"后,接过了神圣的道箓。那一刻,李白的内心并没有像他想象的那样找到了宁静,或是变得心如止水,反而像打翻了五味瓶,一时品不出个滋味来。

李白不知道自己是否真的能做到清静无为,也不知道自己是否算一个合格的道士,但至少经历一番苦修后,他苍白的脸颊、消瘦的身形,倒是跟这长长的道袍相得益彰,真有那么点儿谪仙人的意味了。自此,李白终于从"十五游神仙"的慕道者成为一名真正的道士。

> **奉饯高尊师如贵道士传道箓毕归北海**
>
> 道隐不可见,灵书藏洞天。
> 吾师四万劫,历世递相传。
> 别杖留青竹,行歌蹑紫烟。
> 离心无远近,长在玉京悬。

回到东鲁后,李白用皇帝的赐金扩建了府邸,打造了一个吟诗喝酒、修道炼丹的地方。这仿佛是一种赌气的宣示：从此以后，我李白只做两件事——喝酒、修仙。他以为就此便可以了却尘缘、超越荣辱、解脱忧愁了，但事实上，他根本放不下。好在居家东鲁的日子里，李白偶遇并收留了一位女子，才过上一段舒心安稳的日子。虽然这位女子并没有留下姓名，但为李白生下一个儿子，取名颇黎。

第二年夏，李白突然收到齐州司马李之芳的邀请。原来李之芳重修了济南名胜历下亭，遍邀齐鲁名士前来游览，李白、杜甫、高适均在受邀之列。而且，李白在这里居然还见到了一个意想不到的人——李邕。李邕历经宦海沉浮，屡次被贬，早已不是当年那个李邕，李白也已不是当年那个年轻气盛的"大鹏"，二人反倒生出一种惺惺相惜的情愫来。

在这次聚会中，李白还结识了一位新朋友范十，范十隐居在鲁郡北郭。这年秋天，李白和杜甫又相约去了范十的庄园。范十惊喜万分，立刻拿出佳酿，三人边畅快豪饮边谈天说地，醉了就同眠，比亲兄弟还亲。杜甫把这段经历写在了《与李十二白同寻范十隐居》中。

盘桓多日，终是要分别，李白和杜甫也要分别了。没什么好说的，送兄弟一首诗吧！

鲁郡东石门送杜二甫

醉别复几日，登临遍池台。
何时石门路，重有金樽开。
秋波落泗水，海色明徂徕。
飞蓬各自远，且尽手中杯。

这首诗以"醉别"开始,以"干杯"结束,全文一气呵成,虽是话别,却充满鼓舞和希望的乐观之情,全无缠绵哀伤之忧。虽然自身仕途不顺,但李白仍心甘情愿给杜甫以光明和希望,以期他能有一个好前程。

自此一别,杜甫去往长安求仕,李白回东鲁家中仙居。人生目标不再相同,所以"各自远"。

地理发现

历下亭

历下亭位于山东省济南市大明湖东南隅的小岛上。隔水而望,小岛上的古建筑在婀娜的绿柳间半隐半现,清风徐来,碧波荡漾,犹如仙境。

历下亭历史悠久,自有明确记载,到现在已有1500多年的历史了。在漫长的历史长河中,历下亭几经荒废,几经重建,位置也有过几次变迁。公元745年,杜甫受当时齐州司马李之芳的邀请来到历下亭赏游,并写下"海右此亭古,济南名士多"的名句,同行还有高适和李白。杜甫赏游距今已有1200多年的历史,而他尚且称"此亭古",可见历下亭确实历史悠久。

宋元明时,历下亭几经重建、荒废,位置也稍有变化,但都在大明湖畔,现在历下亭的位置是由清康熙年间重建后保存下来的。

南下越中吟留别

公元 746 年 [46岁] 天姥山

送别杜甫后,李白归东鲁家中修道炼丹,闷了就喝酒会友,日子过得倒也潇洒快活,但只有他自己知道,无论美酒还是丹药都解不了他心中的忧愁。公元 746 年,不知道是酒喝多了还是丹药吃多了,李白大病一场,病中还常常喃喃自语着一个地方——天姥山。

秋冬之际,大病初愈、面色憔悴的李白不顾家人反对,决定远游越中,游一遭睡梦中还记挂着的天姥山。

46岁的李白仕途走过了，道门也入了，这个年纪正是家庭和子女最需要他的时候，为何还要远游，而且是旧地重游？大概这就是李白吧，一生潇洒不羁爱自由，"我欲因之梦吴越，一夜飞度镜湖月"，因为想去，便去了。也正是因此，世人才有幸能品读他这首万古流芳的大作《梦游天姥吟留别》。

梦游天姥吟留别

海客谈瀛洲，烟涛微茫信难求。越人语天姥，云霞明灭或可睹。天姥连天向天横，势拔五岳掩赤城。天台四万八千丈，对此欲倒东南倾。

我欲因之梦吴越，一夜飞度镜湖月。湖月照我影，送我至剡溪。谢公宿处今尚在，渌水荡漾清猿啼。脚著谢公屐，身登青云梯。半壁见海日，空中闻天鸡。千岩万转路不定，迷花倚石忽已暝。熊咆龙吟殷岩泉，栗深林兮惊层巅。云青青兮欲雨，水澹澹兮生烟。列缺霹雳，丘峦崩摧。洞天石扉，訇然中开。青冥浩荡不见底，日月照耀金银台。霓为衣兮风为马，云之君兮纷纷而来下。虎鼓瑟兮鸾回车，仙之人兮列如麻。忽魂悸以魄动，恍惊起而长嗟。惟觉时之枕席，失向来之烟霞。

世间行乐亦如此，古来万事东流水。别君去兮何时还？且放白鹿青崖间，须行即骑访名山。安能摧眉折腰事权贵，使我不得开心颜？

天姥山在浙江新昌县以东，临近剡溪。青年时期的李白辞亲远游就游历过这一带，当时登过天台山，与天台山遥遥相对的正是天姥山。或许他曾站在天台山上遥望天姥山，看到它于云雾缭绕间，时隐时现犹如仙境般的模样，便魂牵梦绕地一定要旧地重游。

然而，李白的这首诗，与其说在写山，不如说是在用仙山之盛反映人世之艰。诗中，他谈到了历经万壑千山的感受，联想到古代的传说，提及屈原的诗歌,还有谢灵运发明的登山屐……这一切浪漫的想象与现实相碰撞、杂糅,才有了如此气象万千又虚无缥缈的描绘。

最后一句"安能摧眉折腰事权贵,使我不得开心颜?"是诗人归山以后最想说的话。将它放在此处,显得那么潇洒出尘,也使诗中原本的消极意味得到升华,流露出不卑不亢的文人气概。

入冬了,天寒地冻,游完天姥山,心愿已了,李白也该回家了吧!并没有,他要一路南下,经宋城,过梁园,到扬州,访金陵。

这是在重游当年的胜地啊!

阔别二十载,山河俱在。人呢?体验过朝堂复杂、人世艰难,曾经气宇轩昂,如今两鬓斑白,曾经意气风发,如今却越来越伤怀。

"地理发现"

天姥山

　　天姥山位于浙江省绍兴市新昌县儒岙镇。天姥山得名于"王母",由一片连绵起伏、怪石林立的群峰组成。天姥山并非雄伟壮丽的高山,而是一座千姿万状的文化名山。早在唐以前,天姥山就为文人墨客所向往,李白、杜甫等诗人也是追慕先贤的足迹寻访天姥山。天姥山还被道教尊为第十六福地,可见它必然是一座云雾缭绕、如诗如画的仙山。

　　天姥山最胜的风景当属天目龙潭,大雨过后,山涧淌下山水,在累累顽石间蜿蜒而过,随山势越来越汹涌,而后奔腾而下,十分壮观。

　　如今,天姥山风景区已成为当地旅游文化名片,游客慕名而来,在千丈幽谷的茂林间,体会古代文人的闲情逸致。

不觉浮云已蔽日

公元 747 年 [47岁] 金陵

李白一路南下，在梁园偶遇故人岑勋。"天生我材必有用，千金散尽还复来"，想起当年喝酒时说过的豪言壮语，如今竟是那么凄凉刺耳。这位初见时就有着一副贵人相的"岑夫子"竟也难逃朝中奸人的迫害，此番正要归隐山林。朋友话别，忽逢漫天大雪，李白目送岑勋的背影一点点消失在雪幕中，不免伤感，当即高声诵上一首《鸣皋歌送岑征君》。

公元 747 年春，李白长途跋涉抵达扬州。当年的他在这里散金三十万，何其意气风发，如今的他只留愁苦交加。人已变，心中牵挂的景象也不似当年，还有什么好看的。李白并不想多做停留，匆匆别过扬州后便赶往金陵去了。

当年来金陵，李白写"楚歌吴语娇不成，似能未能最有情""风吹柳花满店香，吴姬压酒唤客尝"。如今来金陵，李白登凤凰台写"凤凰台上凤凰游，凤去台空江自流"。

大唐少年游

登金陵凤凰台

凤凰台上凤凰游,凤去台空江自流。
吴宫花草埋幽径,晋代衣冠成古丘。
三山半落青天外,二水中分白鹭洲。
总为浮云能蔽日,长安不见使人愁。

凤凰自古便是中华民族吉祥之物。相传,南朝刘宋元嘉年间,有三只大鸟飞来金陵,栖于山间,其羽毛艳丽,五彩照人,被人们称为凤凰。凤凰来仪,是天大的吉兆,于是在此建台,便是凤凰台。李白登凤凰台时,离它初建已过去 300 余年,眼前所见无比萧条。同样萧条的还有吴宫的杂草和晋代已成枯骨的名士。但不管人世怎样变迁,金陵山水依然壮丽

无比!

　　这番感叹，将大自然的无情与人事的无力相对比，更凸显了自己的悲凉。本以为入了道便不会再想长安事，真成了道士才发现，在他心中长安从未远去，又怎么可能一心悟道呢！

　　哀怨惆怅交融在了诗和景中。李白过丹阳时，写下《丁督护歌》："君看石芒砀，掩泪悲千古。"到了吴郡，游吴王夫差的姑苏台而作《苏台览古》："旧苑荒台杨柳新，菱歌清唱不胜春。"抵达越中，游越王勾践的旧宫遗址，写《越中览古》："宫女如花满春殿，只今惟有鹧鸪飞。"

　　到了会稽，李白本想拜会忘年之交贺知章，却得知他老人家已经仙逝。积攒了一肚子的愁绪竟然无人可诉，悲痛之余写下《对酒忆贺监二首》。然后登天台山，重游国清寺。站在高山之巅，穿过云雾遥望大海，李白觉得心中悲恸丝毫未减。然而，他不知道的是，这只是悲恸的开始。

　　返回金陵，等待他的是一连串噩耗。

　　年近古稀的李邕因奸相李林甫的陷害含冤被杖死在刑庭；刑部尚书韦坚被李林甫构陷谋立太子，贬出长安后又被迫害致死；当年与李白一起喝酒的李适之也被株连，后因承受不住酷刑而自尽；就连玄宗的亲信王忠嗣也因谋立太子而被贬为汉阳太守，不久忧愤而死。

　　这还没完，故人崔成甫被贬洞庭湖畔，好友王昌龄被贬夜郎西任龙标县尉……听到这里，李白越想越来气，五内俱焚，写下这首《闻王昌龄左迁龙标遥有此寄》。

闻王昌龄左迁龙标遥有此寄

杨花落尽子规啼，闻道龙标过五溪。
我寄愁心与明月，随君直到夜郎西。

让李白忧心如焚的不只是众好友发生的变故，更是被李林甫奸党把持的朝政。很快，令他担心的事情还是发生了。

公元749年，唐玄宗任命哥舒翰为河西陇右节度使，攻取吐蕃据守的石堡城，虽胜，但代价是几万血肉之躯。一时间，举国震惊，朝堂之上不知是喜是忧。

李白烂醉如泥，作《答王十二寒夜独酌有怀》："君不见李北海，英风豪气今何在！君不见裴尚书，土坟三尺蒿棘居。"通过李北海（李邕）、裴尚书（裴敦复）的悲惨结局，李白更加真实地感到了朝堂上的凶险，因此发出"少年早欲五湖去，见此弥将钟鼎疏"的感慨。看到这些，更想远离富贵功名了，还不如年轻时就效仿范蠡泛舟五湖呢！

李白于金陵旅居两三年，不想在他50岁欲返回东鲁时，又遇到人生中的一件大事——入赘梁园宗府。

"地理发现"

国清寺

位于浙江省台州市天台县城关镇的国清寺，始建于隋代开皇年间，最初叫天台寺，后改名为国清寺。

国清寺是按照天台宗创始人高僧智𫖮亲手所画的样式修建的。据说，智𫖮在创立天台宗后却没有正式的祖庭，于是一直想建立一座梦想的寺庙，并亲自画好了式样，但由于筹不到资金而不得动工。后来，晋王杨广得知这件事后，便命人监造了国清寺。唐代会昌年间国清寺被烧毁，后又得到重建。唐代大中年间，大书法家柳公权在国清寺题字"大中国清之寺"，至今仍清晰可见。

从唐代到清代雍正年间，国清寺几次被毁，又几番重建，直到清代雍正年间，得到一次全面的整修。1973 年，国清寺得到最后一次修复，形成今天的模样。2006 年，国清寺被国务院批准为第五批全国重点文物保护单位。

狼子之心谁可知？

公元 752 年 [52岁] 幽州

公元 750 年，李白机缘巧合结识了第二任妻子宗氏，宗氏的祖父是武则天朝宰相宗楚客。相传，二人结缘是因为那首《梁园吟》。宗氏经梁园残壁看到李白亲笔所题《梁园吟》，大为感动，不惜花千金买下那壁墙。宗家小姐千金买壁的美谈立刻传开，李白听说后，不由怦然心动，一桩好事就这么成了。

宗氏不但喜欢李白的诗，也崇尚道教，二人志趣相投，婚后的日子自然是琴瑟和鸣。宗氏自幼好道，性格孤傲，喜欢平静淡泊的生活，且深觉朝局动荡，就与李白商量，想找一个避世之地隐居。李白首先想到的就是投奔好友元丹丘，元丹丘此时已移居到石门山新居，李白便携妻

子迁往元丹丘新居隐居度日。

公元751年秋，刚做了不久"山中人"的李白，出山的念头又被点燃。原来，李白收到担任幽州节度使判官的故人何昌浩的一封信，信中邀他前往幽州。幽州是什么地方？安禄山的大本营啊！安禄山怀的什么心思，当朝人有目共睹，宗氏见多识广，再三劝阻，李白也把这种担忧和犹豫写在了《赠何七判官昌浩》的诗中。

然而，犹豫并没有持续多久，李白已51岁，还能折腾几年啊，他害怕这是自己最后的机会，还是决定要去。宗氏自然是一百个不愿意，此时的幽州等于龙潭虎穴，生怕李白有去无回，可好话说尽，哭过闹过，没有用。李白还是以"牟取功名，建功立业，努力提升妻家声望，本来就是赘婿的自我修养"这种理由，强行告别妻子，奔赴幽州。

公元752年深秋，李白抵达蓟县，也就是幽州节度使幕府所在地。在何昌浩的安排下，李白迎着北方已带寒意的秋风，游览了范阳、蓟门、渔阳、易水。回到军中，迎着漫天的黄沙，听军中号角长鸣，看旌旗时卷时舒。军营中，战马奔腾，军报连连，将士们训练有素，一丝也不敢懈怠，李白看在眼里，却是愁在心头。

其实，安禄山有意造反这件事，朝中早有传闻，但历来党争中的诋毁、朝堂上的争辩是司空见惯的事，玄宗并不以为然。可现在，李白身在幽州，目睹了军营中的气象，他确信安禄山的狼子野心并不假。此时此刻，李白恨不得马上飞鸽传书告诉皇帝这件事，但世上最难的事就是叫醒一个假装睡觉的人。李白对朝堂心灰意冷，接连写下《幽州胡马客歌》《北风行》等诗作，暗喻幽州危机。

幽州形势严峻，已是黑暗一片，朝廷实际已经失去了对幽州的掌控，安禄山在这里可以一手遮天、呼风唤雨。李白看在眼里，急在心里，他想过去长安，但还能投奔谁？相熟的忠良之臣不是被贬就是被杀，他根本无能为力。

次年春，李白南返抵达魏州时，本欲探访刚刚任职于此的韦良宰，但韦太守因出门访友不在，李白便没有多做逗留，继续南下。即将抵达洛阳时，李白心中实在牵挂长安，突然调转马头，直奔西去。

路上，李白又踌躇了。想来此时的长安依然是一派太平盛世的景象吧！车水马龙、富丽堂皇的长安城仿佛近在咫尺，却又遥不可及。李白停下脚步，去了长安投奔谁？说安禄山图谋不轨的忠良一个个遭贬、被杀，李白纵是心急如焚又有什么用？于是，留下一首《远别离》，终是远离。

远别离

远别离，古有皇英之二女，乃在洞庭之南，潇湘之浦。
海水直下万里深，谁人不言此离苦？
日惨惨兮云冥冥，猩猩啼烟兮鬼啸雨。
我纵言之将何补？
皇穹窃恐不照余之忠诚，雷凭凭兮欲吼怒。
尧舜当之亦禅禹。
君失臣兮龙为鱼，权归臣兮鼠变虎。
或云：尧幽囚，舜野死。
九疑联绵皆相似，重瞳孤坟竟何是？
帝子泣兮绿云间，随风波兮去无还。
恸哭兮远望，见苍梧之深山。
苍梧山崩湘水绝，竹上之泪乃可灭。

谁不知道离别苦？是什么让他必须远别离？李白诗中明确指出，是因为大权旁落。历史总是相似的，为何你唐玄宗不能观史以察人呢？君已失权，权归臣子，你的权力已经到了李林甫、杨国忠、安禄山手里了。看看九嶷山的孤坟，看看娥皇、女英的下场，到时候后悔都来不及。

此诗写成两年后，安史之乱爆发，玄宗不得不亡命天涯，与杨贵妃生离死别。李白当时虽已察觉安禄山跃跃欲试的谋逆之心，却无能为力，只能寄情于山水，求仙访道，隐居避世。

登西岳华山后，李白经洛阳，至历阳横江浦渡江，转水路南下宣城。

"地理发现"

洪波台

洪波台，是古代的一座名台，由春秋末期赵简子所建，现位于河北省邯郸市成安县城西北南横城村东，是战国时期赵国观兵操练、歌舞宴会的地方。公元752年，李白在前往幽州的途中，经过邯郸作《登邯郸洪波台置酒观发兵》一诗。可见，当时的洪波台仍然是一座观兵操练的场所。

《史记》中有过洪波台的记载，说的是赵简子在洪波台上宴请诸人，酒意正浓时，赵简子说，1000只羊皮也抵不过一只狐狸的腋下之毛，比喻众人的唯唯诺诺比不上一个人的直言相谏。这就是成语"一狐之腋"的来历。

洪波台在民国时期仍有遗迹，据说是一片占地数亩的高大土丘，但这个土丘随着时间的推移越来越小，如今只剩下一个荒草土堆。土堆不远处，还有一座半间房子大小的廉颇庙，廉颇庙的建成时间虽已不可考，但可以说明廉颇曾在这一带活动过。

秋风黄叶到宣城

公元 753 年 [53 岁] 敬亭山

秋风乍起，落叶纷飞。到宣城时，已经是公元 753 年的秋天。

从弟李昭时任宣城长史，来信邀请李白前往。听说那里有个谢朓楼，是南齐诗人谢朓的遗迹，李白仰慕谢朓已久，便去了。

宣城在江南岸，属江南道，是个风光秀丽的好地方，两岸全是连绵的青山，空幽僻静，让他想起了故乡巴蜀的山水，生出迁家于此的想法。

李白在这里受到宣城长史和县令崔钦的热情款待，度过了一段美好的时光。每日登山临水，寻幽访胜，也不会走太远，累了就闭门读书，或者找朋友喝酒聊天。有时候，他会去敬亭山坐上一整天，连他自己都觉得仿佛看破了功名，厌倦了漂泊。

> **独坐敬亭山**
> 众鸟高飞尽，孤云独去闲。
> 相看两不厌，只有敬亭山。

　　李白到底还是放不下心中的那一点儿执着，很快就在敬亭山上坐不住了。这天，听说监察御史李华出使东南正路过宣城，李白便急忙向他打听朝局近况，哪知李华告诉他的是一连串的坏消息。

　　李林甫死后，杨国忠做了宰相，杨国忠是杨贵妃的哥哥，外戚当道，朝堂上的情景可想而知，比李林甫当朝时有过之而无不及。晚年的唐玄宗愈发好大喜功，曾命哥舒翰强攻石堡城牺牲了数万将士的性命，后又在杨国忠的撺掇下出兵南诏。杨国忠哪里懂用兵之道，只知道滥用武力，结果惨败，大唐损失六万精兵，南诏称霸蜀地。杨国忠不惜以将士的伤亡换取杨氏一族的荣宠，惨败后皇帝却毫无触动，仍旧沉溺声色。王公争相豪奢，对关中地区的水旱灾害置若罔闻，听说长安朱雀门大街上都出现了饿殍！

　　听了李华的描述，李白的心更痛了。送别李华后，李白站在谢朓楼上，仰望一排排南飞的大雁，突感秋风萧瑟，他仿佛看到了大唐的繁华盛世如过眼云烟，一去不复返，有感而发作《陪侍御叔华登楼歌》。

大唐少年游

🌤 陪侍御叔华登楼歌

弃我去者，昨日之日不可留；
乱我心者，今日之日多烦忧。
长风万里送秋雁，对此可以酣高楼。
蓬莱文章建安骨，中间小谢又清发。
俱怀逸兴壮思飞，欲上青天览明月。
抽刀断水水更流，举杯销愁愁更愁。
人生在世不称意，明朝散发弄扁舟。

李白该有多苦闷，才有了这首绝唱天下的名作。诗中说：本以为昨日之事像东流之水，已经过去了，但如今听人重提旧事依然心痛苦闷，能做的只是发一通牢骚。想自己初供翰林时，在朝堂上受到的轻视，又被权贵谗毁，只能弃官而去，飘摇四方。拔刀断水水却更加汹涌奔流，喝酒消愁却越喝越愁。真是不如意啊！还是范公想得开啊，一叶轻舟去，恩怨两不疑！

秋去冬来，李白愁上加愁。

"地理发现"

敬亭山

安徽省宣城市北郊有一座历史文化名山敬亭山，正是李白"相看两不厌"的那座敬亭山。

敬亭山原名昭亭山，晋时为避司马昭的名讳而改名为敬亭山。敬亭山是安徽黄山的支脉，呈西南—东北走势，有一峰、净峰、翠云峰三大主峰，周围还有60余座山头围绕，十分壮观。敬亭山山体并不高，但远看满目青翠、云雾缭绕，近看林壑幽深、清泉淙淙，十分秀丽。

敬亭山还是有名的江南诗山，前有南齐谢朓《游敬亭山》，后有唐李白《独坐敬亭山》，而后敬亭山声名鹊起，唐代白居易、杜牧、韩愈、刘禹锡、王维、孟浩然、李商隐、颜真卿、韦应物，宋代苏东坡、梅尧臣等大诗人纷纷慕名登临，吟诗作赋，绘画写记。清朝画僧石涛以敬亭山风光为背景而作《石涛罗汉百开册页》。

1987年10月，敬亭山被安徽省政府列为第一批省级风景名胜区。

逃亡，

公元 754 年 [54岁] 宋城

公元754年春，李白正百无聊赖，不知去哪里游玩时，突然收到一封信，原来是宣城泾县县令汪伦邀请他去泾县一游。信中，汪伦问李白，先生是否好游？这里有桃花十里；先生是否好酒？这里有酒肆万家。李白心想，真是个懂我的妙人啊，我定当前往一观。

于是李白继续上路，先去了金陵，后在扬州与常居王屋山的魏万相遇，李白为他作序，还夸赞他爱文好古。临别时，两人互赠诗文，李白叮嘱魏万一定要编集成册。

告别魏万，李白继续南下奔汪伦处，路上听闻晁衡在坐船返回日本的途中遇海难而亡。晁衡本名阿倍仲麻吕，是日本遣唐留学生之一，因"慕中国之风"而不肯离去，改名晁衡留在大唐为官，与李白、王维友谊深厚。李白特意为晁衡作诗《哭晁卿衡》，以追悼亡友。后来才得知晁衡在海上幸免于难，漂至海南后又辗转返回长安，继续在唐朝做官。

接着，李白经南陵、游秋浦、过颍阳，而后抵达泾县，正好赏桃花、醉美酒。虽然到了才知，汪伦所说的"桃花十里"是指桃花潭，"酒肆万家"是一家姓万的开的酒肆，但汪伦的盛情远超过了一切。在这个美妙的地方盘桓多日，李白的内心得到不少宽慰，临别之时，留下这首热情洋溢的离别诗《赠汪伦》。

赠汪伦

李白乘舟将欲行，忽闻岸上踏歌声。
桃花潭水深千尺，不及汪伦送我情。

告别汪伦，李白仍在宣州一带逗留。远在宋城的妻子坐不住了，来信询问归期，李白为宗氏作《秋浦寄内》《自代内赠》。相思之情表达得情真意切，但他似乎并没有回宋城的打算！大概宗氏也会嘀咕："李大侠"年纪也不小了，眼看世道越来越乱，怎么就不知道回家呢？

公元755年，安禄山果然反了。天宝十四载十一月初九，安禄山假奉密诏，以"忧国之危"、讨伐杨国忠为名，在范阳起兵，亲率20万大军浩浩荡荡向南进发，河北诸郡毫无抵抗之力，瞬间瓦解。

消息传来时，李白尚在金陵做客，宗氏在宋城，儿子伯禽在东鲁。李白犯了难，不知道该去接谁。这时门人武谔来访，自告奋勇替先生接伯禽，李白便赶去与妻子宗氏会合。

十二月，金吾大将军高仙芝的东征部队刚离开长安，叛军就已经渡过黄河，很快洛阳沦陷。李白携妻子在混乱的人群中向南逃亡，回头望去，北方已是硝烟弥漫。

公元756年，安禄山于天宝十五载正月初一在洛阳称帝，国号"大燕"。不久，高仙芝被斩，东征军近半被俘。

常山郡太守颜杲卿被诛，河北诸郡彻底失守。

六月，唐玄宗听信杨国忠，强令哥舒翰出战，放弃固守潼关。结果，潼关被破。为了稳定军心，唐玄宗打出御驾亲征的幌子，实际上暗地里携宰相、贵妃仓皇逃出长安。

七月，长安沦陷。

马嵬坡禁军兵变，玄宗弃车保帅，杀杨国忠，缢死贵妃。事变后，太子李亨被认为是主谋，玄宗备受打击，就此分道。玄宗继续向南逃亡巴蜀，李亨向北收拾残局。

国难当头，李白恨玄宗听小人、远忠良，最后燃起的一点儿报国赤诚心也被浇冷了……

李白

叛军即将南下，宣城也不安全了，李白作《经乱后将避地剡中，留赠崔宣城》《猛虎行》《扶风豪士歌》等诗篇，按捺住仗剑救国的热情，决心携妻子归隐庐山。

"地理发现"

桃花潭

安徽省宣城市泾县桃花潭镇内有一片清新秀丽的风景区,这里便是唐时李白与汪伦诗酒唱和、流连忘返的妙地。相传,汪伦以十里桃花和酒肆万家把李白吸引来,李白抵达时才发现桃花为潭水的名字,万家则是酒家的名字,李白不但不生气,反而被汪伦的盛情所感动,二人就在清澈幽深的潭水边诗酒唱和,临别前李白还留下《赠汪伦》这首千古绝唱。

如今的桃花潭风景区已经发展成一片包含自然景观和人文景观在内的大风景区,游览景区可观皖南秀丽的山川,可赏独特的皖南建筑,还可以追思古人,陶冶情操。

投永王，出山即入坑

公元 756 年 [56岁] 庐山

公元 756 年，年老昏聩、逃亡巴蜀途中的唐玄宗又做了一个错误的决定，他采纳房琯的建议，颁布命诸王分镇天下诸道的诏书。诏令太子李亨担任天下兵马大元帅，领朔方、河东、河北诸道，负责收复长安、洛阳东西二都；诏令永王李璘领山南东路、岭南、黔中、江南西路四道节度使，任江陵大都督，坐镇江陵；诏令盛王李琦领江南东路、淮南、河南等节度使，任广陵大都督；诏令丰王李珙领河西、陇右、安西、北庭等路节度使，任武威都大都督。

明眼人都知道，权力如同覆水，一旦泼出去就再难收回了。诸王携

实权走出深宫的那一天，天下便已经四分五裂。朝中大臣，诸如高适、郭子仪都劝谏过，但玄宗并不听从。

果然，太子李亨甚至等不及分置制诏的诏书抵达便在甘肃临武即位，号唐肃宗，改年号为至德。唐太宗就这样被迫下台，成为太上皇。

至德元载九月，永王李璘早已对尚未沦陷的江南一带垂涎三尺，如饿狼捕食般蠢蠢欲动；十一月，唐肃宗察觉有异，诏令李璘前往蜀地朝见太上皇，李璘不从。

饿狼獠牙已现。

这边，李白归隐庐山的消息不胫而走。十二月，某个人的到访扰乱了李白平静的心绪，胸中那团从未熄灭的梦想之火重新燃烧起来。他从未想过，自己已临近深渊。

这位突然造访的人正是李白在翰林院的老相识韦子春。韦子春因得不到重用，本已辞归故里，永王镇守江陵后，得到永王的启用，现在已担任司马一职。此番前来，韦子春正是替永王做说客，请李白出山的。韦子春拿出唐玄宗分置制诏的那一套说辞，又将永王如何出镇江陵的细节一一说与李白，然后拿出出师平乱的计划……一番操作下来，李白早已经被眼前的糖衣炮弹乱了心智。建功立业的机会就在眼前了，李白恨不得马上就答应跟韦子春下山，于是有了这篇表明心志的《赠韦秘书子春》。

赠韦秘书子春

谷口郑子真，躬耕在岩石。
高名动京师，天下皆籍籍。
斯人竟不起，云卧从所适。
苟无济代心，独善亦何益。
惟君家世者，偃息逢休明。
谈天信浩荡，说剑纷纵横。
谢公不徒然，起来为苍生。
秘书何寂寂，无乃羁豪英。
且复归碧山，安能恋金阙。
旧宅樵渔地，蓬蒿已应没。
却顾女几峰，胡颜见云月。
徒为风尘苦，一官已白须。
气同万里合，访我来琼都。
披云睹青天，扪虱话良图。
留侯将绮里，出处未云殊。
终与安社稷，功成去五湖。

　　李白的想法是好的：你韦子春不远千里来庐山找我，我们对着庐山的云雾与蓝天，无拘无束地畅谈天下大事，不分你我。是啊！总是要先安定天下，待功成以后再隐居五湖四海吧！

　　李白就这样别过哭哭啼啼的妻子宗氏，欢欢喜喜地上了永王的"贼船"。登上永王东进的船，李白仿佛觉得自己成了鲁仲连，登上了燕昭王的黄金台，于是有感而发写下《在水军宴赠幕府诸侍御》。此船一路东进，李白则诗兴大发，一口气连作《永王东巡歌十一首》。

　　李白怎么也没想到，东进之路尚未走完，他的梦想就碎了一地。唐肃宗以不从诏令为名，讨伐永王李璘，而领兵之人正是李白的故人、已升为淮南节度使的高适。

永王败北，不久被追兵射杀。

李白幸存，以"附逆作乱"之名定罪。

"地理发现"

庐山

庐山，又名匡山、匡庐，位于江西省九江市境内。庐山以雄、奇、险、秀闻名于世，素有"匡庐奇秀甲天下"的美誉。庐山雄踞于长江与鄱阳湖之间，是一座拔地而起的孤立型山系。

自古以来，庐山为历代文人所爱，被命名的山峰有171座，群峰之间还散布着冈岭26座、壑谷20条、岩洞16个、怪石22处。庐山最有名的当数瀑布，水流在河谷发育的裂点形成许多急流与瀑布，有瀑布22处、溪涧18条、湖潭14处。其中，最为著名的瀑布是三叠泉瀑布，落差达155米，十分壮丽。

庐山不但风景秀丽，而且凝聚了深厚的文化内涵，从司马迁到陶渊明、李白，再到郭沫若等，庐山共迎来1500余位诗文名家的登临，留下4000余首诗词歌赋。

1982年，庐山被国务院批准为第一批国家级风景名胜区；1996年，庐山被列入"世界自然与文化遗产名录"；2007年，庐山被评为国家5A级旅游景区。

长流夜郎 路八千

公元 758 年 [58岁] 白帝城

公元757年的春天,对于李白来说,可能是一生中最寒冷的一个春天。身陷囹圄的李白怎么也想不通,自己怎么就走上了谋逆的道路,还被多年的朋友送进大牢。只可怜了替他申冤喊屈、奔走四方的夫人宗氏。

李白冷静下来认真想了想,发现他只能四处写信寻求帮助了。最先写信给妻子宗氏,作《在浔阳非所寄内》表示对妻子不离不弃的感激之

情；然后作《狱中上崔相涣》《上崔相百忧章》《万愤词投魏郎中》等，一一向朋友寻求帮助。

人气旺盛的"李大侠"尽管身陷囹圄，也还是有朋友愿意出手相救的。在江南宣慰使崔涣和御史中丞宋若思的陈情下，世人才得知李白入幕永王实属被蒙蔽，李白因此翻案。获释后，宋若思还招李白为参谋，掌文书事务，李白作《中丞宋公以吴兵三千赴河南军次寻阳脱余之囚参谋幕府因赠之》记录了这件事。

然而，好景不长，很快圣旨降下，李白暂收押于浔阳（今江西九江）狱中，于次年春流放夜郎！李白欲哭无泪。

十月，已是暮秋时节，长安、洛阳均已收复。

十二月，李白听说皇上和太上皇均返回长安，普天同庆。

李白听说高适招抚了永王的大将季广琛，季广琛不但没有被定罪还获得了升迁。高适怎么说也算自己的朋友，应该会帮自己一把吧？于是给高适写了一封信，这便是《送张秀才谒高中丞》，信中称颂了一番高适的人品、气度，最后隐晦地表达了自己欲求助于人的迫切心情。然而，李白并未得到任何回复。

公元758年春，58岁的李白戴着镣铐踏上了西去夜郎的流放之路。送别之人众多，李白一一表示感谢，最后由妻弟宗璟将李白送出浔阳。李白老泪纵横，作《窜夜郎，于乌江留别宗十六璟》。

其实，李白的流放之路并没有想象中艰难，"李大侠"的人气从来就不差，从江夏经汉阳到江陵，他一路受到各地官员、名士的热情招待。一路游赏，直到入冬之际，李白才走到三峡。由于冬季水位下降，三峡两岸的山显得高耸起来，远远望去，江面好像越来越窄。李白想起年轻时仗剑远游的意气风发，如今年近花甲却落得一个戴罪之身，感慨万千，写下这首《上三峡》。

> ### 上三峡
>
> 巫山夹青天，巴水流若兹。
> 巴水忽可尽，青天无到时。
> 三朝上黄牛，三暮行太迟。
> 三朝又三暮，不觉鬓成丝。

又是一年。

第二年初春，李白行至夔州州治奉节（今重庆奉节），离夜郎已经不远了。想当年，李白正是从这里告别巴蜀，走出三峡，沿长江而下，去往江淮的。鼻子一酸，脸上淌下泪水……

正当李白悲恸不能自已时，突然喜从天降，原来朝廷因旱灾而大赦天下，流放的人被赦免了！

李白可以回家了！眼前豁然开朗，山也清了，水也秀了，朝霞分外明媚，连回家的船都轻了，这才有了这首欢快明丽的《早发白帝城》。

> ### 早发白帝城
>
> 朝辞白帝彩云间，千里江陵一日还。
> 两岸猿声啼不住，轻舟已过万重山。

一路上,李白听说天下已大定,大唐改国号乾元,复"载"为"年",朝廷祭山川,皇帝论功行赏。心情大好的李白觉得人生又充满了希望,甚至又做起入仕为官、重现大唐盛世的美梦……

"地理发现"

白帝城

白帝城,为西汉末年公孙述所建,位于重庆市奉节县瞿塘峡口长江北岸的白帝山上。西汉末年,天下大乱,公孙述割据蜀地,已有称帝之心,于是在山上筑城用来屯兵积粮。因城中一井常冒白气,宛如白龙,便命此城为白帝城,并自号"白帝"。公元222年,刘备在夷陵之战中大败于东吴,兵退夔门之外,一病不起,最终在白帝城附近的永安宫托孤于诸葛亮。

白帝城历来有"诗城"的美誉,李白、杜甫、白居易、刘禹锡、苏轼、黄庭坚、范成大、陆游等都曾登临白帝城留下诗篇。

2002年,当地政府为开发旅游事业,将白帝城在内的区域规划成白帝城·瞿塘峡风景区,辖区内除白帝城外,还有八阵厅、杜甫西阁、夔门古象馆、风雨廊桥等人文景观以及诸多自然景观。

中兴梦碎

醉洞庭

公元 759 年 [59岁] **颍阳**

公元 759 年，乾元二年初夏时节，李白返回江夏，接待他的人络绎不绝，这让他感到自己有望得到朝廷的启用。其实，江夏长史邀请李白是让他作陪接待史郎中的，李白却把这宴席当成了自我举荐的良机，而作《江夏使君叔席上赠史郎中》。诗中，李白自比为涸辙之鲋、漂泊的白云、北冥的巨鲲，希望主人可以助他一臂之力，让他重游江海、再上九霄、化成大鹏，壮志得酬。

谁能想到，曾经云游天下名川、做过翰林待诏、辞官归隐、下过大牢、流放夜郎的李白，时近暮年，居然还能心怀初衷而不改，还有如此天真烂漫的想法！而且这种想法，似乎因为年纪的增长变得更加迫切了。

在江夏的这段时间，他更加频繁地干谒，还作了一个长长的履历表，以表明心迹，希望在贵人的提携下还能以余生之力为朝廷效犬马之劳。

这还不算，李白又写了长诗《天马歌》，把自己比喻成来自西域的天马，这匹天马曾经矫健俊朗，如今天马已老，却沦落为拉盐车的牲口，苦苦挣扎，是以大呼伯乐！

这年四月，史思明称帝，纵使朝廷尚有郭子仪、李光弼等大将在，却仍然进退失据，20万大军溃败于河南。朝廷虽然早已收复东西二都，但后宫干政、宦官专权，整个唐王朝简直是苟延残喘，也难怪郭子仪会败。

就像李白梦想中的大唐中兴并未到来一样，李白的入仕之梦再次破碎。从江夏至洞庭湖后，李白作《与夏十二登岳阳楼》等，依然干谒无果，然后终于明白自己这把老骨头能做的不过是陪人家吃吃饭、喝喝酒、游玩写诗罢了。

与夏十二登岳阳楼

楼观岳阳尽，川迥洞庭开。
雁引愁心去，山衔好月来。
云间连下榻，天上接行杯。
醉后凉风起，吹人舞袖回。

李白虽然梦想破灭，但心情还是不错的。全诗充满幻想，将人置于仙境。奇的是，整首诗没有一句正面描写楼高，诗人或从俯视的角度，或从仰观的角度，让周边的景物变得渺小，令视野变得开阔，从而不着痕迹地显现出楼之高。

游洞庭湖后，李白才想到已经太久没有见到妻子了，便动身前往豫章宗璟处寻妻。结果，路上逢襄州守将康楚元、张嘉延作乱，阻断了道路，只得返回江夏。

"地理发现"

岳阳楼

湖南省岳阳市洞庭湖岸有一座千古名楼，这便是与武汉黄鹤楼、南昌滕王阁并称"江南三大名楼"的岳阳楼。岳阳楼有着"洞庭天下水，岳阳天下楼"的美誉。岳阳楼最初建于东汉建安年间，后世多次重修。北宋时期，滕宗谅重修岳阳楼后，邀好友范仲淹作《岳阳楼记》。

现存的岳阳楼沿袭的是清光绪年间重建的形制与格局。主楼高19.42米，进深14.54米，宽17.42米，为三层、四柱、飞檐、盔顶、纯木结构。楼中四根楠木金柱直贯楼顶，周围绕以廊、枋、椽、檩互相榫合，结为整体，顶覆琉璃黄瓦，构型庄重大方。

1988年1月，岳阳楼被国务院公布为第三批全国重点文物保护单位；2005年1月，岳阳楼入选湖南十大文化遗产；2011年9月，岳阳楼景区被全国旅游景区质量等级评定委员会正式批准为国家5A级旅游景区。

为君槌碎黄鹤楼

公元 760 年 [60岁] 庐山

公元 760 年，徘徊在江夏的李白突逢长安的故人韦冰，而作《江夏赠韦南陵冰》。也许故人由长安而来，让李白对过往展开了无限的追忆。李白是在皇权争夺战中牺牲又遇赦的罪人，韦冰是被贬的官员，两个人在那场相逢的宴会上，彼此痛诉着自己的遭遇。这种痛诉本身就是对朝廷、对皇权的讽刺。李白发出这样的感慨："我且为君槌碎黄鹤楼，君亦为吾倒却鹦鹉洲。赤壁争雄如梦里，且须歌舞宽离忧。"这些诗句真实地反映出这种遭遇并非李白一个人的悲剧,而是整个时代的悲剧。

告别韦冰后,李白前往庐山,登庐山时作《庐山谣寄卢侍御虚舟》,体现出他游走于幻想和现实之间的矛盾心情。

庐山谣寄卢侍御虚舟

我本楚狂人,凤歌笑孔丘。
手持绿玉杖,朝别黄鹤楼。
五岳寻仙不辞远,一生好入名山游。
庐山秀出南斗傍,屏风九叠云锦张。
影落明湖青黛光,金阙前开二峰长,银河倒挂三石梁。
香炉瀑布遥相望,回崖沓嶂凌苍苍。
翠影红霞映朝日,鸟飞不到吴天长。
登高壮观天地间,大江茫茫去不还。
黄云万里动风色,白波九道流雪山。
好为庐山谣,兴因庐山发。
闲窥石镜清我心,谢公行处苍苔没。
早服还丹无世情,琴心三叠道初成。
遥见仙人彩云里,手把芙蓉朝玉京。
先期汗漫九垓上,愿接卢敖游太清。

诗篇先写诗人的行踪,再写庐山美景,最后写隐退幽居的愿望。"一生好入名山游"可以说是李白一生的真实写照,但这本身也透露着他追求现世功名不成,只得寄情于虚幻仙境的心理。这种心理是矛盾的,表现了李白一面希望极力地摆脱世情、追仙悟道,一面又留恋现实、难舍人间事。

这年深秋,李白几经波折才抵达豫章。与妻子相逢的那一刻,他百感交集，好似瞬间老了几岁。连年战乱，大家的日子都不好过，李白亲眼见妻子典当首饰才为他张罗了一场生辰宴，鼻子一酸，几度哽咽。

李白不忍一直叨扰妻弟，也不忍妻子受苦，决定过了年再去金陵谋个差事，顺道送妻子去庐山投奔女道士李腾空。李腾空是前任宰相李林甫之女，出身富贵，却寡欲而慕仙道，常年隐居在庐山凌云峰下修道。她还关怀人间疾苦，常替人救苦疗疾。李白感念李腾空的恩德，特意为其作诗两首。

告别妻子，李白便去往金陵了。

"地理发现"

燕子矶

燕子矶、采石矶和城陵矶被誉为长江三矶。"矶"本义为突出水面的岩石和小石山，后延伸为渡口的意思。燕子矶位于江苏省南京市栖霞区的直渎山，因石峰突出江面之上，三面凌空，就像燕子展翅高飞而得名。

直渎山高出水平面40多米，南面连长江岸，其余三面均被江水围绕，地势险要，但也正因如此，燕子矶也成为观赏江景的最佳场所。登临燕子矶，看长江之水浩浩荡荡，十分壮观。矶上有一座御碑亭，亭中石碑正面所刻"燕子矶"三个大字，为乾隆皇帝亲自所题。燕子矶附近还有弘济寺、观音阁等风景名胜。

大鹏折翅，谁为出涕？

公元 762 年 [62岁] 当涂

公元 761 年，金陵依然如故，李白流落江南，依旧无所归处。一年过去了，入冬时，李白身在历阳（今安徽和县），偶感不适，便决定去往当涂投奔从叔李阳冰，结果一到当涂便病重不起。

公元 762 年春，李白仍停留在当涂养病。

三月，李白离开当涂，去往宣城，又辗转到了南陵（今安徽南陵）。

四月，发生一件大事，唐玄宗、唐肃宗先后驾崩，朝中一片混乱。太子李豫即位，是为代宗，尊李辅国为"尚父"。

七月，李辅国被暗杀。安史之乱遗留的贼寇有反扑迹象。听闻这个

消息，李白突感眩晕，昏了过去。

这年秋天，李白病情更重了，贫病交加的他突然不知何去何从，最后还是回到李阳冰处。重阳那天，李白拖着病体与李阳冰登高望远，写下一首《献从叔当涂宰阳冰》。

李阳冰虽然尽心照料，但李白的病情仍不见好转。入冬之际，李阳冰任期已满，不能陪在李白左右了，便把宗氏和伯禽接来，为他们置办了一处居所。一切安排妥当后，李阳冰便向李白辞行。

李白似乎感到自己时日无多，怕再也见不到李阳冰了，便将自己的身世和一生的遭遇诉说给他，并将全部诗文托付给他，嘱咐他编集作序。交代完后事，李白躺在卧榻之上，高声吟诵："大鹏飞兮振八裔，中天摧兮力不济。"吟完诗的李白已是泪流满面，他胸有壮志而难酬，哭诉的是对时代的不满，对命运的不公！

临终歌

大鹏飞兮振八裔，中天摧兮力不济。
余风激兮万世，游扶桑兮挂左袂。
后人得之传此，仲尼亡兮谁为出涕！

这首诗可以看作李白的墓志铭。它说，曾经有一只大鹏，欲一飞冲天而震四海，不想竟从空中跌落，折断了翅膀。难道是它力量不够吗？不，就算摔落在地，它激扬而起的余风还能传万里呢！只是天地太小，不能任其遨游，才让扶桑挂住了衣袖。可是后人不知道啊，他们一定不会像孔圣人去世时那样为它流泪了吧！

李白究竟死于何年何月，世人不得而知，就像他的出生地一样是个谜。有人说他投奔李阳冰后不久便病逝于当涂；有人说他饮酒过度，醉死于宣城；有人说他醉酒后，水中捞月而溺亡。

或许，李白就是位谪仙人，他只是来世间赏美景、品美酒、度人生的，哭一场，笑一场，玩一场，便回天上去了。

"地理发现"

大青山

当涂县起初名丹阳县，隋开皇九年定名当涂。当涂县地处安徽东部、长江下游东岸，是跨江通达南北的重要渡口。当涂风景秀丽，有名山，尤其有李白所钟爱的大青山。唐朝时，因谢朓曾隐居于此，大青山又叫"谢公山"。李白仰慕谢朓而对当涂和大青山心存向往。后来，李白在大青山游历时作《谢公宅》《游谢氏山亭》。李白去世时先葬于当涂龙山，但几十年后由范传正将其迁葬至大青山谷家村，也算遂了他的心愿。李白之后，李阳冰也迁居大青山。

如今大青山规划为大青山李白文化旅游区，山上还有一株神树，据说是李阳冰亲手栽种的。神树由两根主干相依而生，因此被当地人称为"夫妻树"，很多新人选择在这株神树下举行婚礼。

萧萧树 ◎ 著

大唐少年游

杜甫

花山文艺出版社

河北·石家庄

图书在版编目（CIP）数据

大唐少年游. 杜甫 / 萧萧树著. -- 石家庄：花山文艺出版社, 2025. 2. -- ISBN 978-7-5511-7631-6

Ⅰ. K825.6-49

中国国家版本馆CIP数据核字第2024TH1512号

122

公元767年 [56岁] 白帝城

登高白帝城

127

公元768年 [57岁] 江陵

暮色沉沉，漂泊江陵

132

公元760年 [57岁] 岳州

岳州登楼，"凭轩涕泗流"

142

公元770年 [59岁] 湘江

漂流半生，病逝湘江

137

公元769年 [58岁] 潭州

岳麓山下哭故友

97
公元763年 [52岁] 绵州
巴蜀之地，苦中作乐

117
公元766年 [55岁] 夔州
暂居夔州，旧友庇护衣食无忧

112
公元765年 [54岁] 云安
顺江东去，云安休

101
公元764年 [53岁] 阆州
低眉凑路费，举家往阆州

106
公元765年 [54岁] 成都
重回成都，草堂余温难抵山河飘摇

78

公元759年 [48岁] 剑阁

辗转南下，剑阁入蜀

83

公元760年 [49岁] 成都

浣花溪边筑草堂

92

公元762年 [51岁] 梓州

叛乱又起，流亡梓州

73

公元759年 [48岁] 同谷

世道艰难，以诗换饭

87

公元761年 [50岁] 蜀州

仰人鼻息，茅屋终为秋风所破

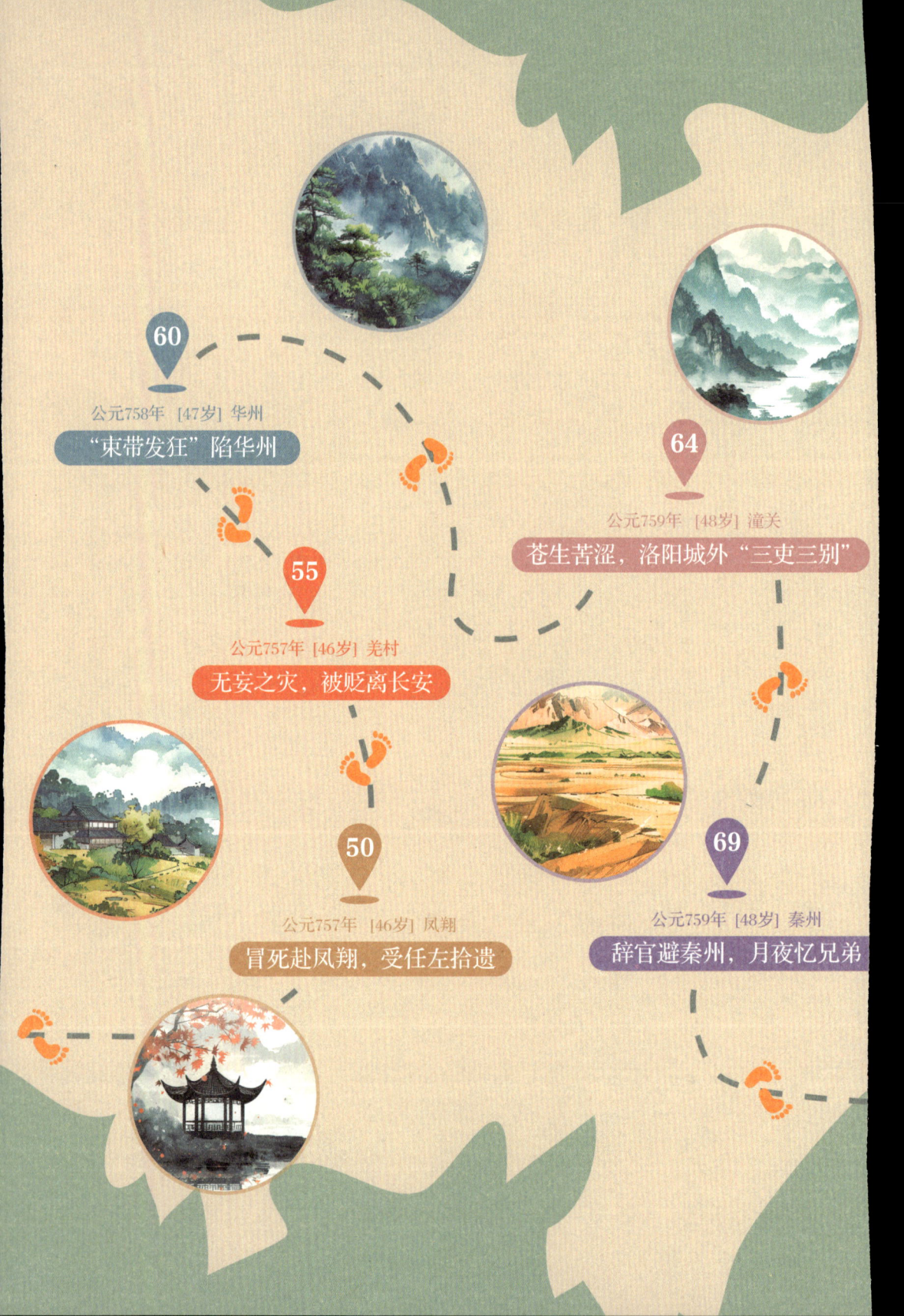

公元758年 [47岁] 华州
"束带发狂" 陷华州

公元759年 [48岁] 潼关
苍生苦涩，洛阳城外"三吏三别"

公元757年 [46岁] 羌村
无妄之灾，被贬离长安

公元757年 [46岁] 凤翔
冒死赴凤翔，受任左拾遗

公元759年 [48岁] 秦州
辞官避秦州，月夜忆兄弟

32
公元751年 [40岁] 少陵
壮志难酬，长安苦寒谁独悲？

36
公元751年 [40岁] 长安
山河动荡间，痛吟《兵车行》

28
公元746年 [35岁] 长安
乱起长安，再度落第

24
公元744年 [33岁] 梁宋
初遇李白，痛饮狂歌

41
公元755年 [44岁] 奉先
人祸天灾，痛失幼子

45
公元756年 [45岁] 鄜州
战乱突起，流离困顿怀山河

目录

1
公元717年 [6岁] 郾城
边小县"咏凤凰"

5
公元718年 [7岁] 洛阳
东都洛阳少年行

10
公元731年 [20岁] 吴越
漫游吴越醉烟雨

14
公元736年 [25岁] 泰山
初试落第，东岳之巅览众山

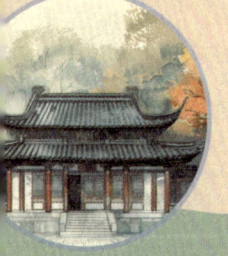

19
公元737年 [26岁] 齐赵
齐赵大地纵马高歌

沙河边小县"咏凤凰"

公元 717 年 [6岁] 郾城

杜甫出生于河南巩县（今河南巩义），从小就非常聪明，刚刚会说话，母亲崔氏就开始教他识字吟诗，很快杜甫就能够背诵很多诗了。可惜，这样母慈子孝的时光并没有持续很久，在杜甫3岁的时候，母亲便因病去世了。

公元717年，杜甫6岁，因为父亲杜闲被任命为河南郾城（今河南漯河郾城）尉，相当于如今的副县长兼公安局长，所以杜甫也跟随父亲前往郾城。

虽然此时杜甫年龄还小，母亲也已经离开人世，但因为杜家家境殷实、家族文化底蕴深厚，再加上父亲和其他家人都对小杜甫疼爱有加，所以小杜甫人生第一次"背井离乡"，非常顺利。甚至因为郾城北边就是沙河，河水清澈，岸边植物茂密，所以小杜甫在郾城还时不时和小伙伴去河边摸鱼、打枣。虽然小杜甫在郾城只住了一年的时间，但有件事却影响了他的一生。

有一次，非常疼爱小杜甫的二姑母来到郾城省亲，便带着他到郾城四处游玩，小家伙突然发现某处围着一层一层的人，锣鼓喧天、叫好声阵阵。

原来，在场地中央正有一名女子在舞剑，舞姿优美、剑术超群、身段曼妙，引来了阵阵喝彩。在围观众人的对话中，小杜甫知道了这名女子正是著名的宫廷艺坊的公孙大娘。

在观赏舞剑的过程中，小杜甫惊奇地发现那曼妙的剑器舞，宛如凤凰于天展翅飞翔！公孙大娘在郾城的精彩表演，给小杜甫留下了深刻的印象。

后来在一次家庭聚会上，杜甫便将自己见到的那幅"凤凰于天"的剑舞场景，写到了自己所作的第一首诗《咏凤凰》中。这首诗被杜闲听到后，杜闲感觉到了儿子的才华和潜力，便教诲杜甫，想要成为爷爷那样的大诗人，就需要继续下苦功夫。非常疼爱小杜甫的二姑母也对小家伙的才华不吝夸赞。

杜甫的爷爷，就是大名鼎鼎的杜审言，不仅是唐高宗咸亨元年（公元670年）的进士，而且作的诗得到了武则天的赏识，曾被任命为著作佐郎。

小杜甫在郾城时，爷爷早已去世，但他也听过很多关于爷爷的事，更能熟背爷爷的所有诗作，对爷爷非常崇拜。

　　父亲的教诲、二姑母的夸赞，让杜甫很受鼓舞，开始更加勤奋地学习，并在9岁开始学习书法。这一点，杜甫曾在他后来所作的自述一生经历的自传诗《壮游》中提到过："七龄思即壮，开口咏凤凰。九龄书大字，有作成一囊。"

　　虽然杜甫作于六七岁时的《咏凤凰》并未传世，但是公孙大娘的剑器舞，在小杜甫的脑海中，牢牢印刻出了一只翱翔于天空之中的凤凰，在杜甫成长起来之后，其传世的作品中就有数十首提到了凤凰，可见这只由公孙大娘剑舞而成的凤凰，对杜甫产生了多么深刻的影响。

　　在郾城，小杜甫度过了无忧无虑的一年，但是毕竟父亲公务繁忙，尚年幼的小杜甫也有些体弱多病，于是后来父亲就将他寄养在了最疼爱他的二姑母家中，这也让小杜甫有了发现广阔天地的机会。

"地理发现"

郾城

如今的郾城,是河南漯河的一个区,但在杜甫的父亲任郾城尉时,郾城还是个县,如今漯河的召陵区,当时也属郾城。郾城历史非常悠久,东汉时期的著名文字学家、耗费了20余年编撰了世界上第一部字典《说文解字》的许慎,就是召陵人。

杜甫居住在郾城时,许慎之墓,就在当时的郾城外,于是,杜甫当时的启蒙先生,就在许慎的墓前,以许慎的《说文解字·序》,为杜甫做了"开笔礼"。

如果现在去看地图,会发现郾城并未在沙河南岸,而是位于沙河北岸。其实这事赶得很巧,杜甫的父亲杜闲任郾城尉几年后,唐玄宗开元十年(公元722年),沙河水势暴涨,当时位于沙河南侧的郾城又正好是北高南低的地势,瞬间洪水就淹没了数千人家。为了避免郾城继续发生这样的事,公元723年,杜闲和郾城的其他官员,一起把郾城迁移到了沙河的北岸,也就是现在郾城所在的位置。

东都洛阳
少年行

公元 718 年 [7岁] 洛阳

公元 718 年，不谙世事的小杜甫，懵懵懂懂间就被二姑母带到了当时唐朝的东都——洛阳。虽然小杜甫远离了父亲，但是慈爱的二姑母，却给了小杜甫宛如母亲般的照顾，所以小杜甫虽再次背井离乡，却并未太过排斥。

小杜甫的这位姑姑，是真的将他视如己出。小杜甫刚随姑姑生活的时候，就赶上了河南大瘟疫，小杜甫和姑姑的儿子都感染上了疫病，可姑姑对小杜甫的照顾甚至超过了对儿子的照顾，以至于最后，小杜甫慢慢好转了，但姑姑的儿子却夭折了。

这事在杜甫后来为姑姑写的墓志铭《唐故万年县君京兆杜氏墓志》中有提到："我用是存，而姑之子卒。"墓志铭中，杜甫称姑姑为"唐义姑"，就是借鉴了《列女传》中的"鲁义姑"——一位为了保护侄儿，舍弃了自己的孩子，以公义、守节行的态度感化齐军的姑姑！

杜甫虽然没有记录自己对姑姑的印象，但是姑姑对他的影响，却贯穿了他一生：杜甫后来所作诗篇中，对天下黎民的大爱、对社会阴暗的抨击，其实都源自姑姑这份爱。

在洛阳，杜甫还得到了非常系统的教育，虽然我们没办法清晰了解到小杜甫当时师承谁家、学习内容如何等修业状况，但他的同学必然非富即贵。

当时正处于开元盛世阶段，洛阳早就成了与大唐国都长安旗鼓相当的重城，不仅极为繁华，政治文化底蕴深厚，而且地处冲积平原，交通极为便利，只要无灾乱就必然丰衣足食。甚至当长安所处的关中歉收的时候，唐玄宗还会跑到洛阳"就食"。

当时的洛阳，云集了无数王公贵族、文人墨客，杜甫在《秋兴八首·其三》中说："同学少年多不贱，五陵衣马自轻肥。"可见当时和他一起学习的同学，必然非富即贵。

杜甫在其自传诗《壮游》中也说："往昔十四五，出游翰墨场。斯文崔魏徒，以我似班扬。"可见杜甫十四五岁之时，才气已经出类拔萃，在参加洛阳的各种文人举行的雅集时，著名的文人崔尚、魏启心，都对他很看重，还将他与汉朝文学家班固、扬雄相提并论！

《壮游》中还说："脱略小时辈，结交皆老苍。"可见当时杜甫虽然只有十四五岁，但是才情已经很高，结交的都是年长之人。出身不俗的杜甫，才华横溢，自然入了不少名人之眼。

甚至，在大唐东都生活的杜甫，还是洛阳王公贵族府邸的常客！杜甫经常到岐王李范的府邸，也去过几次唐玄宗宠臣崔涤的宅邸，而在这些府邸，杜甫数次与当时的著名音乐家李龟年相见。在数十年之后，晚年的杜甫还曾与李龟年偶遇，于是就有了《江南逢李龟年》中的"岐王宅里寻常见，崔九堂前几度闻"。

李龟年是谁呢？他是大唐著名乐工。他的兄弟李彭年和李鹤年，同样拥有很高的文艺天分：李彭年会跳舞，李鹤年会唱歌。而李龟年，吹拉弹唱样样精通，还会作曲！他所创作的乐曲《渭川曲》，可是得到过唐玄宗的赏识的！

所以在当时，洛阳的王公贵族都以邀请到李龟年到府邸表演为荣，年纪轻轻的杜甫，能够多次听到李龟年的歌声，可想而知身边全都是王公贵族，可谓前途一片光明，妥妥的鲜衣怒马少年郎！

杜甫出身于书香世家，又恰逢大唐盛世，所以与当时的大部分读书人一样，他也渴望能够走上仕途，而科举就是必经之路。但当时的科举，可不仅仅看考场表现，还非常看重考生的声名。

想要声名鹊起，最简单的方式自然是游学四方、题诗留字、拜谒前辈。而作为一位文人，想要诗篇文章有质感、有深度、有内容，就必然需要畅游天下、游山观水。于是，杜甫在洛阳生活12年后，决定远游！

"地理发现"

明堂

洛阳作为大唐的东都，曾有一座极为奢华的宫殿，其中更是有一座百里之外都可以看到的、高达近百米的大唐明堂！这座明堂如今已无法看到，但杜甫绝对看到了！

这座奢华的建筑，最早兴建于公元687年，是武则天皇权的象征，也被称为万象神宫。可这座奢华的明堂，却并未存世太长时间，公元695年，武则天的宠臣薛怀义，因心中不忿，竟然一把火把自己盖起来的"天堂"给烧了，哪知道因为天堂离明堂较近，所以明堂也没了……

武则天在一年之后，即公元696年，又盖了新的明堂，制式和原版相同，被称为通天宫。存世数十年，直到公元739年，唐玄宗嫌它太高，直接把通天宫上层给拆了。这座建筑后来又经历了数度损毁、重建，直到762年，整个洛阳都被烧了，曾经的明堂才没了踪影。

漫游吴越
醉烟雨

公元 731 年 [20岁] 吴越

在大唐东都洛阳生活成长的十来年里,杜甫不仅得到了宛如慈母般的姑姑的爱,还拓宽了人脉和眼界,同时把自己多病的身体给休养好了。在杜甫的《百忧集行》中,开头就提到:"忆年十五心尚孩,健如黄犊走复来。庭前八月梨枣熟,一日上树能千回。"

可见,十四五岁时杜甫不仅时常面见权贵,而且依旧贪玩爱动,身体也已经非常健壮了!这为他后来的远游奠定了非常扎实的身体基础。

公元 731 年,刚 20 岁的杜甫正式开始了他的游学之旅。他首先去的,

就是无数文人骚客留下潇洒身影的吴越之地。"吴越"一名，来自春秋时期的吴国和越国，也就是如今的江苏南部、上海、浙江、安徽南部和江西的东北部一带。

在吴国故地江苏，杜甫走入了著名鱼米之乡的中心——苏州，这里是春秋时期吴国的都城。杜甫登上了著名的姑苏山，参观了吴王修建的姑苏台，甚至生出了远洋出海的幻想，却最终未能东游出海，于是有了"东下姑苏台，已具浮海航。到今有遗恨，不得穷扶桑"的诗句。

在姑苏山上，杜甫还拜谒了吴王阖闾的茔地，感叹时光的威力，当时称霸春秋的吴王如今仅留传说在耳边，茔地一片荒芜，于是有了"王谢风流远，阖庐丘墓荒"。看到荒芜的阖闾墓，杜甫想到了以鱼肠剑刺杀王僚的著名刺客专诸，于是有了"蒸鱼闻匕首，除道哂要章"。

同时杜甫还游览了虎丘山的剑池，以及春秋时期吴王修建的古城西门——阊门，于是有了"剑池石壁仄，长洲荷芰香。嵯峨阊门北，清庙映回塘"。

在越国故地，杜甫游览了古越城（今浙江绍兴）的鉴湖，遥想到了曾经的越女西施——一个被卷入吴越之争的弱女子，于是有了"越女天下白，鉴湖五月凉"。在绍兴的剡溪，杜甫欣赏了剡溪九曲的胜景，留下了"剡溪蕴秀异，欲罢不能忘"的诗句。

在江苏金陵（今江苏南京），杜甫想起了卧薪尝胆的越王勾践，以及曾经跨越多地决定东渡的秦始皇，于是有了"枕戈忆勾践，渡浙想秦皇"。

杜甫在金陵，还曾在秦淮河北岸，拜访了著名的瓦官寺，特意欣赏了瓦官寺中东晋著名画家所画的维摩诘像。杜甫对于大师的画作极为痴迷，甚至渴望将其印刻在自己的脑海中，恰好此时一位姓许的朋友，将一幅顾恺之《维摩诘像》的临摹画送给了杜甫，以便他能够时时欣赏。

杜甫对顾恺之这幅壁画摹本的喜爱，甚至持续了数十年，"看画曾饥渴，追踪恨淼茫。虎头金粟影，神妙独难忘"，就是杜甫对这幅喜爱了数十年的壁画的感触！

长达四年的吴越之旅，让杜甫感受到了江南鱼米之乡的历史底蕴，欣赏了吴越故地的优美景象，体味了写意的江南烟雨。

这时的杜甫，尚未被忧愁所累，更未被世态炎凉侵扰，因此心境之中更多的是潇洒。不过，一件人生大事，让在外游学的杜甫，于公元735年重回故乡洛阳！

"地理发现"

瓦官寺

瓦官寺位于如今的南京秦淮区,最早建于公元364年,东晋末年(公元420年左右)就已经成为规模极大的江南名刹。其最著名的就是寺内顾恺之的壁画《维摩诘像》,也是成语"点睛之笔"的源头。

瓦官寺拥有非常深厚的文化积淀,兴建不久就号称拥有"三绝",顾恺之的壁画只是其中一绝。另外两绝中,其中一绝是东晋时期由狮子国(即如今的斯里兰卡)赠送的玉佛像,该像高达四尺二寸(约1.4米),不仅极为珍贵,也是当时中国与东南亚国家友好相交的见证。

还有一绝则是由东晋著名的雕塑家父子,戴逵和戴颙合力铸造的铜佛像,高达一丈六(约5.3米),另外则是父子两人首创的干漆夹纻造像。这些都是中国艺术史中的杰作!

据传,在公元439年,曾经有三对异鸟到瓦官寺歇息,鸟形如同凤凰,因此当时的朝廷还在瓦官寺搭建了凤凰台。

初试落第，东岳之巅览众山

公元 736 年 [25岁] 泰山

公元 735 年，杜甫已经在吴越之地游学四年，一场对渴求仕途的杜甫极为重要的考试，悄然来临。恰好当时大唐国都长安，几年以来一直多雨，出现了关中"歉收"的情况，唐玄宗便带着文武大臣迁居到东都

洛阳，同时还可以在洛阳举行这一年的进士考试！

杜甫得到消息，自然紧赶慢赶从吴越之地返回河南，不过他的第一站，是老家巩县。之所以先到巩县，是因为想获得进士考试资格，他得先在故乡参加"乡贡"。

唐朝时期，拥有进士考试资格的考生，其实有两个来源：一个是生徒，他们主要是州县学馆出身，通俗理解就是正规学校走出来的、经由学校举荐参加进士考试的考生；还有一个就是乡贡了，这类考生并非经由正规学校举荐，而是经过州县的考试，待到通过考试成为举人之后，再统一参加进士考试。

杜甫虽然在巩县居住的时间不长，但才华和名声却已足够，因此非常轻松地就通过了乡贡考试，获得了参加进士考试的资格。

所以很快杜甫就从巩县出发，重新前往离开数年的洛阳。这时的杜甫，已经见识了江南的风景、吴越的文化底蕴，所以他在抵达洛阳城之前，顺路去游历了一番洛阳南郊的龙门石窟。

游龙门奉先寺

已从招提游，更宿招提境。
阴壑生虚籁，月林散清影。
天阙象纬逼，云卧衣裳冷。
欲觉闻晨钟，令人发深省。

这首《游龙门奉先寺》，就是杜甫前往洛阳途中，夜宿龙门石窟最知名的奉先寺时，对佛教形成初步认识，有感而发所作。因为这首诗是杜甫存世诗作中创作年代最早的一篇，所以今人多数会说这是杜甫的第一首诗。

此时的杜甫，再一次身临洛阳，显得意气风发，即使是随着数以千计的考生一起走进考场，也依旧自信满满，这不仅因为他经过几年的吴越之旅，见识和诗文都有了长足进步，更因为周围文人墨客、达官贵人，都对杜甫寄予了很高的期望，赞美之声阵阵。

杜甫怀着初生牛犊不怕虎的心态，高昂着头走进了考场，可到放榜的时候，杜甫才发现榜上并无自己的名字——他落榜了。

落榜的杜甫当时的心情如何，我们无从揣测，但估计豁达的杜甫最多是惆怅几天，就不再放于心上。没几天，一个生机勃勃、放荡不羁的青年，再次活跃起来。

简单调适心情后的杜甫，在公元736年，再一次踏上了游学之路，而这一次他的目光，投到了齐赵大地——如今的河北、山东等地。那时的杜甫，可谓"少年不识愁滋味""人不轻狂枉少年"。

辗转之间，放荡不羁、年少轻狂的杜甫，来到了山东泰安，更是登临了五岳之首的东岳泰山之巅，祖国的大好河山、大唐的开元盛世、心中的意气风发，最终凝练为杜甫这首豪迈万千的《望岳》。

杜甫

望岳

岱宗夫如何？齐鲁青未了。
造化钟神秀，阴阳割昏晓。
荡胸生曾云，决眦入归鸟。
会当凌绝顶，一览众山小。

全诗句句在写"望"岳，但却通篇没有"望"字，恰如其分地描绘出了东岳泰山的雄伟磅礴、气势恢宏，同时展现出了意气风发的青年杜甫那欲与天公试比高、卓然独立又志向高远的豪情。

泰山，只是杜甫在齐赵大地上的其中一站，放荡不羁的杜甫，一直未曾停下自己游学的脚步。

"地理发现"

东岳泰山

泰山，被称为天下第一山，是五岳（即泰山、华山、恒山、嵩山、衡山）之首。泰山古代名为岱山，也称岱宗，因为是中国东部名山，因此被称为五岳之中的东岳。

泰山不是一座山，而是一片山，其中主峰为玉皇顶，海拔约为1532米。这个山峰的高度，在五岳之中并不是最高的。其他如位于陕西渭南的西岳华山，峻峭险陡，海拔约为2154米；如位于山西浑源的北岳恒山，主峰天峰岭海拔约为2016米。它们都比泰山主峰高度要高，那为何泰山可以称为五岳之首呢？

其实，这主要是因为早在先秦时期，泰山就已经成为名山，甚至被古人认为是直通帝王宝座的山峰，远古就曾有帝王亲登泰山封禅或祭祀，以获取天下正统。所以，泰山虽不是五岳最高的，但却是中华民族的象征，也是古代天人合一思想的寄托之山，自然就成了五岳之首！

齐赵大地 纵马高歌

公元 737 年 [26岁] 齐赵

杜甫开启齐赵之旅后,一首《望岳》推动着这位仅仅 25 岁的年轻诗人,正式踏入大唐诗坛,并带着一股轻狂的傲然,冲到了大唐诗坛前列。只是,当时的杜甫只能算后起之秀。

不过,杜甫的这份轻狂,却一直伴随着他的整个齐赵大地之旅。他一路走过了战国时期赵国的都城邯郸,踏足了齐桓公曾进行冬猎的山东

青州（今山东潍坊青州），于是便有了自传诗《壮游》中的"放荡齐赵间，裘马颇清狂。春歌丛台上，冬猎青丘旁"。

时间来到公元737年，在这一年，杜甫的父亲杜闲，被任命为朝议大夫、兖州司马，所以杜甫在游学齐赵大地之时，恰好杜闲也开始在兖州（今山东济宁兖州区）上班。唐朝的"司马"，就相当于如今一个分区的司令员，即杜闲掌管的是兖州的军事。

于是，杜甫也转道去兖州游历了一番，并在兖州住了一段时期。在兖州附近的一座山上，杜甫认识了一位姓张的朋友，这位张氏与世无争，性情淡泊，孤身一人隐居在山中。

杜甫在兖州的那段时期，时不时就会到张氏隐居之地游玩，先后作了两首诗描述隐居之地的幽静惬意，同时呈现了两人深厚的友谊。在《题张氏隐居二首·其一》中，杜甫初识张氏，体味着幽静的隐居环境，不觉吟诵出"春山无伴独相求，伐木丁丁山更幽。涧道余寒历冰雪，石门斜日到林丘"的诗句。

两人的友谊随着杜甫多次拜访，更加深切浓厚，而当杜甫决定继续游历时，分别之伤感袭来，两人借酒咏叹，杜甫又感叹"之子时相见，邀人晚兴留。霁潭鱣发发，春草鹿呦呦"。

在兖州时，虽然杜甫科举考试未能及第，父亲杜闲稍显失望，但依旧轻狂的杜甫却并未太过忧愁，而是继续过着飘然自得的日子，与友人浅斟轻吟。不过，父亲杜闲的失望，还是让杜甫有了一丝惆怅，于是，一天他登上兖州的城楼，纵目远眺之后，发出了情不自禁的感慨，写下了《登兖州城楼》一诗。

登兖州城楼

东郡趋庭日，南楼纵目初。
浮云连海岱，平野入青徐。
孤嶂秦碑在，荒城鲁殿馀。
从来多古意，临眺独踌躇。

这份踌躇感慨，虽然很快就被年少轻狂所掩盖，但是这份惆怅却开始缠绕杜甫，甚至纠缠了他一生。

离开兖州，继续踏上游学之路的杜甫，重拾了那份年少的轻狂，仿佛在父亲那里感受到的一丝惆怅并未存在，杜甫继续在齐赵大地，痛痛快快度过了数年。

在继续游学的过程中，杜甫曾在山野间纵马狩猎，也曾在林木间弯弓射箭，更曾与自己的好友苏源明共同游历，于是就有了《壮游》中的

"呼鹰皂枥林,逐兽云雪冈。射飞曾纵鞚,引臂落鹙鸧。苏侯据鞍喜,忽如携葛强"。

在这份纵马高歌、肆意呼喝的轻狂中,蕴含着杜甫报效祖国的雄心以及搏击长空的壮志,所有这些,最终凝练为两首借物明志的诗——《画鹰》与《房兵曹胡马诗》。

画鹰

素练风霜起,苍鹰画作殊。
㧐身思狡兔,侧目似愁胡。
绦镟光堪摘,轩楹势可呼。
何当击凡鸟,毛血洒平芜。

房兵曹胡马诗

胡马大宛名,锋棱瘦骨成。
竹批双耳峻,风入四蹄轻。
所向无空阔,真堪托死生。
骁腾有如此,万里可横行。

两首诗中,《画鹰》为画上题诗,以诗咏画、以诗绘鹰,最后借以咏志,尽显积极进取之心;《房兵曹胡马诗》则是以诗咏马,又以房兵曹隐喻自己,期望自己也能够建功立业,纵横沙场。

不过,这份轻狂,很快就被一抹柔情覆盖,因为,杜甫人生中另一件大事要由他完结——结婚。于是,他在公元741年,结束了齐赵之旅,回到了洛阳。

"地理发现"

邯郸

邯郸，位于河北南端的太行山东麓，是一座历史悠久、底蕴深厚，同时传说层出的古城。据说已经有3000多年的建城史。

有关邯郸的传说，更是直通上古。传说，上古时期，人类的始祖女娲，曾在古中皇山抟土造人、炼石补天，而古中皇山，就位于如今邯郸西南部的清漳河左侧。

如今，坐落于中皇山上的娲皇宫古建筑群，就是中国最早奉祀上古天神女娲氏的建筑，也被誉为华夏祖庙，可谓是中华民族的源头之一。

初遇李白，痛饮狂歌

公元 744 年 [33岁] **梁宋**

公元 741 年，杜甫 30 岁了，也在这一年，杜甫结束了肆意轻狂的游学之旅，回到了洛阳，迎娶了门当户对的司农少卿杨怡之女。

因为杜甫的远祖杜预、祖父杜审言，都葬在洛阳东的偃师西北首阳山下，所以杜甫亲自在首阳山下挖掘修筑了几间窑洞，以作为自己成家的新房。

宴尔新婚，杜甫和妻子杨氏在新房度过了平静又安定的一段时间，可是，平静很快就被打破了。

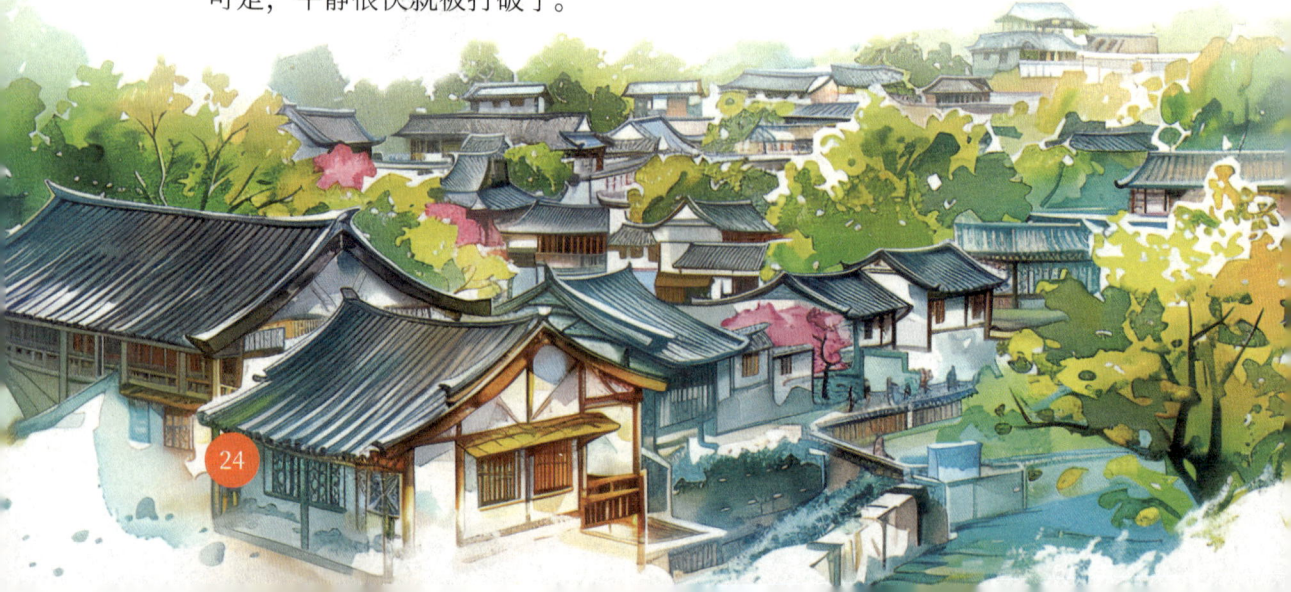

杜甫新婚不久，父亲杜闲就因病去世了；一年之后，宛如杜甫亲母、在洛阳养育了杜甫十几年的姑姑，也因病去世了。两年时间，亲人的相继离世使杜甫体会到了刻骨的悲伤。从此之后，杜甫成了杜氏家族的顶梁柱，因此，他必须依靠自己，去直面未来的人生。

好在杜甫的才情在洛阳还算有名，所以教授学生、入府做幕僚，都能为他带来收入。

不知道是不是杜甫在科举失败后，决定沉淀几年，还是对科举失去了兴趣，在洛阳的几年，杜甫并未参加科考。杜甫在洛阳的日子，其实并不太舒服，在短短两年时间里，杜甫体会到了真实生活中的酸甜苦辣咸。

这种日子，一直持续到了公元744年，洛阳街边一次偶遇，重新点亮了杜甫的生活，也重新激起了他的些许轻狂。

洛阳街上的一次散心，使杜甫与偶像李白相遇了。

是时，李白44岁。742年，李白因诗才名满天下而被召入长安翰林院，一夜之间从布衣登入天子殿堂，实现了他的夙愿。比李白小11岁的杜甫，是李白的"粉丝"。

谁承想，李白因为才高八斗，遭到众人嫉妒，李白的性格又极为洒脱，不争于世，因此遭到诋毁，唐玄宗对他的热情骤减，公元744年"帝赐放还"——李白被辞退了！

李白再次走上漫游之旅，恰逢来到洛阳，又恰巧遇到了自己的"头号粉丝"杜甫。两人一个怀才不遇，一个黯然被辞，均有些郁郁寡欢。两人心境相仿，又都才情万丈，所以，很快便成为好友，还商议决定同游梁宋。

赠李白

二年客东都，所历厌机巧。
野人对膻腥，蔬食常不饱。
岂无青精饭，使我颜色好。
苦乏大药资，山林迹如扫。
李侯金闺彦，脱身事幽讨。
亦有梁宋游，方期拾瑶草。

这首诗，应该是杜甫和李白在洛阳初遇之时，相约同游梁宋之后杜甫所写，里面有关炼丹的内容，估计也是受李白影响。

两人从洛阳出发，正式向梁宋之地进发。梁宋之地，其实就是如今的河南开封、商丘及安徽砀山一带。而两人此次梁宋之旅，还特别巧合地遇到了数年前同样进士落第的高适！

三人可谓相见恨晚，开始相约一同前行，虽当时三人都相对落魄、身处困顿，但丝毫没影响三人的风流快意，他们在梁宋大地开始对酒高歌。

之后，杜甫决定到北海郡拜访李邕，李白决定前往齐州探亲，高适则决定南游楚地，于是，三人短暂分离。

公元745年秋，杜甫受李白所邀，又一次来到兖州，二人把酒言欢、促膝夜话、拜谒友人，同游齐赵，好不快活。

可相聚总是短暂的，很快两

人就又一次踏上漫游之旅，分别之时，杜甫再次作了一首诗赠予李白。

> ### 赠李白
> 秋来相顾尚飘蓬，未就丹砂愧葛洪。
> 痛饮狂歌空度日，飞扬跋扈为谁雄？

地理发现

古吹台

杜甫在《遣怀》一诗中写道："气酣登吹台，怀古视平芜。"回忆的就是杜甫与李白、高适三人游梁宋之时，登上河南开封古吹台后的怀古之心。

吹台就是古吹台，如今被称为禹王台，这是春秋时期著名乐师、有"乐圣"之称的师旷，曾经吹奏乐曲的高台。

本来，古吹台在唐朝时就被称为吹台，也有称为平台的。汉朝梁孝王刘武，经常到古吹台与一些文人墨客吟诗吹弹，所以将吹台重新修筑了一次，并在周边修筑了一些楼宇，将古吹台称为平台。

后来，因为古吹台离黄河较近，多次经受水患冲击，楼宇早已被冲毁。直到明朝嘉靖二年（公元1523年），当地官员为了歌颂大禹治水的功绩，在古吹台修建了禹王庙，古吹台也就被改称禹王台，一直延续至今。

风起长安，再度落第

公元 746 年 [35岁] 长安

公元 746 年，杜甫已经 35 岁，依旧未曾走上心心念念的仕途，杜甫感觉到，即使自己继续留在东都洛阳，也无法找到切入仕途的机会，不如西去，到大唐国都长安（今陕西西安）找找机会！

当时的长安城，历经百年兴建，已经成为当时世界上最大的城市，布局严谨的城郭，规模宏伟、排列整齐，城内街道宽大，皇宫巍峨。常住人口接近 200 万，来自大唐各地的达官、显贵、商贾遍布其中，更有无数外国使者、外国商人，妥妥的一座国际化大都市！

杜甫初到长安，却有些格格不入，就仿佛是个自斟自饮、冷眼旁观的人，以一种繁华都市的求仕之人的身份，孤独地欣赏着长安城中那些喧闹和奢华。

领略着帝都的风华，杜甫想起了曾经与自己一起对酒当歌的李白，同时看着那些在长安城中肆意饮酒、体味盛世的诗人们，不禁想起了都曾生活在长安又嗜酒豪放的八位能人，作出了著名的《饮中八仙歌》。

> **饮中八仙歌（节选）**
> 李白斗酒诗百篇，长安市上酒家眠。
> 天子呼来不上船，自称臣是酒中仙。

这八位好酒之人中，最令杜甫钦佩的，自然是他的偶像李白，几句诗就将李白的诗才、酒才，以及李白的豪放、桀骜，展现得淋漓尽致。

杜甫如同以诗绘出了一幅八酒仙图，那恣意又癫狂的一个个身影，不仅各有性格，也都有杜甫自己的影子。唯一不同的是，杜氏家族的儒学底蕴，让杜甫与人间、天下，有了一丝羁绊。

身处这座繁华的大都市，杜甫获得了与在东都洛阳时截然不同的感受，然而，他不知道的是，在这份繁华之中，还潜藏着不为人知的寂寥、苍凉乃至阴暗。而潜藏的这些，正是让杜甫未来人生中充满愤懑和忧伤的源头。

公元745年之前，唐玄宗一直励精图治、重用贤能，终于缔造出开元盛世。然而从这一年之后，睿智的唐玄宗，开始沉迷声色，朝中也开始出现口蜜腹剑、钩心斗角的臣子……大唐盛世开始走下坡路。

公元746年，杜甫来到长安几个月后，大唐盛世的代表长安城中，发生了一场大案——右相李林甫在唐玄宗迷醉声色之时，展露出自己的獠牙。

专横跋扈、大权独握的李林甫，甚至预谋剥夺当时太子李亨的储君位置，更组织了一场对唐玄宗近臣的屠杀，嫉贤妒能之态表露无遗。因此事受到牵连之人，数不胜数。

其中就有杜甫在《饮中八仙歌》中提到的大唐左相李适之，被逼服毒自杀；还有已经年迈、杜甫曾经拜谒过的李邕，竟然直接被乱杖打死……这些，杜甫当时并不知情，但很快有一件事，将影响到杜甫的仕途。

公元747年，唐玄宗下了一道诏令："通一艺以上皆诣京师。"意思就是有一技之长的人才，都可以来长安参加选拔考试。本来，这一诏令对于怀才不遇的杜甫，以及天下无数有才能之人而言，都是天大的好事，可是李林甫此时已经完全疯狂，他运用自己的专权手段，将所有人才拒之门外，并以天下已经没有能用的贤能之人了来回答唐玄宗！

更离谱的是，唐玄宗还信了！杜甫自然再次落第，因为根本就无人上榜。本来，杜甫到长安后，曾拜谒过当时的尚书左丞韦济，韦济非常赏识杜甫，还明言会关怀他。谁承想，考试全被李林甫给搅了，于是，杜甫在748年，写了首《奉赠韦左丞丈二十二韵》送给韦济，决定要离开长安，退隐度日！

"地理发现"

芙蓉园

在大唐长安城的东南角,有一座紧靠外郭城,同时四周筑有高耸围墙,占地庞大的园林——芙蓉园。

这座园林,早在秦朝时期就已经被开辟了出来,在那时属于皇家禁苑,被取名"宜春苑",是秦朝著名皇家禁苑上林苑的重要组成部分。

到隋朝时,因为隋文帝个人的喜好,宜春苑被更名为"芙蓉园";隋炀帝时期,芙蓉园内的曲江池中不仅增加了很多雕刻水饰,还引入了魏晋时期文人曲水流觞的习俗,自此曲江胜迹开始孕育人文精神,也为唐朝长安城内曲江文化的形成和发展奠定了基础。

在杜甫入长安的时期,芙蓉园已经发展到巅峰,唐玄宗对其进行了大规模扩建,整个宫苑内宫殿连绵、楼亭起伏,加上前期的修缮、水利工程开凿,当时的芙蓉园业已成为皇族、僧侣、平民汇集和盛游的主要场所。此时的芙蓉园不仅各类文化活动趋于高潮,且性质也已改变,不再是皇家禁苑,而是一座谁都可以游赏的公共园林。

壮志难酬，长安苦寒谁独悲？

公元 751 年 [40 岁] 少陵

　　杜甫虽然在长安处处碰壁，仕途之旅走得极不顺畅，甚至发出感慨要离开长安隐居，但此时的他，已经感受到大唐盛世之下潜藏的危机，自然不会真断掉为国为民的理想。所以杜甫抽时间回了一趟洛阳，探望了一下自己的妻子和孩子，之后就又回到了长安。因为他认为，自己的事业、仕途，只能自长安开始。

　　公元 749 年到公元 750 年，杜甫一直在长安徘徊，恰逢当时出征西

域的名将高仙芝回朝，自此杜甫便有了从军之念，更是从咏马角度，再度抒发自己的志向，作了一首《高都护骢马行》。

高仙芝其人，20 余岁就已是将军，但一直未曾被重用，直到被"伯乐"发现，才得以被提拔重用。高仙芝曾击败吐蕃，拿下小勃律。杜甫见到高仙芝时，正是这位将军拿下吐蕃班师回朝的一刻。

"青丝络头为君老，何由却出横门道。"杜甫以战马比喻自己，感慨自己何时才能如战马一般，驰骋疆场、对阵杀敌、功成名就、平定天下。

可惜，命运并未对杜甫予以眷顾，他虽满腔热血，甚至不断在长安奔走、赠诗，渴求得到引荐。这段时期，杜甫赠出很多诗：《赠翰林张四学士》《奉赠太常张卿二十韵》《敬赠郑谏议十韵》等。杜甫拜谒权贵，但是却从未获得答复和帮助。

公元 751 年，于长安蹉跎数年的杜甫，真的迎来了机会。这年正月，唐玄宗在长安城举行了三场盛大的祭祀活动，杜甫拜谒无门，就瞅准了当时长安皇宫设置的"意见箱"。

当时的意见箱，被称为"匦"，是武则天当权时设置的，其中有一个叫"延恩匦"，觉得自己有本领却苦于没有门路的人，都可以把自己的作品投进去。杜甫就针对唐玄宗的三场祭祀，作了《三大礼赋》并投入了延恩匦。

没想到真起到了作用。当时唐玄宗虽然沉迷声色，但依旧渴求人才。三篇礼赋唐玄宗都看了，并且十分赞赏，让杜甫"待制集贤院"，并命令当朝宰相考核杜甫的文章。

这一日，成了杜甫在长安数载的高光时刻，他在长安声名大噪！可是，当时的宰相依旧是李林甫，让这个嫉贤妒能的人考核有真才实学的杜甫，自然落不到好结果——杜甫仅得到一个"参列选序"的资格，通俗来说就是等着给你分配官职吧！

郁郁不得志的杜甫，差点儿吐出一口老血，没想到已经得到皇帝赏识，最后却依旧落了个"等着"命运。于是，这年冬天，杜甫作了首诗，寄给了友人诉苦。

投简成华两县诸子

赤县官曹拥材杰，软裘快马当冰雪。
长安苦寒谁独悲？杜陵野老骨欲折。
南山豆苗早荒秽，青门瓜地新冻裂。
乡里儿童项领成，朝廷故旧礼数绝。
自然弃掷与时异，况乃疏顽临事拙。
饥卧动即向一旬，敝裘何啻联百结。
君不见空墙日色晚，此老无声泪垂血！

也就是自这首诗，心力交瘁、壮志难抒的杜甫，开始自号"少陵野老"。其实当时杜甫并不老，刚刚40岁，只是因为怀才不遇，自然心中愤懑，宛若老翁。

诗中之所以称杜陵，是因为杜甫的远祖，是魏晋时期著名军事家杜预，杜预老家就是京兆杜陵（即陕西西安）。同时，杜甫在写这首诗时，正好住在当时的长安附近的少陵，所以后来杜甫也自称"少陵野老"。

"地理发现"

横门道

大唐盛世之时的长安城，除位于中北部的皇宫和皇城之外，还有遍布一百多坊市的外郭城，呈三面环卫皇宫和皇城之势。在外郭城的四面城墙上，均有三道城门，其中西墙最北侧，有一道被称为开远门的城门，而长安人都称这道城门为横门。

横门之外，当时立着一座石碑，石碑上写着"西去安西九千九百里"，其中的"安西"，指的是当时大唐帝国所控制的西域，也是大唐国土最西端的地方。可见盛世大唐的疆域何其广阔。

安西到长安城之间就是那条举世闻名的丝绸之路。横门道，其实就是从长安城延伸，穿过开远门，之后跨渭水一路向西的那条苍茫大道，去西域，这条横门道是必经之路。

山河动荡间,痛吟《兵车行》

公元 751 年 [40岁] 长安

　　虽然,在公元 751 年,杜甫通过把文章投到"意见箱",获得了唐玄宗的赏识,可杜甫依旧没有得到任何实现抱负的机会。

　　而且,这一年之间,权臣在朝廷只手遮天,唐玄宗在沉迷声色之余屡屡降旨出兵征讨四方,朝廷上权臣的欺上瞒下、穷兵黩武,都让杜甫

真正意识到了盛世之下隐藏的危机。

公元749年，杜甫看到高仙芝征讨吐蕃，大胜而归，从而咏马以明志，当时的杜甫，还未真正意识到大唐盛世其实已经急速转衰。但之后身处长安城的这两年，却让他醒悟了。

这几年间，唐玄宗屡屡向外扩张，征讨吐蕃、征伐南诏……整个扩张过程中，虽然唐军将士战绩斐然，胜仗连连，但是多面扩张，不可能处处成功。

而且，只要是战争，即便胜仗居多，也必然有大量军士埋骨沙场。身处长安的杜甫，看到了让人痛心疾首的一幕，这一幕，和当时的权臣杨国忠息息相关。

杨国忠又是谁呢？他本名杨钊，是杨玉环的堂兄。他虽才疏学浅，但却有一个好堂妹。公元745年杨玉环被册封为贵妃后，杨钊很快借助关系，来到了长安，并被引荐给了唐玄宗。

杨钊通过阿谀奉承、投其所好、巴结权贵，再凭借自己的堂妹杨玉环的身份，很快就在长安立足，并在公元748年成为朝廷重臣，有多"重"呢？在这一年他甚至身兼十五个使官职位！

公元749年，杨钊用欺上瞒下的手段，把亏空的国库给堆满了，从而更加受到重视；公元750年，杨钊以自己名字"带刀"为由，向唐玄宗请命改名，以示忠诚，最后得名杨国忠。

到公元751年，权倾四野的杨国忠，开始祸乱朝政！他举荐鲜于仲通为主将带兵攻打南诏，却失败了，为了贪图军功，甚至伪造了战功上报；可战斗失败了士兵还得补上啊，于是杨国忠下令四处募兵，因无人愿意应募，杨国忠就抓人强制补充军营，一时间征兵之地哀声遍野、怨声载道。

杜甫知道权臣的这些行径之后,极为痛心,又苦于只能干等朝廷授予他官职,所以满腔悲愤,均化为了诗作!他写了《前出塞》九首,通过一名征夫之口,控诉着从军的凄凉和战争的悲哀。

"弃绝父母恩,吞声行负戈",道尽了被征之时的离别哀怨;"功名图麒麟,战骨当速朽",说明了想要获取功勋,就须抱必死之心;"我始为奴仆,几时树功勋",倾诉了一个小卒甚至无法把握生命,不知何时才能有功勋的无奈;"射人先射马,擒贼先擒王",则诠释了军中战术……

而看到那些被征却毫无经验的新兵,杜甫更是痛心疾首,因为这些兵士,能够归来者必然十不存一,于是内心的哀痛化为了一首《兵车行》。

兵车行(节选)

信知生男恶,反是生女好。
生女犹得嫁比邻,生男埋没随百草。
君不见,青海头,古来白骨无人收。
新鬼烦冤旧鬼哭,天阴雨湿声啾啾!

好在,公元752年,杜甫在长安与几位朋友相遇,同游山林、共登慈恩寺之后,杜甫的心情稍有缓和了。这几位朋友,其中之一就是曾与杜甫同游梁宋,刚刚辞官来到长安的高适;另一位则是跟随高仙芝征战,于秋天来到长安的岑参。几人一起在秋高气爽之时,登上了慈恩寺塔,极目远眺之时,各自诵诗咏怀。

杜甫

同诸公登慈恩寺塔

高标跨苍天,烈风无时休。
自非旷士怀,登兹翻百忧。
方知象教力,足可追冥搜。
仰穿龙蛇窟,始出枝撑幽。
七星在北户,河汉声西流。
羲和鞭白日,少昊行清秋。
秦山忽破碎,泾渭不可求。
俯视但一气,焉能辨皇州。
回首叫虞舜,苍梧云正愁。
惜哉瑶池饮,日晏昆仑丘。
黄鹄去不息,哀鸣何所投。
君看随阳雁,各有稻粱谋。

此时杜甫的诗,虽依旧尽显快意,但明显可以看到愁绪遍布:"回首叫虞舜,苍梧云正愁""黄鹄去不息,哀鸣何所投",不正是杜甫在感慨大唐的山河动荡吗?

"地理发现"

大雁塔

杜甫在公元752年与好友所登上的慈恩寺塔,就是如今陕西西安大慈恩寺中的大雁塔。

公元648年,当时还是太子的李治为了给生母祈福,修建了慈恩寺,其名就是报答慈母恩德之意,并邀请已经西天取经归来的玄奘为上座法师。

公元652年,玄奘上表修建佛塔,规划高三十丈(90多米),当时唐高宗嫌太耗时耗财,就出钱建了个五层的塔(高60米)。后来估计感觉有点儿不符合大唐气度,又加盖到了九层,据说武则天当权时又盖了一次。

杜甫登上慈恩寺塔时,应该是塔最高的时候,至少90米。只不过,后来有数次改建、地震,最后成为如今的七层砖塔。

人祸天灾，痛失幼子

公元 755 年 [44岁] 奉先

　　从公元 751 年杜甫终于通过三首礼赋得到唐玄宗赏识之后，就开始正式在长安扎根了，他需要等着朝廷安排官职，虽然暂时没有消息，但毕竟已经看到了些许希望。所以，杜甫就又回了一趟洛阳，把妻子和孩子接到了长安，一家人应该依旧住在少陵。

　　妻子、孩子陪在身边，杜甫自然也少了些许孤独，又逢好友相聚，所以才共登慈恩寺塔。

　　杜甫一家生活在长安附近，他又一直没等来朝廷安排的官职，所以生活非常窘迫。

　　公元 752 年冬末，李林甫生病死了。本来杜甫应该有机会获得委任，可很快杨国忠就拜相了，开始专断朝政，搞得整个朝廷乌烟瘴气，甚至因为强行征兵，弄得民不聊生、怨声载道。

杜甫依旧没得到任何机会。可一家子都等着杜甫挣钱吃饭呢，于是，杜甫继续献赋、赠诗、拜谒。公元753年，杜甫作《奉赠鲜于京兆二十韵》，这里的鲜于京兆，就是曾经提携过杨国忠的鲜于仲通。

不过杜甫赠诗没赠对，因为鲜于仲通这次到长安，很快就被贬了。杜甫自然没有丝毫停歇，又做了《封西岳赋》《赠献纳使起居田舍人澄》《投赠哥舒开府翰二十韵》《上韦左相二十韵》等，但都杳无音信。

他还专门向唐玄宗献过赋，分别是《雕赋》和《进雕赋表》，估计同样采用的是投"意见箱"的方法。不过，这两篇赋的文笔都非常大胆，估计没能送到唐玄宗的面前。

比如，《进雕赋表》有言："臣以为雕者，鸷鸟之殊特。搏击而不可当。岂但壮观于旌门，发狂于原隰？"其实就是在暗示唐玄宗：以我的才华，不应该通过等待获取任命，而是应该直接为皇上效命啊！

这期间，长安下过一场雨，绵延两个多月，致使粮食歉收，很多人都吃不起饭了，后来还发生了洪水。为了避灾，杜甫在公元754年左右，把妻子和孩子送到了奉先（今陕西渭南蒲城县），因为那里有杜甫母亲崔氏的远亲在，杜甫妻儿可以适当受到照顾。

杜甫则又回到长安，继续等待分配。公元755年十月，杜甫的任命终于来了：就任河西县尉。河西县尉官职很小，脏活儿累活儿全得做，还得逢迎自己的长官，对杜甫而言极为鸡肋，所以只能拒绝职位，继续等待。好在上天垂怜，没几天，杜甫新任命下来了，为右卫率府兵曹参军。这个职位比上一个好些，但也就是个看管兵甲库房的官，掌控着库房钥匙（就相当于如今的库房看门），而且，不需离开长安。

这次杜甫没法拒绝,因为一家老小还在等着吃饭。接了任命的杜甫,还自嘲地作了一首诗。

> **官定后戏赠**
>
> 不作河西尉,凄凉为折腰。
> 老夫怕趋走,率府且逍遥。
> 耽酒须微禄,狂歌托圣朝。
> 故山归兴尽,回首向风飙。

在走马上任之前,杜甫离开长安,到奉先去看望妻儿,刚入家门,竟然听到惊天噩耗:他尚未满周岁的幼儿,竟然不幸饿死了!杜甫心痛不已,《自京赴奉先县咏怀五百字》中的那句千古名句"朱门酒肉臭,路有冻死骨",不正是他对自己现实处境的真实写照吗?

"地理发现"

蒲城县

　　蒲城县隶属陕西渭南，唐朝时期被称为奉先，此地是陕西产粮重地，这也是当年杜甫将妻儿送至此地的一个重要原因。

　　蒲城依山傍水，环境极为优美。虽然蒲城县并不大，但是周边却有五座唐朝帝陵，可谓人杰地灵之所。在杜甫那个年代，唐玄宗李隆基的父亲唐睿宗李旦，就葬于蒲城的桥陵。作为一座建于开元盛世的帝王陵墓，唐睿宗陵墓的建造工艺和石刻艺术，正是盛世唐朝的艺术代表。

　　后来，唐玄宗李隆基也葬于蒲城的泰陵，整个泰陵以金粟山主峰南麓为玄宫，外陵园还仿照了长安城，规模极为庞大，历经千年，陵园内的石刻依旧完好无损，反映了大唐盛世时期的石刻工艺，具有极高的艺术价值。

战乱突起,流离困顿怀山河

公元 756 年 [45岁] 鄜州

杜甫告别住在奉先的妻子和孩子之后,甩开幼儿饿死的悲伤,重新踏上了回长安的路。这一次杜甫终于开始了心心念念的仕途之旅,在杜甫的心中,或许还有对未来的一份希望:虽官职不起眼,但有才能的人怎会惧怕,以后必然有机会扶摇直上!

公元755年十一月，杜甫回到长安，开始正式上任。可是踏踏实实工作没几天，安史之乱爆发了。

安史之乱，从公元755年十一月安禄山在范阳（今北京附近）发兵开始，一直持续到公元763年史朝义死亡。七年多的时间里，把唐玄宗好不容易缔造出来的盛世大唐，糟蹋成了几近崩溃的贫困社会。而杜甫，"恰好"都赶上了。

安禄山仅仅用两个月就南下攻占了大唐东都洛阳。好在，安禄山攻占洛阳之后，就开始积极准备称帝，要做大燕皇帝，所以并没有直接带兵攻取长安，给予了大唐皇族一定的反应时间。

不过，在安禄山准备称帝之时，他的大军也已经逼近陕西渭南的军事要地潼关。杜甫感觉自己的妻儿在奉先不太安全，于是在公元756年五月，赶到了奉先，将妻儿带往了更靠北一些的白水（今陕西渭南白水县）。一方面，白水有杜甫的舅父崔顼；另一方面，至少离着潼关又远了一点点，也许能够避开战乱。

可是，事实并不会按着杜甫的想法来，安禄山的大军逼近潼关后，哥舒翰被委任驻守潼关，杜甫对哥舒翰很信任，因为哥舒翰曾打过多次硬仗，胜多败少。殊不知，此时的哥舒翰已经年迈，不仅疾病缠身，而且智力也有衰退，带兵能力大不如前。

短短三天时间，潼关整整二十万防守大军就被安禄山的大军击败！潼关失守，把附近的防御使们吓傻了，官员开始全面潜逃，民众自然也不例外，都开始了自己的流亡生涯。

杜甫同样只能加入流亡的队伍中，凄凄惨惨地带着妻儿一路北逃。在逃亡过程中，杜甫一家人经过彭衙县（今陕西渭南白水北30千米外的彭衙堡），巧遇了友人孙宰，孙宰非常热情地接待了杜甫一家，带给了杜甫逃亡中的一丝温暖。

> **彭衙行（节选）**
>
> 故人有孙宰，高义薄曾云。
> 延客已曛黑，张灯启重门。
> 暖汤濯我足，剪纸招我魂。
> 从此出妻孥，相视涕阑干。
> 众雏烂熳睡，唤起沾盘飧。
> 誓将与夫子，永结为弟昆。

在彭衙好友家中寄住几天后，杜甫带着家人继续北上，一路行至鄜州（今陕西延安富县），将家人安置在了鄜州城北的羌村。而他，则打算与皇帝共存亡，决定重回长安投奔唐玄宗。

还没动身，杜甫就已得到消息：唐玄宗在前些日子，就已经偷偷抛下长安子民，带着权臣、妃子西行，向蜀中逃亡。路过马嵬驿（即马嵬坡）之时，发生了"马嵬驿兵变"，杨国忠被杀，杨玉环被赐死。之后，

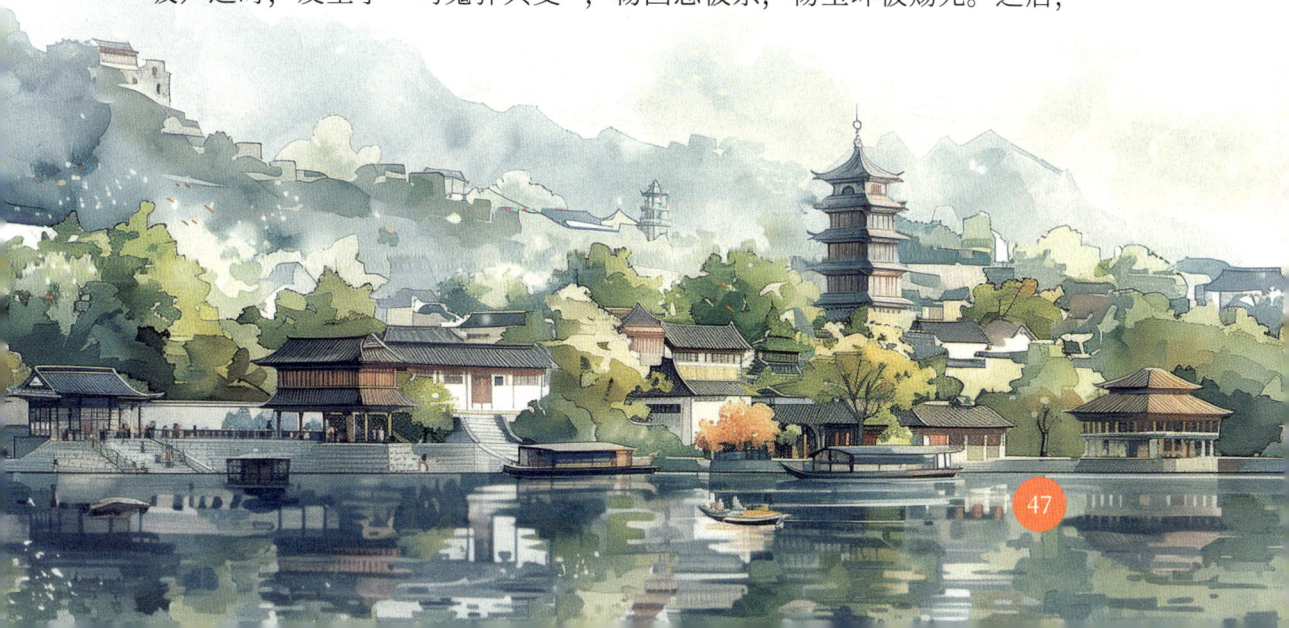

唐玄宗继续入蜀,而太子李亨则带人北上灵武(今宁夏银川灵武),并很快登基称帝。

杜甫听到李亨即位,为唐肃宗,于是改变方向直奔灵武。可没走几步,杜甫就被叛军抓住了,并被直接押送到了已被攻陷的长安。值得庆幸的是,杜甫的妻儿并未受到战乱太大影响,在羌村好好的;同时杜甫因为地位低微,甚至没被关押,也没受辱,在长安还相对比较自由。

可毕竟属于阶下囚,杜甫只能在长安等待着各地的消息传来。从公元756年八月被抓,杜甫被困长安差不多八个月,其间他听闻在唐肃宗收复长安和洛阳的过程中,无数兵士血染黄沙,其中的两次大败,更是埋骨无数,悲愤和痛苦中,杜甫虽为阶下囚,但依旧写下了著名诗篇《悲陈陶》和《悲青坂》。

因困于长安,所以杜甫根本无法知晓妻儿的情况,他在月下怀念妻子时,写下了少有的柔情诗《月夜》:"香雾云鬟湿,清辉玉臂寒。何时倚虚幌,双照泪痕干?"虽显儿女情长,但却是杜甫的一往情深。

在生活困顿和战乱四起的环境下,杜甫忧心妻儿、痛心人民、心系战事,最终在公元757年春天,作出了那首大家熟悉的《春望》。

春望

国破山河在,城春草木深。
感时花溅泪,恨别鸟惊心。
烽火连三月,家书抵万金。
白头搔更短,浑欲不胜簪。

杜甫更是看着长安城中蜿蜒入皇宫的曲江，对比此时长安城的萧条和以前的盛况，作出了哀婉动人的挽歌《哀江头》："少陵野老吞声哭，春日潜行曲江曲。"虽然此时的杜甫刚 46 岁，却早已未老先衰、满头白发，身处帝都，身边却多为叛军，可想而知杜甫是如何的心碎与心痛。

"地理发现"

曲江

在唐诗中，时不时就会看到吟诵曲江的诗句，杜甫《哀江头》所吟诵的，就是曲江。鲍防《忆长安》中的"更有曲江胜地，此来寒食佳期"，以及杜奕《忆长安》中的"青门几场送客，曲水竟日题诗"，还有很多唐朝诗人所说的"曲江池"，其实说的都是曲江。

盛唐时期，曲江可以说是长安重要的文化交流场所，它是一个泛称，具体指长安外郭城东南角的芙蓉园附近的曲江池，以及从曲江池延伸而出弯弯曲曲贯穿长安外郭城又深入皇城的水脉。

曲江池周边，有慈恩寺、青龙寺、乐游原、紫云楼等人文景致，与长安城完美融合，而且完全开放，甚至成了盛唐各种活动的中心。如百官游宴，就是纵舟曲江，顺流而行，饮酒诵诗，极具特色。只是，大唐之后，曲江衰落，甚至弯弯曲曲的人工江渠都被填埋……

冒死赴凤翔，受任左拾遗

公元 757 年 [46岁] 凤翔

公元 757 年初，在杜甫还被困长安时，刚自立为帝半年多的安禄山竟然就被他儿子安庆绪给谋害了，之后安庆绪自立为帝。安史之乱的发起者这边出现了内斗，给唐肃宗创造了收复两京的机会。

唐肃宗也开始随着收复步伐，不断从灵武南迁，一步步来到了凤翔（今陕西宝鸡凤翔区），此地位于长安正西，也是唐肃宗旗下大将郭子仪收复长安时，与叛军对峙之地。

杜甫在长安困顿半年多，恰好碰到了从洛阳逃出返回长安的郑虔。郑虔公元 750 年到长安，受到唐玄宗欣赏，不过只得了一个跟在唐玄宗身边的空职。公元 752 年，杜甫、高适、岑参，还曾与郑虔同游山林。

公元 754 年，郑虔升任著作郎，安史之乱爆发，郑虔直接就被俘虏了，还被押着前往了洛阳。郑虔被叛军安排了不少官职，直到安禄山被儿子谋杀之后，郑虔才逮住机会逃出了洛阳，回到了长安。

可回到长安，郑虔又一次被俘虏了，然后叛军又给他安排了一个官职，郑虔托病从未就任。恰好这时遇到了同样被困长安的杜甫，故友相见甚是欢喜，可此次相聚却再也没有之前同游山林的惬意和悠然。

杜甫与郑虔分别之后，开始盘算投奔唐肃宗，得知唐肃宗就在凤翔后，在长安城中的大云寺住持赞公的帮助下，杜甫先藏身于大云寺中，后赞公再度出手相帮，在公元 757 年四月的一天，杜甫终于偷摸出了长安，一路躲避，终于有惊无险地穿过了战区，见到了唐肃宗。

杜甫虽然长途跋涉、提心吊胆，甚至见到唐肃宗时满身风尘，衣衫褴褛，极为狼狈，但依旧很开心，因为他终于可以为国分忧了！唐肃宗感念杜甫的投奔，授予杜甫左拾遗，所以后人也叫杜甫为杜拾遗。

左拾遗这个官并不大，和原来那个库房看门的官职差不多，但是，位置却非常重要，至少在杜甫看来如此，因为拾遗的责任，就是给皇帝提意见，这可是辅佐帝王的重职啊。

杜甫就任之后，真正在凤翔立足了，也开始挂念远在羌村的妻儿，此时杜甫已经离开羌村十个月了，适逢战乱，自己的生死都在一念之间，何况家人，于是杜甫写了《述怀一首》，作为家书寄了出去。

"寄书问三川，不知家在否。比闻同罹祸，杀戮到鸡狗。""自寄一封书，今已十月后。反畏消息来，寸心亦何有？"都表述了杜甫对妻儿的挂怀与担心。

　　写完诗，下一步就只等回信了。杜甫收拾好心情，走上了新的工作岗位。几个月后，公元757年秋天，杜甫收到了家书，终于得到一个好消息：一家平安。于是，没干两天的杜甫急匆匆地跟唐肃宗请假，想到鄜州探亲，很快就被准了。

　　在杜甫离开凤翔的时候，严武为杜甫践行。

　　严武是谁呢？本来他是跟着哥舒翰的，安史之乱后，他护卫在唐肃

宗身边，之后到了灵武，唐肃宗即位之时，严武就守在边上，而且还陪同唐肃宗回到了凤翔，可谓妥妥的近卫保镖，所以当时已经成为给事中（侍从皇帝左右、参与政事的官）。严武后来给了杜甫极大的帮助。

　　杜甫风尘仆仆到了鄜州，看到妻儿无恙，心中感慨万千，写下《羌村三首》，"邻人满墙头，感叹亦歔欷。夜阑更秉烛，相对如梦寐"，详细说了归家时邻居们的反应，以及自己夜不能寐的激动心情；"晚岁迫偷生，还家少欢趣。娇儿不离膝，畏我复却去"，则生动阐明了孩子们都害怕父亲再一次离开；"父老四五人，问我久远行。手中各有携，倾榼浊复清"，乡亲都前来拜访反映了村落中恬淡又热情的生活气息。

　　几日之后，杜甫回顾两年来的过往，结合探亲这一路的见闻，创作出了极具现实性的长篇叙事诗《北征》。"乾坤含疮痍，忧虞何时毕！"一语道尽杜甫对山河破碎的痛心；"缅思桃源内，益叹身世拙"，则阐明了他虽走上仕途，但丝毫未被信任的苦恼；"煌煌太宗业，树立甚宏达！"则表明了杜甫对大唐重新兴盛抱有极大的希望。

"地理发现"

凤翔

凤翔位于陕西宝鸡市东北部,凤翔这个名字,其实是在唐肃宗时才被确定下来的。早先称为雍,在夏朝时,是华夏九州之一的雍州,也是周和秦的发祥地。

到唐肃宗时,因为恰好唐肃宗在收复长安时,将行宫落于此地,感觉原名"雍县"不太符合帝王身份,根据传说"秦穆公之女善于吹笛,然后在此地引来了善于吹箫的隐士萧史,两人化知音成眷属,笛箫合奏引来了彩凤飞舞",取其意境,把此地所属扶风郡,改称凤翔郡。

无妄之灾,被贬离长安

公元 757 年 [46岁] 羌村

杜甫能够获得唐肃宗批准的探亲长假,恰恰表明杜甫政治生涯的失败。杜甫上任没几天,因做了一篇谏言差点儿入狱,他早已在毫不知情的情况下,卷入了一场政治争斗中。源头,就在房琯身上。

房琯本是唐玄宗手下很能干的臣子,才华横溢,但也非常狂放,得罪了不少人。杜甫、严武都是房琯的好友。杜甫和房琯是布衣之交,也

就是平民之间的友情。

公元755年,房琯被唐玄宗征回长安。安史之乱爆发后,唐玄宗抛下一群臣子跑了,房琯听说后连夜开始追,追了一个月才追上唐玄宗,当天就被拜相了!

后来唐肃宗在灵武称帝,唐玄宗已经带着臣子到成都了,没办法,只能退位为太上皇,专门派房琯前往灵武参加登基礼。赶路一个来月,房琯终于在顺化郡(今甘肃庆阳)见到了唐肃宗。

唐肃宗把房琯留在身边为相,倾心相待。哪知房琯自负才华,竟然很快就请缨,要亲自率军收复两京,唐肃宗同意了。可没几天房琯就打了两场败仗,灰溜溜地逃了回来。唐肃宗并未治罪于他。

不过,唐肃宗不惩罚,不代表其他臣子愿意啊,拥唐肃宗登帝位的近臣,纷纷弹劾房琯,于是公元757年五月,房琯被贬成了散官——太子少师。官不小,却没任何实际工作,完全是闲职。

杜甫是左拾遗,职责就是谏言啊!他依旧以为房琯还像以前一样,所以谏言:房琯虽有错,但也是一心为民的人,别贬了吧。

杜甫这丝毫没有眼力见儿的行为,把唐肃宗气坏了,甚至还审讯了杜甫一回,幸亏当时新任的宰相张镐劝说,如果惩办杜甫,那估计就没人敢进谏了,毕竟杜甫左拾遗的职位就是干这个的,这才免了杜甫的罪。

杜甫这么没眼力见儿,所以在他于这年闰八月提起想要探望家人的时候,唐肃宗就非常大气地准假了,估计也是不想看见杜甫。

杜甫的长假,恰好让他错过了收复长安。公元757年九月,长安收复,一个月之后唐肃宗就回到了长安,普天同庆。杜甫虽然没赶上,但当听说官军要开始收复长安,当时就心境欢喜,吟诗一首。

杜甫

> 喜闻官军已临贼境二十韵（节选）
>
> 此辈感恩至，嬴俘何足操。
> 锋先衣染血，骑突剑吹毛。
> 喜觉都城动，悲怜子女号。
> 家家卖钗钏，只待献春醪。

在羌村和妻儿团聚两个多月后，杜甫的长假结束了，于是公元757年十月，他带上妻儿，满怀热情和欣喜返回了长安。杜甫本以为自己满腔热血、浑身才学终于有用武之地了，立志一定要帮助大唐重现盛世风光。可这都是幻想。

唐肃宗回长安后，就给在凤翔跟着他的臣子一波奖励，升职、加薪的都有。但杜甫没得到奖励，他还是左拾遗。这下，杜甫也不敢随意谏言了。

可无妄之灾，依旧降临了。房琯本来有个闲职，回了长安依旧升官了，可他一边称病不上班，一边总在家接待宾客。唐肃宗自然生气，加上臣子又开始毁谤，于是，公元758年六月，房琯再次被贬。

与房琯有关系的人，都受到了牵连，本来已经成为长安巡检的严武，直接被贬成了一个边远小县的监察使。杜甫虽然官小，但唐肃宗感觉他碍眼啊，于是也给贬了，任华州（今陕西渭南华阴）司功参军事。

司功参军事虽然属于和左拾遗差不多大的官，可杂事缠身，远离京都。杜甫那复兴大唐的心愿，自然也就无法实现了。辞别长安出金光门的时候，杜甫悲上心头，作了一首离别诗。

> **至德二载甫自京金光门出问道归凤翔乾元初从左拾遗移华州掾与亲故别因出此门有悲往事**
>
> 此道昔归顺，西郊胡正繁。
> 至今残破胆，应有未招魂。
> 近侍归京邑，移官岂至尊。
> 无才日衰老，驻马望千门。

杜甫想到了自己曾从金光门出逃长安，披荆斩棘见到唐肃宗，获任左拾遗；一年后，又一次从金光门出，却是被贬离长安，满腔悲伤与感慨，化为这首诗名和正文差不多长的诗。

"地理发现"

魏长城

在陕西渭南的华阴市（即杜甫被贬去的华州）西南侧，有一条依据山势和地貌，蜿蜒北上，长100余千米的土城墙（如今仅剩残垣），这条古城墙已有2000多年历史。

这条古城墙，是战国时期魏国为了防御西侧的强秦，修筑的军事屏障，因此也被称为魏长城。整个城墙由细土夯实而成，虽已经历2000多年风雨，仍保留有残垣。

魏长城有堡寨和烽火台。堡寨是一种以土墙、木栅围成的守卫据点，堡寨有两个作用：在战时，能够防卫外敌；非战时，则能够还土耕种，收获粮食！魏长城的烽火台同样由细土夯实筑成，是如今万里长城烽火台的鼻祖！

"束带发狂" 陷华州

公元 758 年 [47岁] 华州

公元 758 年六月，刚刚在长安站稳脚跟的杜甫，因房琯的关系遭贬，不得不离开长安，前往陕西渭南的华州任职（当然，应该是带着一家老小一起走的）。而此去，杜甫将彻底离开长安，从此再也没有回来过。

颠簸一路，杜甫终于在刚入七月时进入华州，开始正式走马上任。进华州之前，杜甫正好路过大名鼎鼎的西岳华山，遂有感而发，写了一首《望岳》（华山篇），但其实他并没有登上华山。

> **望岳（华山篇）**
>
> 西岳崚嶒竦处尊，诸峰罗立似儿孙。
> 安得仙人九节杖，拄到玉女洗头盆。
> 车箱入谷无归路，箭栝通天有一门。
> 稍待秋风凉冷后，高寻白帝问真源。

明显可以感受到，杜甫在中年创作此《望岳》时与他在青年时期创作那首泰山《望岳》时，心境已经完全不同。青年时期，意气风发，肆意高歌，志高且轻狂；然而中年时期，经历了战争，盛世塌方，同时宣志无门，自然增加了些许惆怅。

华州司功参军事，别看官职不高，但需要管的事却非常多，极为烦琐，什么考试、学校、礼乐、丧葬、医药、办公设备、祭祀典礼、记录官员情况啥的，一并都需要他管，和打杂差不多。

本来，杜甫一直以高士自居，渴望能够在天子身边辅佐，指点江山，创辅世之功，可如今却只能在繁杂的微末工作中，埋没自己的才华。可他既然身处其位，自然无法避开这些工作，更何况还要忍受酷热夏日的恶劣环境，满心愤慨中，写了一首反映工作乏味的诗。

> **早秋苦热堆案相仍**
>
> 七月六日苦炎蒸，对食暂餐还不能。
> 常愁夜来皆是蝎，况乃秋后转多蝇。
> 束带发狂欲大叫，簿书何急来相仍。
> 南望青松架短壑，安得赤脚踏层冰。

酷暑难耐、蚊蝇飞舞、毒蝎遍布，而且，公文如山，沉稳的杜甫都被折磨得难以入睡、几欲发狂，可见这份乏味的工作多么难耐。可杜甫无法将工作抛开，因为一家人都指望着他。所以，他只能选择忍耐。

为了缓解愁闷之心，杜甫在工作之余，就会到紧挨着华州郑县的西溪散心，这是一条不大的溪，但胜在远离喧嚣、杂事，西溪之上有一座小亭子，名叫西溪亭，杜甫闲来无事，就会到亭中静坐。

题郑县亭子

郑县亭子涧之滨，户牖凭高发兴新。
云断岳莲临大路，天晴宫柳暗长春。
巢边野雀群欺燕，花底山蜂远趁人。
更欲题诗满青竹，晚来幽独恐伤神。

这种愁闷的日子，估计直到杜甫把积压的公文处理差不多了才结束。然后，在公元758年冬，杜甫决定暂时离开华州，到老家洛阳去探亲。

"地理发现"

华山

在杜甫工作的华州之南,就是有西岳之称的华山,因华山五主峰均极为险峻,因此自古就有"奇险天下第一山"的说法。

如今我们自称中华民族,其中的"华"就源于华山,因此华山也被称为"华夏之根"。其实,早在远古时期,华山与黄河共同孕育了中华民族,古华夏文明就主要在以华山为中心的范围内发展、演进。

在唐朝之前,华山因为过于险峻,所以少有人登上峰顶,唐朝时道教大兴,于是在华山开凿出一条险道,从此就有了"自古华山一条路"的说法。在华山西峰上,还有一个被称为"天下第一洞房"的石洞,据说秦穆公的女儿和萧史因笛箫和鸣成姻缘,之后两人在该石洞成婚,所以就有了该称呼。因此如今华山也是很多年轻人见证爱情之地。

苍生苦涩，洛阳城外"三吏三别"

公元 759 年 [48岁] 潼关

杜甫在公元 758 年冬离开华州前往洛阳，虽然理由是探亲，但其实还有另一个目的，那就是前往洛阳向郭子仪献策。

虽然身处关中任职的杜甫人微言轻，但一直在关注天下时局。从公元 757 年十月唐肃宗收复长安和洛阳之后，整个大唐看似已经度过了危机，但其实安史叛军并未被完全消灭。

洛阳被收复后，安庆绪就带着残部逃离了洛阳，并驻扎在了邺城（今河北临漳）。当时的安史叛军四散而逃，唐军一直在四处灭火，同时快速收复河南大部分地区，而唐肃宗当时把唐玄宗从川蜀接了出来，正在忙着迎接唐玄宗重回帝都。这也就造成唐肃宗并没有及时派兵追击安庆绪旧部。

安庆绪跑到邺城后，一直打算重整旗鼓打回来，逃亡在外的叛军旧部，没多久就都跑到了邺城和安庆绪会合了，同时安庆绪还招募了不少新兵，最终拉起了六万余人的军队。

本来安庆绪打算联合史思明，并派出使者前往史思明驻地范阳商议，史思明却偷偷把使者囚禁了，然后给唐肃宗投了个归降书，表示想带着军队归降大唐。

开始唐肃宗还挺开心，给史思明封了官，但很快唐肃宗觉察到不对，因为史思明还在招兵买马。唐肃宗开始寻策解决史思明，可消息却泄露了。史思明也不装了，开始声援安庆绪。

公元758年十月，唐军渡过黄河后与安庆绪的叛军交战，唐军大胜，安庆绪缩回了邺城，直接被唐军给围了。不得已，安庆绪向史思明求援，许诺拿下大唐，自己让位于史思明。史思明带兵解了邺城危机。

公元758年冬天，唐军和史思明叛军交战数次，但均有胜有败，战事胶着起来。只要有战争，受影响最大的自然还是平民百姓，战乱使大部分老百姓在风雨飘摇中居无定所、食不果腹。

此时，杜甫离开华州往洛阳赶去，在洛阳东郊，遇到了好友孟云卿。孟云卿是公元755年的进士，此时是校书郎，即专门给皇家图书馆校对书籍的官。杜甫与他相遇后，彼此都悲喜交集。

"刘侯叹我携客来，置酒张灯促华馔。"这是杜甫和孟云卿相遇时的情境。"天开地裂长安陌，寒尽春生洛阳殿。"两人在杜甫被贬时于长安分别，没想到一年多之后竟然又在洛阳东郊相遇。

杜甫在洛阳东郊与孟云卿相聚多日，重温了一把快意诗情。公元759年初春，杜甫到了洛阳，看着已经荒废的故居，想到尚未结束的战争，心系苍生，期望能够借机献策平复乱局，因此写了首《洗兵马》分析了一下时局，更弄了个《为华州郭使君进灭残寇形势图状》，想给郭子仪献策。

估计也没献成，因为很快，郭子仪就带着唐军退了回来，还因为宦官忽悠唐肃宗，最后直接被召回了长安，解除了兵权。

杜甫此次回洛阳，不仅亲眼见证了洛阳昔日繁华尽去，而且再一次对仕途失望。

公元759年春天，杜甫孤独地离开了洛阳。这一路上，他亲眼所见因战乱无休，苍生苦涩、民不聊生，悲悯、愤慨、忧愁全部涌上心头，忍不住奋笔疾书，写下了名垂千古的"三吏三别"：《石壕吏》《新安吏》《潼关吏》《新婚别》《无家别》《垂老别》。

《石壕吏》说："老妪力虽衰，请从吏夜归。急应河阳役，犹得备晨炊。"竟然连老妇人都开始投军，可悲可叹。《新安吏》说："肥男有母送，瘦男独伶俜。"父母双亡的小孩，也被召入了军中，孤苦伶仃，只能以军中为家。

潼关吏（节选）

连云列战格，飞鸟不能逾。
胡来但自守，岂复忧西都。
丈人视要处，窄狭容单车。
艰难奋长戟，万古用一夫。

这套组诗，是杜甫依托亲眼所见的故事，以史诗的形式，对唐肃宗残暴统治的揭露和控诉，同时表达了对黎民百姓的同情与感伤。

"地理发现"

潼关

潼关，位于陕西渭南潼关县以北，于东汉末年设立。潼关本身是关中的东部大门，属于古代的军事要地，自汉朝末年，就已经成为东入中原、西入关中、深入西域的必经之地，更是极为关键的要隘。

杜甫在《潼关吏》中所说："丈人视要处，窄狭容单车。艰难奋长戟，万古用一夫。"形容的就是潼关易守难攻、一夫当关万夫莫开的险峻地势。之所以在安史之乱期间，听闻潼关失守后，不论官吏还是民众，都纷纷四散而逃，就是因为潼关所处位置的战略意义太过重要。

试想连"一夫当关万夫莫开"的潼关都被攻陷，不正是意味着关中已经完全无法设防了吗？正因此，才有了全线的溃逃。

辞官避秦州，月夜忆兄弟

公元 759 年 [48岁] 秦州

兜兜转转，杜甫走过了潼关，之后转向西北，一路向华州行去。恰好经过了以前躲避安史之乱的栖居之所。在这里，杜甫还拜访了在此隐世的好友——卫八处士。具体是谁，因为没有史料，所以实在说不清楚，只能从《赠卫八处士》一诗中所说"少壮能几时，鬓发各已苍。访旧半为鬼，惊呼热中肠。焉知二十载，重上君子堂。昔别君未婚，儿女忽成行"，简单推论这是杜甫儿时的一位好友。

"明日隔山岳，世事两茫茫。"与好友重聚一日后，杜甫再次匆匆告别。

回到华州，杜甫依旧是那不起眼的司功参军事，依旧被琐事缠身，而且，这一年关中大部分地区极为干旱，一直不下雨，甚至处处有饥荒，天灾人祸一起袭来，老百姓日子更难了，杜甫，也难。

他曾作诗两首，记录了饥荒情况。在《夏日叹》中，杜甫极为现实地重现了干旱："朱光彻厚地，郁蒸何由开。""飞鸟苦热死，池鱼涸其泥。万人尚流冗，举目唯蒿莱。"

除了描写天灾，杜甫还表达了对朝廷的失望之心："浩荡想幽蓟，王师安在哉？""眇然贞观初，难与数子偕。"外敌占着原来的大好河山，军队呢？为什么如今朝堂就没有贞观之治那会儿的贤臣良将呢！

可以说这首诗杜甫从天灾人祸两个角度，抒发了自己对朝廷的失望。另一首《夏夜叹》的创作背景则是杜甫在夏夜纳凉时，想到了奋战一线的战士，因此抒怀感叹何时才能天下太平。同样充满了对朝廷的失望。

悲愤之余，却又无可奈何。同时，司功参军事这个职位，他是真不喜欢，之所以接受这个官职，只是为了满足全家温饱。

本来，在开元盛世时，司功参军作为八品官，俸禄全换成粮食，每年可以有3000多斤，其实足够一家人吃喝用度了。可杜甫为官的时候，恰逢国家大乱当前，所以杜甫根本得不到粮食，只能得到工资，可连年战乱，粮食价格唰唰涨，工资却没涨，整体算下来，杜甫一年的工资都换不出300斤米。杜甫一家老小，根本就不够吃！

这个官当得，不仅家里快揭不开锅了，而且才能也得不到施展，忍了又忍之后，终于，杜甫忍不了了，公元759年立秋之后，杜甫写了首诗，直接辞官不干了！

立秋后题

日月不相饶，节序昨夜隔。
玄蝉无停号，秋燕已如客。
平生独往愿，惆怅年半百。
罢官亦由人，何事拘形役。

就这样，已然48岁、几近半百的杜甫，终于重获自由。辞官之后，更不会有任何收入，要去哪里寻生活呢？想来想去，要避过战乱、灾祸，就去远离战乱的边陲之地秦州（今甘肃天水秦州区）吧！

辗转十来日，终于在公元759年八月，杜甫一家人到了人生地不熟的秦州，刚到这儿，杜甫就想起了自己几位四散各地的兄弟。

月夜忆舍弟

戍鼓断人行，边秋一雁声。
露从今夜白，月是故乡明。
有弟皆分散，无家问死生。
寄书长不达，况乃未休兵。

初到异乡，前途茫茫，这个年近半百的游子，再次感伤，于是留下了这句千古名句："露从今夜白，月是故乡明。"

"地理发现"

秦州

秦州，位于甘肃天水西南部，其历史极为悠久，是中华文明的发祥地之一，三皇五帝之一的人文始祖伏羲，就诞生在秦州，因此秦州也被称为"羲皇故里"。有关伏羲的传说数不胜数，包括伏羲的母亲华胥氏踩巨人脚印怀孕，十二年后生下伏羲；伏羲出生时人头蛇身，观天地星辰运转、鸟兽身上花纹，创出伏羲八卦；伏羲尝百药制九针，是中医针灸始祖。

在杜甫生活的年代，秦州尚没有伏羲庙。直到距今五百多年前，依据伏羲是传说中第一代帝王的说法，明宪宗朱见深在秦州修建了宫殿式建筑群，是为伏羲庙。如今每年伏羲庙都会举办伏羲文化节，举行祭祀、朝拜仪式。

世道艰难，以诗换饭

公元 759 年 [48岁] 同谷

　　杜甫带着一家人一路跋涉来到秦州，除了此处远离战乱外，还有个重要原因，这里有几位杜甫的亲戚和朋友。虽然，秦州地处偏远，不太发达，但是，亲戚和朋友，至少能够接济一下杜甫一家。

　　在秦州，杜甫有一个侄子定居，名叫杜佐，虽然不算大富大贵人家，但也是有田有地、有房有闲的人家。不过，刚到秦州，杜甫一大家人肯定不能直接住别人家，所以在郊外找了个废弃的破茅屋过渡。

到秦州的时候，是公元 759 年八月，估计刚到秦州，杜甫就拜访了自己这个侄子，然后提出要借点儿粮果腹之类的，杜佐自然不会推辞。杜甫在秦州又没田没地，所以一直盯着粮食啥时候收割，几天后小米收割了，他的三首诗就递到了杜佐手中。

> **佐还山后寄三首·其二**
> 白露黄粱熟，分张素有期。
> 已应舂得细，颇觉寄来迟。
> 味岂同金菊，香宜配绿葵。
> 老人他日爱，正想滑流匙。

这三首诗中，第二首非常有意思。"过了白露了，小米都收割了，还记得前两天你说的话不？小米越细做出来越好吃，配上绿葵菜最好吃了，我这个老头就喜欢这一口！"

这应该算是杜甫以诗人的手法，用风雅又有些小无赖的方式，向杜佐借米！当然，米并不是白借的，杜甫还专门给侄子留了一首示训诗《示侄佐》，也算是报酬了，其中一句"嗣宗诸子侄，早觉仲容贤"，后来也就成了杜佐后代的家训。

用一首诗换来吃的，下一步就是重新找个房子。说来也巧，秦州除了有杜甫的侄子之外，还有一位他的好友在。那就是当年他被困长安，给予他藏身之处、帮助他逃出长安的大云寺住持——赞公。

赞公其实也受到了房琯牵连，被怀疑两人是同党，被赶出了长安，最终来到秦州落身。赞公是得道高僧，遇到才华横溢又心怀苍生的杜甫，非常愿意帮忙，开始帮杜甫寻找合适地点修建房屋。

本来，地点都找到了，可毕竟俩人都没多少钱，所以根本没盖。不过，赞公还是帮杜甫找了一个房子，搬离了那个漏风漏雨的破茅屋。后来杜甫离开秦州时，还作了《别赞上人》，其中的"赞公释门老，放逐来上国。还为世尘婴，颇带憔悴色"，就是在赞美赞公的济世之心。

除了这两位贵人外，杜甫在秦州还得到了隐士阮昉的接济。杜甫在《秋日阮隐居致薤三十束》中说："隐者柴门内，畦蔬绕舍秋。盈筐承露薤，不待致书求。"写的就是阮隐士，阮隐士自己家种了不少菜，等收获之后，没等杜甫去借，就给送来了一堆。这首诗，自然也就成了报酬。

即便得到了不少人的接济，但杜甫毕竟不是一个人，还有一大家子，所以生活状况依旧每况愈下，杜甫甚至曾亲自上山采药卖钱养家，反正过得非常艰难，有诗为证。

空囊

翠柏苦犹食，晨霞高可餐。
世人共卤莽，吾道属艰难。
不爨井晨冻，无衣床夜寒。
囊空恐羞涩，留得一钱看。

当然，囊中羞涩其实并没有影响到杜甫清高的节操，即便节衣缩食，他也不打算与看不上的那些人同流合污。杜甫在秦州，虽然待的时间不久，但一直在苦中作乐，而作为诗人，最简单的行乐方式，就是作诗：短短俩月，杜甫就写下了上百首诗，所有朋友他差不多都寄送了诗！

大唐少年游

生活的困顿让杜甫认识到，秦州不是久留之地，而且安史之乱以来，吐蕃也在蠢蠢欲动，也许，秦州很快就会再次陷入战火。于是，杜甫在秦州待了两个多月后，于十月底，再次出发。

这一次，他去的是同谷（今甘肃成县）。之所以选同谷，一方面是因为有同谷的旧友说那里适合隐居，另一方面是他听说同谷物产丰富、景色优美。出发之前，杜甫还作了一首《发秦州》，想象了一下同谷物产的丰盛。

可是，想象毕竟只是想象，等到了同谷，杜甫才发现这里不仅贫困，而且那个说可以接济他的旧友，也无影无踪……不过，在最窘困的时候，杜甫也没放弃作诗，组诗《乾元中寓居同谷县作歌七首》，就是在同谷完成的。

"地理发现"

同谷凤凰台

同谷凤凰台,是中国众多"凤凰台"之一,因曾经被杜甫歌咏而成名。同谷凤凰台,位于同谷东南部的凤凰山上,此山因为形状像凤凰而得名。

凤凰山脚下的凤凰台,据说是因汉代时有凤凰落于此处,所以得名。凤凰台紧邻一个非常深的水潭,称为万丈潭;万丈潭的旁边,有一个蜿蜒的峡谷,如同飞龙,称为飞龙峡;而在飞龙峡的谷地,则有一个村落,称为凤凰村。

其实,凤凰村就应该是当时杜甫要去的同谷。杜甫曾在《凤凰台》一诗中说:"恐有无母雏,饥寒日啾啾。我能剖心出,饮啄慰孤愁。"这正是杜甫在抒志,他期望舍弃一身,以换取瑞鸟凤凰成长,从而将祥瑞带到大唐,让黎民百姓安享太平!

辗转南下,剑阁入蜀

公元 759 年 [48岁] 剑阁

　　同谷距离秦州并不远,即使拖家带口,杜甫也仅仅耗时数天就赶到了,可因为对同谷产生了错误的幻想,同时那位忽悠他的旧友也杳无踪迹,所以为了养家,杜甫只能在天寒地冻的冬季,跑到山上采树籽果腹,到野外挖野菜维持生计,最后搞得蓬头垢面,再也没有意气风发之相。

　　仰天长叹之余,杜甫不得不再次思索出路,一家人在同谷待了差不多一个月,生活的困顿只能让杜甫另谋他处,这一次,他决定入川蜀,

到唐玄宗躲避安史之乱时到过的成都去。

至少，成都不会像同谷这么贫困，至少，成都能够给他和家人一口饭吃。于是，在公元759年的冬天，杜甫一家再次出发。

杜甫携家人一路辗转，走出同谷时恰好走过了木皮岭，这里是当时的入陇要冲，也就是关中在西部的天然屏障，有效抵御了西部外敌的长驱直入。杜甫有感而发作了一首《木皮岭》，开头写道："首路栗亭西，尚想凤凰村。季冬携童稚，辛苦赴蜀门。南登木皮岭，艰险不易论。汗流被我体，祁寒为之暄。"

杜甫感慨这是自己决心前往成都的第一站，更感叹这西部要冲，如今只能是路过。

之后，惊叹于位于兴州和利州之间的龙门阁，杜甫在《龙门阁》一诗中写下"清江下龙门，绝壁无尺土。长风驾高浪，浩浩自太古"。临近剑州，杜甫顺长江走势，看到了此地的渡口，作出了《白沙渡》："畏途随长江，渡口下绝岸。差池上舟楫，杳窕入云汉。天寒荒野外，日暮中流半。我马向北嘶，山猿饮相唤。"

进入剑州，杜甫看到了当年诸葛亮在剑门关凌空凿石所建的，素有"蜀北屏障、两川咽喉"之称的飞梁阁道，作了《飞仙阁》一诗。

飞仙阁

土门山行窄，微径缘秋毫。
栈云阑干峻，梯石结构牢。
万壑欹疏林，积阴带奔涛。
寒日外澹泊，长风中怒号。
歇鞍在地底，始觉所历高。
往来杂坐卧，人马同疲劳。
浮生有定分，饥饱岂可逃。
叹息谓妻子，我何随汝曹。

前半首诗写景，描绘了飞梁阁道的险峻，之后由景转意，叹息自己的妻儿虽与自己风餐露宿、品尽落魄，却一直一往情深、不离不弃。

而真正看到剑门关，杜甫更是感慨良多，作《剑门》一诗。

剑门

惟天有设险，剑门天下壮。
连山抱西南，石角皆北向。
两崖崇墉倚，刻画城郭状。
一夫怒临关，百万未可傍。
珠玉走中原，岷峨气凄怆。
三皇五帝前，鸡犬各相放。
后王尚柔远，职贡道已丧。
至今英雄人，高视见霸王。
并吞与割据，极力不相让。
吾将罪真宰，意欲铲叠嶂！
恐此复偶然，临风默惆怅。

此诗不仅抒发了杜甫对先人的敬佩、对剑门关险峻的惊诧，也表达了对如今如此险峻的要冲，因大唐乱世，随时有可能被"野心家"所利用的惆怅慨叹。同时，此惆怅由国至家，道尽了自己一家人在乱世之中的悲凉。

当走过剑门关，终于，富饶又平静的成都平原映入眼帘，风餐露宿的日子，马上就可以结束了，万千话语，最终汇成了《成都府》一诗。"大江东流去，游子日月长""自古有羁旅，我何苦哀伤"，其中的两句极为平实的诗，道尽了远离故乡、在异乡谋生存的苦涩。

好在，如今已经到了，这一年来的颠簸、困苦，都将结束。整个公元759年，杜甫可谓行役四地，先是在洛阳献策无门，只得回到华州；再是对华州工作忍无可忍，决定移居秦州；可在秦州却依旧无法安稳下来，只得寄希望于同谷；到了同谷又因被忽悠，不得不辗转南下进入成都。

华州、秦州、同谷、成都，短短几个月时间，跋涉多地，不知此次到了成都，杜甫一家是不是能够真正安定下来！

"地理发现"

剑门关

剑门关,位于如今四川广元剑阁县的东南部,而在杜甫的年代,剑门关恰好雄踞在剑门关古镇的正北,宛如一道天然的门户,成为入蜀的要冲。

剑门关之所以被称为"剑门",就是因为其雄踞于大剑山的中断处,整个关卡两侧是直上云霄的断崖峭壁,整个山峰如同一把大剑,中间的缝隙使两侧崖壁相对,如同一道自然形成的屏障和门户。

三国时期,诸葛亮率军伐魏时路过大剑山,发现山势险峻,如同天险,所以命令军士凿山岩、架飞梁、修栈道,最终得以出入祁山、北伐曹魏。虽然如今古栈道已逝,但天然的门户剑门关依旧巍峨耸立,因此其也被称为"天下第一雄关"。

浣花溪边筑草堂

公元 760 年 [49岁] 成都

公元 759 年岁末，杜甫一家人终于结束舟车劳顿，到达成都，刚刚到异乡，杜甫一家人借住在成都西郊的一座古寺中，不过，这只是暂时的，因为在成都，杜甫有很多尽可能地给予他帮助的朋友。

初临成都，杜甫一家处境艰难，需要解燃眉之急的钱物，同时杜甫需要通过工作获取报酬，另外则需要一个安居之所。解燃眉之急的钱物，这么多朋友自然没有问题，至少让一家人吃上热饭是没有任何问题的；工作，毕竟杜甫也是富有才华的文人，所以写写文章、出出主意什么的，都能够获得一定的报酬。

解决了这两个基本的问题，下一个就是寻一处安居之所了。杜甫将安身之处选在了成都西南方向的浣花溪边，这里环境优美，小桥流水、茅舍竹径，极为清雅别致。虽然地址选好了，但对于生活窘迫的杜甫而言，盖个房可没那么容易。

这自然又离不开众多好友的资助，很多时候，杜甫无以为报，就只能以诗相赠。当时，杜甫的表弟在成都府任职，听说杜甫要安家，亲自给杜甫送了一笔钱财，杜甫的《王十五司马弟出郭相访，兼遗营茅屋赀》一诗中说："忧我营茅栋，携钱过野桥。他乡唯表弟，还往莫辞遥。"

当时，杜甫还得到了成都府下辖大邑县令韦班的接济，得到了些许松树苗，还有产自大邑的瓷碗，在《又于韦处乞大邑瓷碗》中写道："大邑烧瓷轻且坚，扣如哀玉锦城传。君家白瓷胜霜雪，急送茅斋也可怜。"

东借西讨，经过月余的修建，在公元760年春，杜甫最终建成了自己的茅屋，被称为浣花草堂，也被称为杜甫草堂。

草堂建成，杜甫一家在成都终于有了安身之所，欣喜之余，杜甫作了一首《堂成》。

堂成

背郭堂成荫白茅，缘江路熟俯青郊。
桤林碍日吟风叶，笼竹和烟滴露梢。
暂止飞乌将数子，频来语燕定新巢。
旁人错比扬雄宅，懒惰无心作解嘲。

住在环境清雅的草堂，杜甫终于有了闲情逸致，去欣赏成都府的美景。就如杜甫在《卜居》中所说:"浣花流水水西头,主人为卜林塘幽。已知出郭少尘事,更有澄江销客愁。无数蜻蜓齐上下,一双㶉𫛚对沉浮。东行万里堪乘兴,须向山阴上小舟。"

虽然这两首诗都是通过惬意地写景,抒发自己草堂落成的欣喜,但诗作里面也有杜甫对人生路的反思。

在这座新落成的草堂,杜甫一家度过了一段极为悠闲又惬意的时光,云淡风轻的日子中,杜甫一家过上了安定又自由的日子,著名的《狂夫》和《江村》,就作于草堂落成这一年的夏天。

狂夫

万里桥西一草堂,百花潭水即沧浪。
风含翠筱娟娟净,雨裛红蕖冉冉香。
厚禄故人书断绝,恒饥稚子色凄凉。
欲填沟壑唯疏放,自笑狂夫老更狂。

江村

清江一曲抱村流,长夏江村事事幽。
自去自来梁上燕,相亲相近水中鸥。
老妻画纸为棋局,稚子敲针作钓钩。
但有故人供禄米,微躯此外更何求?

《狂夫》其实是述怀抒志之作，草堂落成，环境幽雅，让杜甫不禁心中激荡，即使经历了穷困潦倒的日子，但他兀自轻狂，并未与那些荼毒生灵的"大官"同流合污；而《江村》则与《狂夫》形成了鲜明对比，描写了一家人其乐融融的惬意生活，同时反映出有很多朋友在接济自己。

有了住处，有了朋友接济，时不时有了文字工作收入，杜甫一家过上了久违的闲逸日子。

"地理发现"

浣花溪

浣花溪，原名百花潭，位于如今四川成都市内，本来是一条很小的溪流，却因为与杜甫同时代的一位任姓小姑娘而成名。

最开始时，这位任姓小姑娘就住在这条小溪的边上，那时候她还小，有一天看到一位浑身长满疮的和尚摔进了污水沟里，小姑娘心善，于是将和尚救起，并把和尚脏污的袈裟，放到溪水中洗涤，没想到这条溪水中泛起了一朵朵美丽洁净的莲花。从而小溪得名浣花溪。

据说，小姑娘长大后，嫁给了当时的西川节度使为妾，是为任氏，在公元768年蜀中有人叛乱时，任氏拿出家财招募了数千勇士，亲自披挂上阵保卫了成都府，后被封为"冀国夫人"！

秋风所破,茅屋终为仰人鼻息,

公元 761 年 [50岁] 蜀州

杜甫定居在成都的草堂后,虽然名气不如李白,但也是诗名在外,更何况好友遍布,所以草堂时不时也会迎来一些客人拜访,杜甫在《宾至》中说:"竟日淹留佳客坐,百年粗粝腐儒餐。不嫌野外无供给,乘兴还来看药栏。"虽显生活清淡,但人们也能从诗中感受到杜甫的欣喜。

后来当时以画马闻名的韦偃来拜访杜甫,临别之时,韦偃在杜甫的草堂墙上,挥洒笔墨留下了两匹骏马。于是在《题壁上韦偃画歌》中,杜甫感叹:"韦侯别我有所适,知我怜君画无敌。戏拈秃笔扫骅骝,欻见麒麟出东壁。"

日子就这样一点点过去。在成都的草堂，杜甫一家悠闲地度过了最为惬意的一年，公元761年春，一场淅淅沥沥的春雨，将杜甫草堂修饰得更加闲逸，欣喜之余，杜甫写下了至今广泛流传的一首《春夜喜雨》。

春夜喜雨

好雨知时节，当春乃发生。
随风潜入夜，润物细无声。
野径云俱黑，江船火独明。
晓看红湿处，花重锦官城。

春季来临，成都府的盛景让人心旷神怡，江边的花朵开始不断盛开，闲适的日子里，杜甫又起踏春寻花之心，于是独自一人行走在江边，作了一组描绘花朵的组诗《江畔独步寻花七绝句》。

这一日，杜甫的知己好友崔明府来拜访他，杜甫欣喜至极，于是有了人情味十足的《客至》，其中写道："舍南舍北皆春水，但见群鸥日日来。花径不曾缘客扫，蓬门今始为君开。"

扫干净庭院小路，敞开通常关闭的柴扉，可见杜甫对好友来临的重视和欣喜。

从杜甫来到成都，到杜甫草堂落成，他们一家得到了很多好友的接济，因此在这之后一年多的时间里，杜甫一家生活非常惬意。悠然自得中，杜甫也开始走出草堂，到成都府周围去漫游。

他走入了成都武侯祠，感慨于诸葛亮的报国之心、雄才大略，又想到自己，便有了《蜀相》中的"出师未捷身先死，长使英雄泪满襟"。

之后，他又走入了西汉时期司马相如在成都的故居，看到了司马相如的抚琴台，便有了《琴台》中的"野花留宝靥，蔓草见罗裙。归凤求凰意，寥寥不复闻"。

可是，随着时间的推移，川蜀的形势也在不断发生变化，本来任西川节度使的裴冕（拥立唐肃宗的新派，曾与杜甫同朝为官，因此在杜甫来成都后对杜甫一家多有帮助）被调任到京都，相当于杜甫的靠山离开了，因此原本经常给予杜甫帮助的其他官员，也开始疏远他。而杜甫的好友们，多为贫贱相交，根本无法给予杜甫更多实质性的帮助。

这就造成杜甫生活的窘迫，尤其是公元761年夏末之后，他的生活愈加艰难。这年八月，秋风裹挟着秋雨袭来，杜甫的草堂开始漏雨，生活又一次接近穷困潦倒，悲哀之余，杜甫写下了描述自身困顿，同时引申大唐王朝风雨飘摇的《茅屋为秋风所破歌》。

茅屋为秋风所破歌（节选）

八月秋高风怒号，卷我屋上三重茅。
茅飞渡江洒江郊，高者挂罥长林梢，下者飘转沉塘坳。
南村群童欺我老无力，忍能对面为盗贼。
公然抱茅入竹去，唇焦口燥呼不得，归来倚杖自叹息。
…………
安得广厦千万间，大庇天下寒士俱欢颜！风雨不动安如山。
呜呼！何时眼前突兀见此屋，吾庐独破受冻死亦足！

可见当时的杜甫，依旧忧国忧民，但却无能为力。同时，杜甫感慨自己已垂垂老矣，作了一首宛若自嘲的《百忧集行》，其中写道："即今倏忽已五十，坐卧只多少行立。强将笑语供主人，悲见生涯百忧集。入门依旧四壁空，老妻睹我颜色同。痴儿不知父子礼，叫怒索饭啼门东。"

已经50岁的杜甫，再次家徒四壁、穷困潦倒，为了缓解生活之忧，在公元761年秋，杜甫不得不走出草堂，再次四处奔波，做幕僚以生活，为生活所迫的他，不得不仰人鼻息。

这次，他前往的地方是距离成都不太远的蜀州（今四川崇州），先后辗转青城（今四川崇州青城山之南）、唐隆（今四川崇州东南）。在蜀州，虽然杜甫只能仰人鼻息，但好在还有几位虽不富裕却愿意为他慷慨解囊的文友，终于缓解了他的生活压力。

"地理发现"

青城山

青城山,位于如今四川都江堰西南,在唐朝时,归属蜀州。青城山林木葱茏、群峰环绕,是著名的道教名山。相传,在黄帝时期就有隐士在青城山修道,并传授了黄帝御风云之道,因此黄帝筑坛将隐士拜为五岳丈人,所以青城山也被称为丈人山。

唐朝时,道教得到扶持,因此当时的青城山道宫遍布,人才辈出。天师道教的创始人张道陵,就曾在青城山结茅传道,最后在此羽化,如今青城山上张道陵修行之处,被称为天师洞。到了清朝,天师洞被扩建为常道观。

位于天师洞右侧的历史建筑,是初建于隋朝的黄帝祠,人们用以供奉当年在此地获得道法的黄帝。

叛乱又起,流亡梓州

公元 762 年 [51岁] 梓州

当杜甫为了生计,不断在成都周边奔波之时,整个蜀中其实都不算太平,在公元 761 年四月,成都东川节度使叛乱,之后由西川节度使带领着大将花敬定平叛成功。

花敬定攻占绵州之后,自认为平叛有功,所以开始纵容手下在绵州四处掠夺,甚至为了得到手镯会把妇女的手腕给砍断。之后开始花天酒地。偏偏这家伙武力值还挺高,西川节度使也拿他没办法,于是有人报

给唐肃宗，说西川节度使纵容手下，然后西川节度使就被抓了，忧愤到极致，竟然被气死了。

杜甫得知此事之后，就做了首讽刺诗《赠花卿》。

赠花卿

锦城丝管日纷纷，半入江风半入云。
此曲只应天上有，人间能得几回闻？

西川节度使被气死了，东川节度使因叛乱被杀了，可成都不能没有领导啊，恰好，杜甫的老朋友严武被委派为成都尹，兼任剑南两川节度使。只是此时严武还在长安任职太子宾客兼御史中丞，怎么也得把手上的活儿处理完才能上任。

于是这中间，就有了两个月的空闲，为了避免群龙无首，朝廷就先让在蜀州任职的高适，代理两个月的两川领导。这下杜甫就舒服了，得以重新回到草堂，不再四处奔波。两人在草堂把酒言欢、思念故友，杜甫生活颇感惬意。

等到公元762年初，严武终于到成都了，高适重新回蜀州任职。杜甫的生活变得更加舒服，因为严武不仅能给杜甫生活方面的资助，还时不时到草堂与杜甫谈天说地。

杜甫还曾为严武出谋划策，因为从公元761年冬到公元762年春，成都已经数月没有雨雪降下，所以变得非常干旱，当时杜甫曾写《说旱》，给严武出谋划策。严武具体听没听咱不知道，但后来的确降雨了，杜甫很开心，用一首《喜雨》记录了这美好的时刻。

喜雨

南国旱无雨，今朝江出云。
入空才漠漠，洒迥已纷纷。
巢燕高飞尽，林花润色分。
晚来声不绝，应得夜深闻。

可惜，这样清雅闲适的日子并没长久，严武仅仅在成都任职半年多，唐玄宗离世了，这位一手缔造了大唐开元盛世，又因为沉迷声色、听信谗言，导致安史之乱爆发的帝王，轻轻地走了。不到半个月，唐肃宗也离世了，之后唐代宗李豫即位。

公元762年七月，严武被重新召回了长安。又到了离别的时刻，杜甫在听到消息后，作《奉送严公入朝十韵》相赠："四海犹多难，中原忆旧臣。"显然杜甫依旧忧国忧民，同时，严武入京，新帝即位，也让杜甫有了再回长安的念头，所以就有了："此生那老蜀，不死会归秦。公若登台辅，临危莫爱身。"

杜甫一直将严武送到了绵州，但送君千里终须一别，在即将分别的日子，杜甫再次作诗表达自己的依依不舍，同时为自己垂垂老矣而感叹。

奉济驿重送严公四韵

远送从此别，青山空复情。
几时杯重把？昨夜月同行。
列郡讴歌惜，三朝出入荣。
江村独归处，寂寞养残生。

杜甫

严武离开了成都，杜甫再一次变成了孤家寡人，虽然杜甫有心回长安再入仕途，但是尚未做出决定，在严武刚走之后，蜀中就又出现动荡。当时的剑南兵马使徐知道叛乱，带兵占领了西川，扼守住了剑阁，这下杜甫出蜀回长安的路一下断了。

身处绵州的杜甫，没办法只能转路到了梓州（今四川绵阳三台）避难。杜甫以为前几年与妻儿分隔两地、不知对方安危的情况又一次发生了，好在，没两个月徐知道就被自己的部下李忠厚杀了，叛乱得以平息。不过短短两个月的叛乱，也让成都城遭受了大肆劫掠，萧条之色尽显。

杜甫选择梓州，是因为当时成都叛军横行，梓州则是东川节度使管辖的地方，节度使和严武相熟，可以对自己照顾照顾。虽然公元762年秋末成都叛乱就过去了，可整个西川依旧乱成一团，杜甫赶紧回了一次草堂，把妻儿接上入了梓州，再一次过起了流亡生活。

"地理发现"

三台五层寺

在四川绵阳的三台县西北,有一座五层山,五层山上有一座五层寺。在这座寺的大殿中,有一副传说是三国时期的古石刻对联:一印高悬,一切峰峦皆处下;五泉上涌,五层楼阁独居尊。

相传这座寺最早由刘备命人修建。五层寺位于五层山上,此山因"重岗叠垒形势五层"而得名;山的东西南北中共有五股清泉;寺内设置五重殿宇,分别坐落佛、道、仙、皇、冥五类。可谓天地之奇和人力之奇相融合的典范。

巴蜀之地，苦中作乐

公元 763 年 [52岁] 绵州

　　杜甫把一家老小安置在梓州后，正好有朋友要到绵州，杜甫对绵州比较了解，所以决定送朋友前往。

　　公元 763 年初春，杜甫送朋友到绵州后，恰好忙里偷闲游览了一番，留下了《越王楼歌》中"孤城西北起高楼，碧瓦朱甍照城郭。楼下长江百丈清，山头落日半轮明"的名句。

杜甫也想起了曾经在绵州的时候，送朋友李使君到梓州时路过的射洪县（今四川遂宁射洪），便决定走一圈。

在射洪县有杜甫祖父杜审言的朋友陈子昂的故居，陈子昂是当时的文艺先驱之一，留下了脍炙人口的《感遇诗三十八首》，曾在武则天掌权时期慷慨陈词批评时政，杜甫、李白等人都非常推崇他，只是后来陈子昂屈死故里。

杜甫被陈子昂的人格和才情所吸引，专门到射洪县游览了他的故居，并作《陈拾遗故宅》一诗。

而在射洪县南部不远的地方就是通泉县（今四川遂宁射洪通泉坝），在武则天当权时期，曾有一位著名的游侠在此地任县尉，即郭元振，其人行侠仗义，常常劫富济贫，还被武则天召入洛阳，他当着武则天的面吟诵了自己创作的《宝剑篇》。

郭元振在杜甫眼中极具豪杰气势，因此杜甫也去拜访了郭元振在通泉县的故居，作了《过郭代公故宅》一诗，有感而发："壮公临事断，顾步涕横落。……高咏宝剑篇，神交付冥漠！"

在通泉县的县衙，还留有与郭元振同时代的著名书画家薛稷的书画壁，杜甫留下了《观薛稷少保书画壁》一诗，其中有言："少保有古风，得之陕郊篇。惜哉功名忤，但见书画传。"而且因为郭元振和薛稷聚集在了通泉这么狭小的地方，所以感慨道："此行叠壮观，郭薛俱才贤。不知百载后，谁复来通泉？"

在旅行过程中，杜甫还碰到了一位儿时的好友，恰好其也要前往京城，于是杜甫作诗《送路六侍御入朝》。

送路六侍御入朝

童稚情亲四十年，中间消息两茫然。
更为后会知何地？忽漫相逢是别筵！
不分桃花红胜锦，生憎柳絮白于绵。
剑南春色还无赖，触忤愁人到酒边。

本来杜甫看到严武在长安发展挺好，房琯也在唐玄宗、唐肃宗先后去世之后再次得势，所以旅行时，杜甫决定顺路到汉州（今四川广汉）拜访时任汉州刺史的房琯。

谁承想，房琯正好在公元763年四月被召回了长安，估计杜甫到汉州的时候，房琯刚走不久，虽有遗憾，但杜甫依旧心情明朗，还泛舟游了一圈房琯在汉州开凿的房公西湖，更是看着房琯曾养的一群鹅儿，写下了极具童趣的《舟前小鹅儿》："鹅儿黄似酒，对酒爱新鹅。引颈嗔船逼，无行乱眼多。翅开遭宿雨，力小困沧波。客散层城暮，狐狸奈若何。"

不过房琯既然不在汉州，杜甫在游览一番之后，也只能独自回到梓州。

"地理发现"

越王楼

越王楼位于四川绵阳的龟山之巅，是唐朝时期的四大名楼之一，是唐太宗李世民的第八子越王李贞在绵州任刺史时所建，因为中途历经战争摧残和岁月侵蚀，所以多次被毁又多次重建。

如今的越王楼高99米，霸气十足，在唐朝时就已有四大名楼"越王楼霸气、黄鹤楼大气、滕王阁才气、岳阳楼秀气"的说法。越王楼不仅霸气，还是天下诗文收录最丰富的名楼，收录的题咏诗作达154篇，真的是"一座越王楼，半部文学史"。

低眉凑路费,举家往阆州

公元 764 年 [53岁] 阆州

杜甫虽然苦中作乐,但毕竟自己还有一大家子人需要养,所以拜访房琯无果之后,杜甫也只能重回梓州。

杜甫在绵州与汉州之间游玩的时候,听到了一个大好消息。之前安史之乱的叛军内讧,史思明被儿子所杀,这一事件导致叛军之间开始离心离德,终于在挺了两年之后,公元 763 年春,所有叛军被灭杀,史思明的儿子自缢而亡,于是,大唐的中原之地再次回归中央怀抱。

杜甫听到这个好消息,又看严武和房琯都重回长安,得到了重用,也想回到中原去追求仕途,所以在《闻官军收河南河北》一诗中,既表

达了欣喜之情，又感慨要回洛阳大展宏图。

> **闻官军收河南河北**
>
> 剑外忽传收蓟北，初闻涕泪满衣裳。
> 却看妻子愁何在，漫卷诗书喜欲狂。
> 白日放歌须纵酒，青春作伴好还乡。
> 即从巴峡穿巫峡，便下襄阳向洛阳。

可回到梓州后，杜甫才发现自己又一次没钱了，根本就无法支撑他出蜀远渡到洛阳，而且，一家老小也在等他养活，所以杜甫不得不继续为生计奔波。

好在，此时的梓州刺史，是曾经严武任两川节度使时的判官章彝。章彝于公元763年夏被任命为梓州刺史，恰好杜甫和严武又非常熟稔，严武又重回长安、前途光明，所以章彝对杜甫非常照顾。

虽然此时大唐摆脱了安史之乱，但是已经有新的威胁正在逼近。大唐近几年风雨飘摇，使得对西方的吐蕃的控制开始松懈，吐蕃甚至开始反扑，杜甫曾经待过的秦州，就在公元763年被吐蕃军队攻陷，而且吐蕃依旧在向东渗透，威胁正在向长安逼近。

可就在这样的环境下，梓州刺史章彝却依旧非常舒服，仰其鼻息的杜甫，虽然不喜各种虚头巴脑的宴会，但是为了生计，也只能忍着。杜甫能文能诗，还懂些药理，毕竟曾经采过药卖过药，所以经常被章彝邀请着陪宴。杜甫虽然不胜其烦，但为了生计还是不得不参与。

公元763年八月，被召回长安的房琯，其实走到阆州（今四川阆中）

就已经因病重没法前行了,拖了几个月之后,死在了下榻的阆州僧舍里。同年九月,杜甫得到了消息,悲痛之中再次从梓州赶往阆州,吊唁这位与自己政治生涯息息相关的知己。

不过,很快杜甫就又回到了梓州,因为杜甫得到家信,说女儿生病了,所以杜甫赶紧回到了梓州,好在女儿平安无事。

公元763年十月,章彝带着三千兵马去狩猎,也让杜甫参与了,于是就有了《冬狩行》:"君不见东川节度兵马雄,校猎亦似观成功。夜发猛士三千人,清晨合围步骤同。""春蒐冬狩侯得同,使君五马一马骢。况今摄行大将权,号令颇有前贤风。"

几个月的时间,杜甫仰章彝鼻息,参加各种宴会,接待各种官员,虽不胜其扰,但终于攒够了离开的钱。是时,整个川蜀的局势其实已非常混乱,早在带着妻儿回梓州之前,他就想离开川蜀,或回到长安,或下江南,怎奈差旅费一直没凑齐。

到公元763年十一月,差旅费终于有了,可长安却已经被吐蕃占领,

可谓乱世又现。

于是，杜甫打算东下江南，差旅费估计都是章彝给他筹备的，临行之前，章彝为他饯行，杜甫作了《将适吴楚，留别章使君留后，兼幕府诸公，得柳字》一诗，还狠狠自嘲了一番。

> 将适吴楚，留别章使君留后，兼幕府诸公，得柳字（节选）
>
> 我来入蜀门，岁月亦已久。
> 岂惟长儿童，自觉成老丑。
> 常恐性坦率，失身为杯酒。
> 近辞痛饮徒，折节万夫后。
> 昔如纵壑鱼，今如丧家狗。
> 既无游方恋，行止复何有。
> 相逢半新故，取别随薄厚。
> 不意青草湖，扁舟落吾手。

一别两宽，杜甫带着妻儿，继续上路，离开梓州后前往了阆州，打算从这里入阆水，然后沿水路到嘉陵江，再到重庆，于重庆再东下入江南。公元764年初春，杜甫一家终于到了阆州，在这里，杜甫留下了脍炙人口的《阆水歌》。

> 阆水歌
>
> 嘉陵江色何所似？石黛碧玉相因依。
> 正怜日破浪花出，更复春从沙际归。
> 巴童荡桨歌侧过，水鸡衔鱼来去飞。
> 阆中胜事可肠断，阆州城南天下稀！

"地理发现"

阆中古城

阆中古城位于四川省的南充市，位于嘉陵江中游。整座古城融合了南北方的建筑格局特征，环山绕水，形成了"三面江光抱城郭，四围山势锁烟霞"的山水之城。

阆中古城是著名的三国文化聚集地，唐朝时就已经形成基本建筑布局，阆中古城中心的中天楼，就始建于唐朝。整座阆中古城外围，均以中天楼为中心，以穿越中天楼的街道为轴线，最终形成了天心十道式布局。在中天楼，整座阆中古城的盛景都能够尽收眼底，可谓真正的"一览众山小"。

重回成都，草堂添温难抵山河飘摇

公元 765 年 [54岁] 成都

就在杜甫一家在阆州准备各种物资，以及拟定迁移的路线和计划时，杜甫先是听到了一个令人忧心忡忡的消息：吐蕃东进，长安失陷，刚上位不久的唐代宗见状不妙，逃离了长安。

于是公元 764 年春，身在阆州的杜甫，写下了《伤春五首》。"西京疲百战，北阙任群凶。关塞三千里，烟花一万重"谴责了吐蕃这"白眼狼"；"难分太仓粟，竞弃鲁阳戈"哀叹大唐朝廷的懦弱无能；"闻说初东幸，孤儿却走多"心忧着黎民百姓的流离失所。

可杜甫再忧国忧民，也只是处于川蜀腹地、无法为大唐贡献多少力

量的垂老之人。而且即使杜甫的"呐喊"声振聋发聩，可奈何除了他自己没有别人可以听到啊。

其实杜甫不知道的是，就在他发出自己无声的呐喊时，唐代宗早把郭子仪给请回来了，68岁的郭子仪老当益壮，而且名声在外，一出现在长安城外，吐蕃军就给吓跑了。所以在杜甫忧国忧民的时候，也就是公元764年春，长安已经重新回到了大唐的怀抱。

不仅长安重回了大唐的怀抱，杜甫在阆州时还遇到了点儿好事——他获得了一个重入仕途的机会。

也许是严武等人的推荐，也许是唐代宗知道杜甫的才华，反正朝廷来了封征召信，让杜甫回长安，并任命他为京兆功曹。本来这是一个很好的机会，可杜甫早就把东行的计划和准备都完成了，而且回京城可谓路途遥远，带着妻儿估计得遭不少罪，所以杜甫只能拒绝。

拒绝回长安任职，也许还因杜甫对大唐朝廷的失望和感伤，所以就有了两首《忆昔》中"忆昔先皇巡朔方，千乘万骑入咸阳。阴山骄子汗血马，长驱东胡胡走藏"和"忆昔开元全盛日，小邑犹藏万家室。稻米流脂粟米白，公私仓廪俱丰实"对盛世的回忆。

当拒绝了回京城任职的杜甫开始写各种辞行的诗寄送各处的时候，严武又回来了——他被重新任命为成都尹兼剑南节度使。相比较继续东下，仿佛一家人回到成都那心心念念的草堂，也是一个非常不错的选择。

于是，杜甫决定重回成都去，毕竟，那里有严武、有草堂、有众多好友。公元764年三月，杜甫领着自己的妻儿，回到了成都的草堂。

离开草堂将近两年，原本寂寥的草堂再次热闹了起来，杜甫的心情也转好很多，杜甫在《草堂》一诗中描摹了这种心情："旧犬喜我归，低

徇入衣裾。邻舍喜我归,酤酒携胡芦。大官喜我来,遣骑问所须。城郭喜我来,宾客隘村墟。"

　　这种欣喜之感以及重回草堂之余的闲趣,让杜甫灵感喷涌,一口气写下了多首《绝句》,很多诗句更是脍炙人口。

绝句四首·其三

两个黄鹂鸣翠柳,一行白鹭上青天。
窗含西岭千秋雪,门泊东吴万里船。

绝句二首·其一

迟日江山丽，春风花草香。
泥融飞燕子，沙暖睡鸳鸯。

绝句二首·其二

江碧鸟逾白，山青花欲燃。
今春看又过，何日是归年？

只是，这种闲趣也没延续很久，杜甫依旧关怀国家社稷，并未脱离尘世独善其身。回到草堂的某日，杜甫登楼远眺欣赏春色之时，不觉忧从中来，写下了《登楼》。

登楼

花近高楼伤客心，万方多难此登临。
锦江春色来天地，玉垒浮云变古今。
北极朝廷终不改，西山寇盗莫相侵。
可怜后主还祠庙，日暮聊为梁甫吟。

本来，杜甫打算回到草堂，继续在严武的庇护下舒爽地生活下去，可严武不同意啊：你有大才，又忧国忧民，给过我很多管理上的建议，那我就让你当我幕僚吧！

于是，公元764年六月，在严武的推荐下，杜甫成了节度使署中参谋，需要到严武的府上上班！同时还得了个虚职——检校工部员外郎，这下杜甫的工资水平高了，生活条件自然水涨船高。即使作为幕僚，杜甫也竭尽所能地为蜀中的建设鞠躬尽瘁。

如果只是出谋划策，杜甫还是可堪大任的，但入仕途之后自然需要和其他幕僚打交道，还有每天单调的作息（天亮入府办公，天黑出府回家），让人又乏味又难受。杜甫又不太会逢场作戏，所以他的幕僚生涯让他有点儿心力交瘁。

看杜甫在《宿府》一诗中所写的"清秋幕府井梧寒，独宿江城蜡炬残""已忍伶俜十年事，强移栖息一枝安"，我们就能够感受到杜甫的心情并不是很舒畅。忍了又忍，终于在半年之后，杜甫受不了了，开始频繁向严武请求卸下幕僚的职务，以便回到草堂继续过闲散的生活。

严武自然也多次奉劝，最后实在劝不了了，才在公元765年正月，答应了杜甫的请求。杜甫再次悠闲起来，可他这种悠闲日子并没太长久，仅仅过去三个月，公元765年五月，严武因病去世了，这一下杜甫的仰仗和依靠又没了。

草堂的回忆快要终结了，杜甫重拾东下的打算。回草堂，也只因成都有严武，草堂有余温，如今严武病逝，草堂余温也已不再，该离开了。于是，杜甫作《去蜀》，带着一家老小，在"如何关塞阻，转作潇湘游"的诗句中，正式东下，过嘉州（今四川乐山），经渝州（今重庆），然后在有亲戚的忠州（今重庆忠县）停留。

只是，忠州虽然有亲戚，但世态炎凉，杜甫一家老小只得到了一顿迎接他们的晚宴，之后亲戚就不再管他们了。无奈，杜甫一家人只能在忠州江边的龙兴寺寄居。

"地理发现"

忠州龙兴寺

唐朝的忠州，就是如今的重庆东部紧邻长江的忠县，而忠州龙兴寺原址就位于长江边上。忠州龙兴寺也被称为治平寺，在唐朝时俗称大寺，本来寺中有一鼎大钟，每当凌晨的时候，就会有寺人撞钟醒人，这午夜的钟声令人深省，因此也得名治平晨钟。

杜甫在龙兴寺寄居了两个月时间，还曾在寺内墙壁上留下一首《题忠州龙兴寺所居院壁》："忠州三峡内，井邑聚云根。小市常争米，孤城早闭门。空看过客泪，莫觅主人恩。淹泊仍愁虎，深居赖独园。"

可惜的是，忠州龙兴寺紧邻长江，已经被江水淹没而消失。

顺江东去,云安休养

公元 765 年 [54岁] 云安

　　顺着长江东行,杜甫一家虽然在忠州投奔了亲戚,但是亲戚只管了他们一顿接风宴,之后就再也不管他们了,杜甫一家只能在忠州江边的龙兴寺暂住了两个月,之后就又踏上了行程。

　　在江上漂流的日子,杜甫感慨万千。大唐处于风雨飘摇中,自己又病痛缠身,空有救国抱负,却因乱世而不得施展,最终化为经典的诗作《旅夜书怀》。

旅夜书怀

细草微风岸,危樯独夜舟。
星垂平野阔,月涌大江流。
名岂文章著,官应老病休。
飘飘何所似,天地一沙鸥。

胸中愁闷难平,加上舟车劳顿,公元765年秋天,杜甫一家人顺江走到云安(今重庆云阳)时,杜甫旧疾复发,只得停留在云安休养,因为云安并无熟人,所以他们在江边找了个房子租住下来,这一住,就是半年。

从秋天到冬天,又从冬天到春意盎然,杜甫只能卧床养病,寄居异乡,因此心情没有丝毫转好的迹象,在公元765年腊月,杜甫养病期间看着窗外逐渐显现的春意,愁绪萦怀,化为了《十二月一日三首》。

十二月一日三首·其一

今朝腊月春意动,云安县前江可怜。
一声何处送书雁,百丈谁家上水船。
未将梅蕊惊愁眼,要取楸花媚远天。
明光起草人所羡,肺病几时朝日边。

在感慨着自己的病痛不知何时才能转好,以便回朝见证大唐重新崛起的同时,杜甫也在渴望回归故里:"春来准拟开怀久,老去亲知见面稀。他日一杯难强进,重嗟筋力故山违。"

在感慨自己身体状况的时候，杜甫还听到了来自成都的消息，原来，在严武去世后，换了个跋扈的成都尹，严武的老部下跟着新领导很难受，于是在公元765年十月，带兵反了！然后周边一圈人开始联合打叛军，成都局势一下乱了起来。

杜甫病痛之余又加心痛，创作了《三绝句》表达了自己的感伤。一句"群盗相随剧虎狼，食人更肯留妻子"，描写了蜀中的乱世；一句"二十一家同入蜀，惟残一人出骆谷"，则书写了黎民的流亡和惨相；一句"闻道杀人汉水上，妇女多在官军中"，更是泣血刻画了官军的残暴和无良。

同时，杜甫也忧心自己的草堂，在《怀锦水居止二首》中，就用"军旅西征僻，风尘战伐多""朝朝巫峡水，远逗锦江波""雪岭界天白，锦城曛日黄，惜哉形胜地，回首一茫茫"，感慨了战乱起，壮丽的山水景象将再也无法重现。

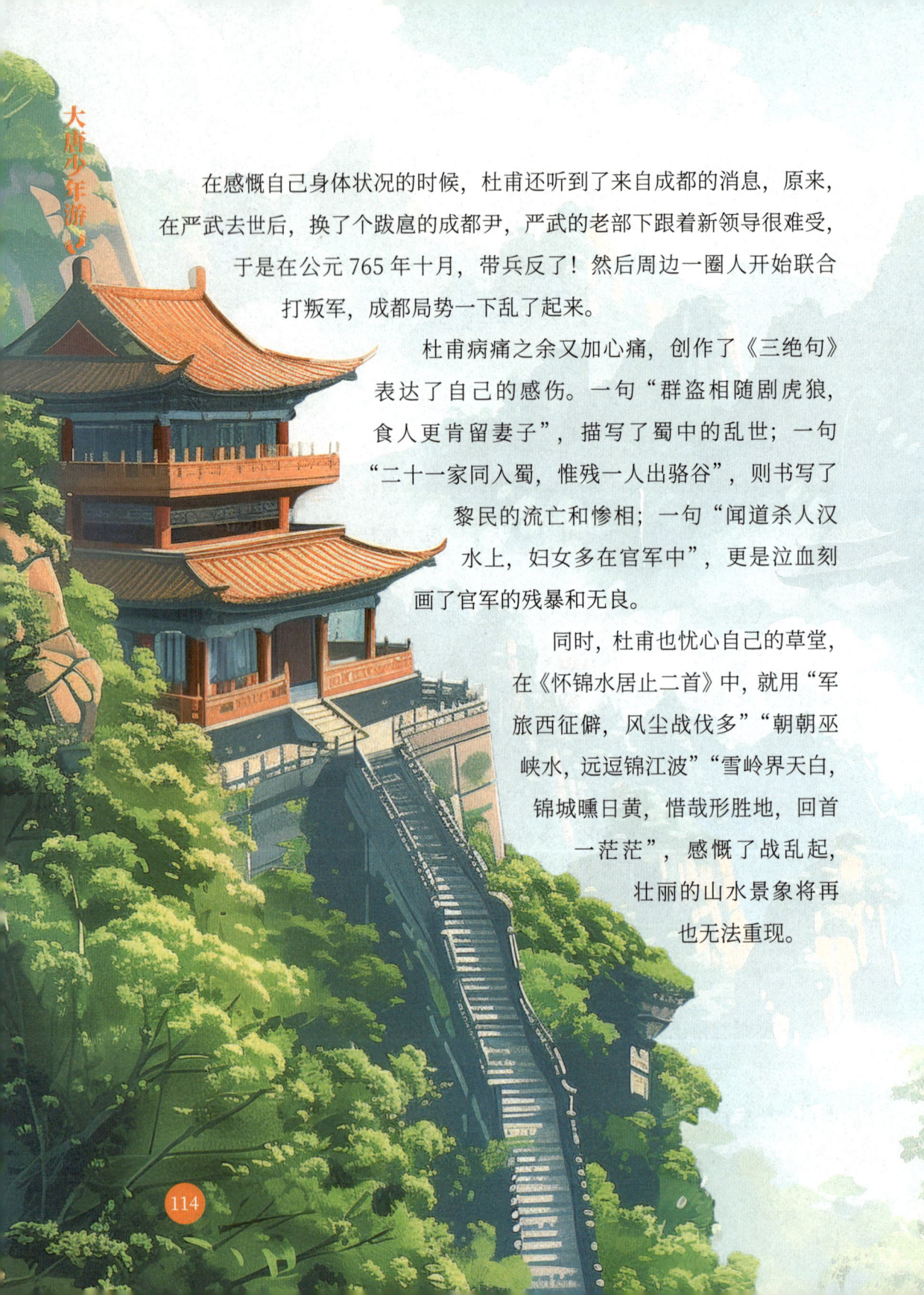

就在病痛和心痛的双重折磨下，杜甫在云安度过了公元765年的岁末，入了新年，杜甫看着萋萋芳草，只感悲凉，听着声声宛若啼血的杜鹃叫声，按照蜀人习惯需要起身相拜，可惜杜甫卧病在床根本无法起身，不觉悲上心头。

客居（节选）

客居所居堂，前江后山根。
下堑万寻岸，苍涛郁飞翻。
葱青众木梢，邪竖杂石痕。
子规昼夜啼，壮士敛精魂。
峡开四千里，水合数百源。
人虎相半居，相伤终两存。
……
览物想故国，十年别荒村。
日暮归几翼，北林空自昏。
安得覆八溟，为君洗乾坤。
稷契易为力，犬戎何足吞。
儒生老无成，臣子忧四番。
箧中有旧笔，情至时复援。

好在，春季来临，杜甫身体的病痛有所好转，公元766年三月，杜甫一家终于再次启程，顺江而行，从云安前往了夔州（今重庆奉节）。

"地理发现"

云阳磐石城

重庆云阳拥有非常悠久的历史,《华阳国志》中所谓朐忍有大小石城即指此。到南宋时建成了大名鼎鼎的磐石城,其位于云阳地势最高处,宛如一个巨大的磨盘,是后来夔门的中流砥柱和整个东川的军事壁垒。

云阳磐石城四面为绝壁,垂直落差平均40米,素有"万里长江第一古军寨"之称。在如今的磐石城下,有一条世界上最长的城市人字梯——登云梯,全长近1400米,共有近2000级台阶,整体的垂直落差达到了200多米,也被称为"万里长江第一梯"。

暂居夔州，旧友庇护衣食无忧

公元 766 年 [55岁] 夔州

夔州雄踞瞿塘峡口，形势非常险要，是川东的兵家必争之地。杜甫带着家人，在公元 766 年四月左右到了夔州，开启了新的生活。

刚到夔州，杜甫带着家人先是寄居在城外山间寺院专门接待宾客的房间，这时的杜甫写下了《移居夔州郭》。

移居夔州郭

伏枕云安县，迁居白帝城。
春知催柳别，江与放船清。
农事闻人说，山光见鸟情。
禹功饶断石，且就土微平。

其实，当时杜甫所居的夔州，只是与白帝城相接而已，并非杜甫真的搬到了白帝城，不过，因为夔州属于险要军事重地，山形地势极具特色，所以杜甫稳定下来后，就在闲暇之余，在夔州周边的名胜、山川逛了一圈，写下了不少脍炙人口的诗作。

杜甫在游览了武侯祠和八阵图之后，感慨诸葛亮的雄才大略，写下了《八阵图》《武侯庙》等。

八阵图

功盖三分国，名成八阵图。
江流石不转，遗恨失吞吴。

武侯庙

遗庙丹青落，空山草木长。
犹闻辞后主，不复卧南阳。

除了咏叹诸葛亮的大才，杜甫还借其对诸葛亮的崇敬，抒发了自己壮志难酬的悲愤，《古柏行》所说："大厦如倾要梁栋，万牛回首丘山重。不露文章世已惊，未辞剪伐谁能送？苦心岂免容蝼蚁，香叶终经宿鸾凤。志士幽人莫怨嗟：古来材大难为用。"不正是杜甫怀才不遇的写照吗？

虽然此时的杜甫生活非常稳定，但依旧需要为家庭生计奔波，在游赏各处名胜之余，杜甫也在夔州城接了不少小活儿，以获取酬劳，同时在住的地方，种了些蔬菜，养了些鸡鹅。一首《缚鸡行》道尽了杜甫的悲悯："虫鸡于人何厚薄，我斥奴人解其缚。鸡虫得失无了时，注目寒江倚山阁。"

杜甫在夔州的稳定生活还仰仗于严武的旧部柏茂琳。公元766年秋，柏茂琳被派到夔州任都督，虽然此时严武已逝，但柏茂琳一方面感念严武与他的际遇，另一方面他曾和杜甫在严武幕府中相识，对杜甫非常了解，所以在成为夔州都督之后，对杜甫多有照顾。

有了柏茂琳的庇护，杜甫再也不需要为衣食住行担忧，先是移居到了夔州城内的西阁，之后又移居到夔州东阁，虽住处多有变化，但杜甫一家的生活总算稳定下来了。在这样的背景下，杜甫诗兴大发，写下了《阁夜》《秋兴八首》，以及或是追忆或是亲历的《咏怀古迹五首》，所咏的刘备、诸葛亮、王昭君的古迹，就在夔州附近。

公元766年秋冬之际，江陵府的王兵马使来到夔州，他对杜甫的才华非常青睐，说在来夔州的路上遇到黑白两只鹰，但是没有捉到，所以请杜甫赋诗，于是就有了"在野只教心力破，千人何事网罗求""万里寒空只一日，金眸玉爪不凡才"的诗句。

其实王兵马使来到夔州，除了游山玩水，还有一个重要目的，就是希望杜甫能够入荆南节度使幕府之中行事，此时的大唐可谓四处都是节度使，遍地全是大都督，在这些人身边聚集了不少文人雅士，也算是一种轻松自如的生活。可杜甫经历过了严武幕府中的钩心斗角，只希望能够为朝廷效命，并不想为小势力卖力，所以将这一邀请拒绝。

其实杜甫在夔州一直进退两难，他渴望为国效力，却空有爱国热情，苦于没有施展才华之处，还因为丝毫看不到大唐重新恢复繁荣盛世的希望，所以心情一直处于愁闷之中。在《解闷十二首》中，杜甫就抒发了渴望继续东去江南的心境："商胡离别下扬州，忆上西陵故驿楼。为问淮南米贵贱，老夫乘兴欲东流。"

在愁闷之余，杜甫还曾多次回忆往事，作了不少诗篇——《壮游》《昔游》《宿昔》《遣怀》等，都是在夔州时所作。

愁闷、回忆之余，杜甫还饱受病痛折磨，虽然生活无忧，但依旧让他极为感慨。公元766年冬到公元767年春的数月时间杜甫几乎都是在病痛之中度过，从他此阶段所作诗篇，如《老病》《小至》《又示两儿》《览镜呈柏中丞》就可以看出杜甫的心力交瘁。

好在，杜甫有柏茂琳的帮助，杜甫属于柏中丞的私人文书，所以能够领到对应的月俸，而且柏茂琳还把公家在夔州东屯的1500亩公田，交给杜甫管理，杜甫自己也租了些公田，还买了40亩果园打理，所以在夔州的这段时期，是杜甫一家生活最为优渥的阶段，不仅衣食住行无忧，而且雇用着不少工人，更有几个仆人伺候。

所以说，杜甫在夔州的这段日子，虽然饱受老病折磨，也苦于没有实现心中抱负的渠道，但是妻儿都在身边环绕，生活舒心。这也使得杜甫进入了创作高峰期，不到两年的时间，就创作了四百余首诗篇。

"地理发现"

鱼复县

夔州历史极为悠久，早在六千多年前，这里就已经成为巴人的主要聚居地之一。在战国时期，夔州属楚国管辖，到秦汉年间则更名为鱼复县。之所以有这样一个名字，和战国时期的爱国诗人屈原有很大关系。

相传战国时期楚国的屈原忧国忧民，主张联合抗秦，却受到了奸臣陷害被贬，后来楚国被秦国吞并，屈原自投汨罗江而死。当时汨罗江中有一条神鱼，对屈原非常钦佩，于是将屈原的尸身吞入大口之中，决定将屈原尸身送回故乡秭归（今湖北宜昌）。

神鱼衔屈原尸身到秭归时，秭归百姓放声痛哭，神鱼也颇受感动，双眼被泪水覆盖，也不知想到了什么，不知不觉竟然游出了秭归，直到撞上了夔州古城东部的长江瞿塘峡之后，才回过神来，发现早已游过了目的地，又赶紧衔着屈原尸身重新游回秭归。人们为了纪念神鱼和屈原，就将神鱼撞瞿塘峡洄游之地，称为鱼复县，也就是唐朝的夔州古城，如今的重庆奉节。

登高
白帝城

公元 767 年 [56岁] **白帝城**

　　在夔州的日子里，杜甫一家衣食无忧，虽然杜甫在公元 766 年冬饱受病痛折磨，但到了公元 767 年春夏交接之时，经过休养的杜甫身体终于重新变得硬朗起来。

　　因为需要打理自己盘下来的 40 亩果园，所以杜甫在公元 767 年春，再次从东屯迁居。本来这处位于瀼西（即四川奉节瀼水西岸）的茅草屋，

是杜甫租来的，如今生活无忧，东屯的公田也不需要亲力亲为，而是交给了其他人代管，手上又有点儿闲钱，于是便把瀼西的茅草屋给买了下来。

> **瀼西寒望**
>
> 水色含群动，朝光切太虚。
> 年侵频怅望，兴远一萧疏。
> 猿挂时相学，鸥行炯自如。
> 瞿唐春欲至，定卜瀼西居。

迁居之后，杜甫为新居作了几首诗，但因为大唐江山动荡，杜甫又没有改变现状的手段和机会，所以内心充满了哀伤，在《暮春题瀼西新赁草屋五首》中，就抒发了这种愤懑之情。

"久嗟三峡客，再与暮春期。百舌欲无语，繁花能几时。""壮年学书剑，他日委泥沙。事主非无禄，浮生即有涯。""欲陈济世策，已老尚书郎。未息豺虎斗，空惭鸳鹭行。时危人事急，风逆羽毛伤。落日悲江汉，中宵泪满床。"从中就能够感受到杜甫忧国忧民、报国无门的无奈和感伤。

不过，此时的杜甫毕竟已经 56 岁，早已学会了从容，虽然心中依旧有无法割舍的难事，但至少生活是闲适的。转眼一个夏天过去了，杜甫在公元 767 年秋从瀼西的茅草屋搬出，回到了东屯居住，他将瀼西的茅草屋借给了一位从忠州而来的吴姓文人居住，并作了《自瀼西荆扉且移居东屯茅屋四首》。

在搬迁之余，杜甫还不忘劝慰借居的吴姓文人，要善待西邻的一位无儿无女又极为困顿的老妇人。在《又呈吴郎》一诗中，杜甫说："堂前扑枣任西邻，无食无儿一妇人。不为困穷宁有此？只缘恐惧转须亲。"

在东屯茅屋中，杜甫一家迎来了公元767年的中秋节，月圆之夜，虽然杜甫一家团团圆圆，生活无忧，但这位忧国忧民的诗人内心的烦闷却远远大于悠闲。

在《八月十五夜月二首》中，杜甫用"满月飞明镜，归心折大刀。转蓬行地远，攀桂仰天高"表达内心的失望和忧愁，又用"刁斗皆催晓，蟾蜍且自倾。张弓倚残魄，不独汉家营"感叹着大唐饱受战争侵害的现状，忧国忧民的情怀跃然纸上。

之后的两日，杜甫也曾在月下沉吟，《十六夜玩月》中的"旧挹金波爽，皆传玉露秋。……谷口樵归唱，孤城笛起愁"，《十七夜对月》中的"秋月仍圆夜，江村独老身。……光射潜虬动，明翻宿鸟频"，都透露了杜甫的思乡之愁和对时事的忧心。

中秋过后，很快就是九九重阳节，客居他乡的杜甫登上了夔州府东部白帝城外的高台，满眼的秋日萧瑟之景、满身的病痛孤愁、满心的爱国情怀，最终化为了一首《登高》。

登高

风急天高猿啸哀,渚清沙白鸟飞回。
无边落木萧萧下,不尽长江滚滚来。
万里悲秋常作客,百年多病独登台。
艰难苦恨繁霜鬓,潦倒新停浊酒杯。

杜甫的愁闷并未结束,于是在公元767年的秋季,杜甫所作的大部分诗篇,均显得有些悲伤。在《更题》中,杜甫写道:"直怕巫山雨,真伤白帝秋。"在《小园》中,杜甫写道:"秋庭风落果,瀼岸雨颓沙。"

而在杜甫瞭望白帝城之余,一次回到夔州府参加宴会后的醉酒,让杜甫感到自己真的已经老矣。他想到了年轻时期的恣意狂放,于是纵马驰骋,没想到因为年老直接坠马了,还惹得一众宴席中人嘲笑,杜甫在《醉为马坠,诸公携酒相看》一诗中描述了他当时的场景:"不虞一蹶终损伤,人生快意多所辱。"

很可能这次坠马,让杜甫的身体开始出现异样,没几天杜甫左耳朵聋了,在《耳聋》一诗中,杜甫这样记载:"眼复几时暗,耳从前月聋。"曾经的意气风发,如今只能沦为他人的笑柄。

这让杜甫更加思念故乡,秋意袭来,化为一首《偶题》:"文章千古事,得失寸心知"道尽了杜甫对诗歌创作的见解,极富哲理;"稼穑分诗兴,柴荆学土宜"则抒发了杜甫在夔州从事农业生产,努力适应当地风土人情和习惯的无奈之感。

而之后的一件事,也激起了杜甫再次踏上东游之旅的渴求。

"地理发现"

瞿塘峡

瞿塘峡是长江三峡之首，也被称为夔峡，其西端起于奉节的白帝城，东至巫山，两岸是耸立且险峻的山壁。瞿塘峡的西大门也被称为夔门，位于巍峨的白帝城脚下，更是古代出入川蜀地区的重要门户。

杜甫就曾在《夔州歌十绝句·其一》中说："白帝高为三峡镇，瞿塘险过百牢关。"夔门将本来宽阔的长江水，束缚于高山崖壁之间，因此水势极为汹涌，呼啸奔腾之状极为壮丽。整个瞿塘峡从夔门开始到巫山大溪仅有8000米，是长江三峡之中长度最短，同时最为险峻的水峡。夔门作为三峡西端门户，有"夔门天下雄"的美誉！

暮色沉沉，漂泊江陵

公元 768 年 [57岁] 江陵

  公元 767 年重阳节，杜甫登上白帝城感慨一番之后，再次回到了夔州城东屯，又一个月之后，杜甫前往夔州城参加一次宴会，恰巧又一次看到了"凤凰"。

  这是时隔 50 年的又一次偶遇。50 年前，杜甫尚且年幼，仍然住在故乡，有幸见到当时的著名剑器舞行家公孙大娘的剑器舞，作了一首《咏凤凰》；50 年后，杜甫垂垂老矣，远在他乡又一次见到了公孙大娘的得意弟子李十二娘的剑器舞，那一只记忆中的"凤凰"，再一次呈现在杜甫眼前。于是就有了《观公孙大娘弟子舞剑器行》一诗。

观公孙大娘弟子舞剑器行

昔有佳人公孙氏，一舞剑器动四方。
观者如山色沮丧，天地为之久低昂。
㸌如羿射九日落，矫如群帝骖龙翔。
来如雷霆收震怒，罢如江海凝清光。
绛唇珠袖两寂寞，晚有弟子传芬芳。
临颍美人在白帝，妙舞此曲神扬扬。
与余问答既有以，感时抚事增惋伤。
先帝侍女八千人，公孙剑器初第一。
五十年间似反掌，风尘澒洞昏王室。
梨园子弟散如烟，女乐馀姿映寒日。
金粟堆前木已拱，瞿唐石城草萧瑟。
玳筵急管曲复终，乐极哀来月东出。
老夫不知其所往，足茧荒山转愁疾。

岁月荏苒，50年光阴转瞬即逝，但那只镌刻在记忆深处的"凤凰"，却依旧清晰，李十二娘以她那飒爽飘逸的剑器舞，让杜甫重新回忆起了曾经在郾城的那份感悟。

可惜的是，50年的时光，让原本的大唐盛世再也无法重现，本来以凤凰自比、意气风发的杜甫，却宛如一位被时光遗忘的老人，只能远离故乡，在人生地不熟的夔州散淡度日。

异乡的烦恼，其实一直贯穿于杜甫在夔州居住的过程之中，虽然在这里杜甫衣食无忧，但不同的习俗和难以适应的气候，也让杜甫很长时间无法释怀。

在《戏作俳谐体遣闷二首》中，杜甫就戏称："异俗吁可怪，斯人难并居。家家养乌鬼，顿顿食黄鱼。"说的就是在紧邻长江的夔州，家家都养着鸬鹚，每顿饭都离不了黄鱼，这让吃北方饭长大的他很难适应；在《南极》一诗中，杜甫还说："岁月蛇常见，风飙虎或闻。近身皆鸟道，殊俗自人群。"道尽了他在夔州时不时耳闻目睹蛇蝎、风暴、虎啸时的惊诧，也感慨了自己根本就无法适应这里的习俗和气候。

恰巧这一年，杜甫同父异母的弟弟杜观从江陵（今湖北荆州）西下，来到夔州探望杜甫，两兄弟把酒言欢之后，杜观又离开此地去完婚，完婚之后重新回到了江陵。

于是，杜甫决定从夔州离开，前往江陵，只是这份东游的计划，一直出于种种原因拖延，从公元767年秋推到了冬天，又从冬天推到了公元768年的春天……

也许，老年的杜甫真的期望与亲人、好友相聚；也许，老年的杜甫一直无法适应夔州的风俗习惯，反正夔州富足又闲适的生活，并没有留下杜甫，于是在挣扎多次之后，在东游计划被推迟多次之后，公元768年二月，杜甫带着一家老小再次离开，踏上了另一段未知的旅途。

在离开之前，杜甫还将自己在夔州的产业进行了一番打理，那40亩的果园，赠给了他人，于是有了《将别巫峡赠南卿兄瀼西果园四十亩》一诗，具体赠给了谁并未言明，不过这片果园依旧令杜甫牵挂："具舟将出峡，巡圃念携锄。"

杜甫对于东屯和瀼西茅草屋的具体处理并没在诗作中指出，不过肯定不是卖掉了，而是赠给了他人，因为离开夔州之后的杜甫，没多久就再次陷入了穷困潦倒的境地……

下定了决心，杜甫携一家老小再次上路，他们于白帝城登船，顺江而行,在巫山进行了短暂停留,好友在此为杜甫设了个告别宴会,杜甫即兴赋诗《巫山县汾州唐使君十八弟宴别兼诸公携酒乐相送率题小诗留于屋壁》:"卧病巴东久,今年强作归。……接宴身兼杖,听歌泪满衣。……"

这一刻的杜甫,虽然身体依旧抱恙,也有不少好友关怀自己,但他去意已决,宴会之后就强忍离别伤感,再次顺江而下,一路走过硖州(也称峡州,今湖北宜昌),留下了"白发烦多酒,明星惜此筵"的诗句。

又行过三峡,三峡两岸的壮美,让杜甫心生悸动,于是有了"窄转深啼狖,虚随乱浴凫。石苔凌几杖,空翠扑肌肤。叠壁排霜剑,奔泉溅水珠。杳冥藤上下,浓淡树荣枯",有了"摆阖盘涡沸,欹斜激浪输。风雷缠地脉,冰雪耀天衢。鹿角真走险,狼头如跋胡。恶滩宁变色,高卧负微躯",正因这壮美景象,才有了"不有平川决,焉知众壑趋?乾坤霾涨海,雨露洗春芜"的感慨。

走过三峡,看到冬去春来的大雁自由自在地由南向北飞去,杜甫心中的思乡之情、无奈之感更甚,最终化作一首《归雁》。

归雁

闻道今春雁,南归自广州。
见花辞涨海,避雪到罗浮。
是物关兵气,何时免客愁。
年年霜露隔,不过五湖秋。

就在这样无法归乡的感慨之中，公元768年三月，杜甫一家终于到达了江陵。已经57岁的杜甫，在暮年之际，再一次走上漂泊生涯，并于江陵滞留。此时的大唐，依旧处于风雨飘摇中，商州（今陕西商洛）发生了叛乱，吐蕃也再次蠢蠢欲动，长安城再次变得不那么安全，所以杜甫在江陵停留了下来，直到这一年的深秋。

"地理发现"

荆州

江陵也被称为荆州，位于湖北中南部，自古以来就是长江中游的交通枢纽之一。荆州完全是一个战略要地，早在三国时期，诸葛亮就曾辅佐刘备，以荆州为跳板，谋成了三国鼎立局面。

陈寿曾在《隆中对》中说："荆州北据汉、沔，利尽南海，东连吴会，西通巴蜀，此用武之国也。"从三国时期的战略角度来说，占据荆州，向北可威胁襄阳，从而威慑江汉地区；向东可据长江之险，保护长江下游的安全；向南可以扼断南北之利，阻断南北合力；向西则能够退据巴蜀、谋求巴蜀。于是，就有了三国时期的"刘备借荆州"，而武圣关羽也曾在荆州镇守十年。如今，荆州人每年都会在关帝庙举行大型的庙会，以表达对武圣关羽的敬仰之情。

岳州登楼,"凭轩涕泗流"

公元 768 年 [57岁] 岳州

到达江陵的杜甫一家,不知道什么原因,并没有和弟弟杜观把酒言欢,至少在该阶段杜甫所作的诗作中,没有看到杜观的影子。而且,因为大唐又一次陷入风雨飘摇,所以杜甫前往江东的旅途,也只能先行暂停。

好在江陵还有几位杜甫的故人,其中有一位是杜甫好友郑虔的弟弟郑审,此时正是江陵少尹;还有一位是杜甫在漫游齐鲁之时所结识的好友李之芳,当年是齐州太守,不过后来被吐蕃羁押,回到大唐之后被任命为礼部尚书,此时恰好也在江陵。

虽人已至暮年,但好友相聚,自然又一次把酒言欢;虽常年漂泊,但暮年之时还能偶遇,自然少不了诗酒相伴。于是,就有了《书堂饮既,夜复邀李尚书下马,月下赋绝句》:"湖水林风相与清,残尊下马复同倾。久判野鹤如霜鬓,遮莫邻鸡下五更。"

公元768年夏,杜甫一家依旧滞留在江陵,不过数位好友的相聚,多少冲淡了杜甫的一些愁怨,杜甫还和几位好友进行了吟诗联句(即每人一句,依次联句最后成诗),其实杜甫和好友联句作诗的机会应该很多,但真正传世的只有在江陵的这一首《夏夜李尚书筵送宇文石首赴县联句》。

本来,杜甫决定过了这个夏天,就继续上路,顺流直下先到岳阳,然后再顺长江折向东北到沔州(今湖北武汉汉阳区),之后入汉江,折向西侧前往襄阳。可惜还未成行,杜甫的好友李之芳就病逝了。

悲痛之下杜甫写下了《哭李尚书》一诗,"相知成白首,此别间黄泉"一句就道尽了人世间相知相惜之人逝去的遗憾。除此之外,杜甫一家再一次陷入了入不敷出的凄惨状态,虽然朋友们偶有接济,但毕竟杯水车薪,也少有朋友再如严武与柏茂琳那般慷慨。

其实,杜甫在离开夔州时,若真的变卖了自己的产业,必然不会陷入如此境地。这也导致滞留江陵的这一段时间,杜甫一家的生活再次陷入困顿。

而且,杜甫的身体也大不如从前,左耳已经失聪,有时候和其他人交流还需要对方把话写到纸上才行;杜甫的右臂也出了问题,根本握不住笔,写字很多时候需要儿子代笔……

在《秋日荆南述怀三十韵》一诗中，杜甫就描写了自己此时的惨状："苦摇求食尾，常曝报恩腮。结舌防谗柄，探肠有祸胎。苍茫步兵哭，展转仲宣哀。饥籍家家米，愁征处处杯。休为贫士叹，任受众人咍。……"

到了公元768年深秋，杜甫一家在江陵已经再也无法坚持下去，原有的出行计划也需要改变——杜甫一家移居到了离江陵南部不远的公安县（今湖北荆州公安县），走之前，杜甫还作了《舟出江陵南浦奉寄郑少尹审》一诗，"更欲投何处，飘然去此都"，看起来好像是飘然离去，实则已经无法坚持；"百年同弃物，万国尽穷途"，道尽了杜甫当时的心态，宛如穷途末路。

好在天下之大，好人居多，杜甫名声在外，小小的公安县也有他的仰慕者，虽是一介平民，却给予了杜甫很大的帮助，对杜甫一家慷慨解囊，这种雪中送炭的温暖，让杜甫一家度过了秋去冬来的寒冷日子。

艰难的日子度过了，杜甫一家再次出发，这一次，他们顺长江继续东下，直至岳州（今湖南岳阳）。大唐处于风雨飘摇中，洞庭湖畔的岳州民众同样生活艰辛，有感而发，杜甫写下了悲天悯人的《岁晏行》。

岁晏行

岁云暮矣多北风，潇湘洞庭白雪中。
渔父天寒网罟冻，莫徭射雁鸣桑弓。
去年米贵阙军食，今年米贱大伤农。
高马达官厌酒肉，此辈杼轴茅茨空。
楚人重鱼不重鸟，汝休枉杀南飞鸿。
况闻处处鬻男女，割慈忍爱还租庸。
往日用钱捉私铸，今许铅锡和青铜。
刻泥为之最易得，好恶不合长相蒙。
万国城头吹画角，此曲哀怨何时终？

在岳州，杜甫还登上了心心念念的岳阳楼，写下了《登岳阳楼》一诗。

登岳阳楼

昔闻洞庭水，今上岳阳楼。
吴楚东南坼，乾坤日夜浮。
亲朋无一字，老病有孤舟。
戎马关山北，凭轩涕泗流。

宏伟壮阔的岳阳楼和洞庭湖，与杜甫晚年的际遇形成了鲜明对比。孤独的老翁，辗转漂泊到此地，一生怀才不遇，但依旧忧国忧民，站在岳阳楼上远眺，大唐的战事依旧未曾止息，民众依旧处于水深火热之中，大唐早已残破，这一刻的杜甫老泪纵横。

"地理发现"

华容古道

杜甫从公安县出发，顺长江东下前往岳阳时，还路过了一个非常著名的地方——华容古道，这个地方位于如今的湖北荆州代管的监利市，其实在三国时期，监利所在区域归属华容。

三国时期，周瑜就曾驻军于洞庭湖附近，赤壁大战之前，曹操曾与周瑜进行过一次交锋，失利后留下了部分战船和部队，驻扎在了洞庭湖，其他大军北上，到赤壁对面的乌林，与孙刘联军形成对峙。

这次赤壁大战，曹军遭到火攻惨败，只能带着残部登路向西撤离，为了更快回到自己的势力范围江陵，曹操决定走捷径——穿过华容，且当时华容有曹操的粮草仓库，大军完全可以在华容补充物资。

但从乌林到华容根本无直路，中间隔着一片沼泽地。曹军在泥泞沼泽区艰难前行，甚至不得不步行穿过，最终死伤无数才得以进入华容。这条拿曹军人命蹚出来的道，就被称为华容古道。

岳麓山下哭故友

公元 769 年 [58岁] 潭州

  在岳州度过了漫长的冬季后，公元 769 年正月，杜甫一家再次出发，这一次，他们没有继续顺长江漂流，而是转走湘江，决定顺湘江南下，投奔很早以前就已结识、此时正在衡州（今湖南衡阳）任刺史的韦之晋。

  在从岳州赶往衡州的途中，杜甫看到了本来丰裕的南国区域，因为大唐盛世的消逝、常年战乱的折磨、朝廷政治腐败下的盘剥，变得民不聊生，他的内心百感交集，种种情感最终化作一首《遭遇》。

遣遇（节选）

石间采蕨女，鬻市输官曹。
丈夫死百役，暮返空村号。
闻见事略同，刻剥及锥刀。
贵人岂不仁？视汝如莠蒿！
索钱多门户，丧乱纷嗷嗷。
奈何黠吏徒，渔夺成逋逃！
自喜遂生理，花时甘缊袍。

层层盘剥的苛捐杂税，让湘江两岸的民众苦不堪言，仅从沿途所见即可感受到如今的大唐真的已经病入膏肓，杜甫虽有救国之心，但无救国抒志之门，只能聊以自遣。

顺湘江一路南下，没几日杜甫一行就到了潭州（今湖南长沙），杜甫还登临此地的岳麓山，并在岳麓山寺墙壁上留下了《岳麓山道林二寺行》一诗："寺门高开洞庭野，殿脚插入赤沙湖"就是杜甫歌颂岳麓山寺大殿的诗句，诗中还言："昔遭衰世皆晦迹，今幸乐国养微躯。依止老宿亦未晚，富贵功名焉足图。久为野客寻幽惯，细学何颙免兴孤。一重一掩吾肺腑，山鸟山花吾友于。宋公放逐曾题壁，物色分留与老夫。"

已经58岁的杜甫，在草长莺飞的春季到达岳麓山，这里秀丽的美景让他有些流连忘返，可旅途依旧，这处美景只能欣赏，却无法久留。正是这短短的几日，杜甫就再次感受到了民众的疾苦，于是这首《客从》诞生了。

客从

客从南溟来，遗我泉客珠。
珠中有隐字，欲辨不成书。
缄之箧笥久，以俟公家须。
开视化为血，哀今征敛无！

整首诗讽刺意味浓重，将劳苦大众受到盘剥的情形，以寓言和隐喻的形式展示得淋漓尽致。民众的血汗成果，最终入了官家之口，战争的延续，让原本的盛世大唐在短短数十年间，就变得这样征敛无度，可悲又可叹。

忧国忧民的杜甫，面对这样残忍的场景根本无能为力，他依旧需要为养活一家而奔波。旅途继续，从潭州离开，他们顺湘江南下，历经多日终于到达了衡州。

可没想到，还没和老友韦之晋叙旧，韦之晋就告知杜甫，他已经被调任潭州刺史，于是两人简单叙旧之后，没两天韦之晋就离开衡州，前往了潭州。

本来杜甫是来投奔韦之晋的，谁承想人家调任了，自己一家刚到衡州，又不能苦兮兮地直接跟着韦之晋回潭州，只能先在衡州停留下来。这一停就是数月，因为杜甫病痛难耐，只能先行在此休养。

休养期间，杜甫写下了《咏怀二首》："岁月不我与，蹉跎病于斯"，说的就是病患的侵扰。好不容易挨到了这年夏天，杜甫在身体恢复不少后，决定重回潭州继续投奔韦之晋去。

可是，屋漏偏逢连夜雨，刚刚起程不久，杜甫就听到了韦之晋病故的消息，等到达潭州之后，杜甫写下了《哭韦大夫之晋》一诗，其中"老来多涕泪，情在强诗篇"渗透了自己无依无靠、朋友接连离去的痛楚。

重回潭州，又没有了能够投奔的好友，杜甫只能拖着病体残躯为整个家谋求生计，甚至在很长一段时间，杜甫一家只能在舟上度日。无奈之下，杜甫重拾当年在秦州和同谷时的生计——在集市摆摊卖药。

即使在这种惨淡孤寂的日子里，也会有倾慕者前来拜访，其中就有一位杜甫非常认可的年轻人——苏涣。这位生于乱世的年轻人，有着独属于他的意气风发，这让杜甫仿佛看到了年轻时的自己，也让他在暮年之际感受到了些许已经长期没有体会到的快意。

公元770年春末，杜甫漂泊在潭州城外湘江之上，偶然间竟然听到了极为熟悉的歌声，那是已经数十年未曾听闻的歌声，是曾经在洛阳城各个朝臣权贵府中的常客——李龟年的歌声。杜甫也未想到，能够在遥远的湘江，偶遇这位曾经受唐玄宗赏识的音乐家故友。遥远的回忆仿佛就在昨日，于是有了这首感慨万千的《江南逢李龟年》。

江南逢李龟年

岐王宅里寻常见，崔九堂前几度闻。
正是江南好风景，落花时节又逢君。

在潭州的杜甫虽然贫苦，但胜在相对自在，而且此处风景秀丽，山水环绕，虽然显得凄凉孤寂，但不得不说依旧是一处绝佳的安度晚年的地方。可是，天不遂人愿啊……

"地理发现"

南岳衡山

在长沙和衡阳之间，湘江的西岸，有一片连绵八百里的山脉，这就是大名鼎鼎的五岳之一的南岳衡山。整个南岳衡山，共有72峰，其中被称为南岳第一峰的回雁峰，位于如今衡阳市中心位置的湘江之滨，属于衡山从南到北的首峰。此峰之所以称为回雁峰，一种说法是此峰为鸿雁南来越冬之地，另一种说法则是山形宛如鸿雁。

而位于如今长沙中部湘江西畔的岳麓山，则是南岳衡山72峰中的尾峰。得名于南北朝时期《南岳记》的记载："南岳周围八百里，回雁为首，岳麓为足。"

整个南岳衡山，在唐朝时期就已有"四绝"，古称：祝融峰之高，藏经殿之秀，方广寺之深，水帘洞之奇。祝融峰是南岳衡山72峰的最高山峰，也是纪念祝融氏的山峰，烟云笼罩、群峰环衬，是观山水云海的绝佳之地。

漂流半生,病逝湘江

公元 770 年 [59岁] 湘江

公元 770 年春,与李龟年的偶遇,让已经 59 岁的杜甫感慨颇多,就在杜甫居于船楫之上,看着冬去春来的大地美景与水深火热的民众生活呈现出鲜明对比的时候,一只毫不怕人的家燕落在了桅杆上,这一幕让杜甫老泪纵横,于是有了这首《燕子来舟中作》。

燕子来舟中作

湖南为客动经春，燕子衔泥两度新。
旧入故园尝识主，如今社日远看人。
可怜处处巢居室，何异飘飘托此身。
暂语船樯还起去，穿花贴水益沾巾。

虽然此时的杜甫被病魔缠身，甚至一家人只能暂居舟船之上，但是妻儿相伴的日子，也让杜甫心中颇感宽慰，尤其是他的次子杜宗武（生于公元753年秋）马上要到游学的年龄，杜甫对其有很高的期望，曾多次写诗勉励次子。

这年的大年初一，杜甫写了首《元日示宗武》，其中勉励道："训喻青衿子，名惭白首郎。赋诗犹落笔，献寿更称觞。"不久之后，又写了首《又示宗武》，提到"应须饱经术，已似爱文章。十五男儿志，三千弟子行。曾参与游夏，达者得升堂"。这些诗句都是在勉励次子要苦读诗书，遍学学问，不要玩物丧志，虽然当爹的报国无门，但至少有文化有学识，而这些才是真正属于自己的财富。

这一年寒食节都是在舟中度过的，杜甫虽有些闲情，但惆怅感更甚，于是作了一首《小寒食舟中作》，春日美景在自己老花的眼中，已经不太清楚，于是有了"春水船如天上坐，老年花似雾中看"。即使这样，杜甫依旧悲天悯人，心系大唐，于是有了"云白山青万余里，愁看直北是长安"。

本来，这样的日子可能会持续下去，杜甫在休养一段时间后，还想着继续赶赴自己心心念念的故乡，可是，公元770年四月一场叛乱恰好影响了潭州，当时的湖南兵马使斩杀了潭州刺史，这一下导致潭州大乱，漂泊在此地江中的杜甫一家自然也受到了影响，杜甫不得已只能携一家人逃难，于是就有了这首《逃难》。

> **逃难**
>
> 五十头白翁，南北逃世难。
> 疏布缠枯骨，奔走苦不暖。
> 已衰病方入，四海一涂炭。
> 乾坤万里内，莫见容身畔。
> 妻孥复随我，回首共悲叹。
> 故国莽丘墟，邻里各分散。
> 归路从此迷，涕尽湘江岸。

天地之间仿佛没了他们一家的容身之地，好在有相濡以沫的妻子相伴，为迷茫不知归路的杜甫带来了些许慰藉。

一家人再次南下，重回了曾经短暂停留的衡州，杜甫还曾将自己青睐的苏涣，推荐给了当时的衡州刺史，只是一介布衣的垂垂老翁，在乱世的大唐官场根本毫无话语权。

无奈之下，杜甫再次离开，本来打算继续南下，入湘江支流耒水，前往自己舅父任职的郴州（今湖南郴州），可乘船到了耒阳（今湖南耒阳）时，恰好赶上耒水大涨，根本无法前行，只能滞留在耒阳的驿站。

因被洪水困住，杜甫一家人甚至好几天没寻觅到食物，好在当时的耒阳县令听说后，连忙准备了食物、美酒送给了杜甫一家，几日之后，江水回落，耒阳县令前来寻找杜甫，却没发现人，不禁感伤杜甫必然是在洪水中溺亡了，还在耒水岸边给杜甫建了座空坟作为纪念。

也正是这座空坟，使得后世很多人猜测杜甫饿了好几天，看到美酒佳肴，一下没控制住吃多了，于是便去世了……

虽然最后杜甫去世之处成谜，但绝不是耒阳，因为杜甫看到无法继续向郴州前行，所以又乘舟回衡州了。在衡州待了一段时日，潭州叛乱平复了下来，于是杜甫又乘舟回了潭州，并在途中作了一首《回棹》，其中还提到"清思汉水上，凉忆岘山巅。顺浪翻堪倚，回帆又省牵"，从中可以看出，此时的杜甫依旧思念故乡，他渴望能够北上，顺汉水回到长安，也忆起了洛阳附近的岘山。

可惜，此时的杜甫，贫病交加，没有足够的钱财支撑他回到故乡，但是他依旧选择了尝试，公元 770 年秋末，思乡之情将他淹没，于是他写了一首《暮秋将归秦留别湖南幕府亲友》："水阔苍梧野，天高白帝秋。途穷那免哭？身老不禁愁。大府才能会，诸公德业优。北归冲雨雪，谁悯敝貂裘？"

看到这首诗，会发现杜甫最大的目的，并非和亲友们告别，而是能要来点儿归家的盘缠……也许，这首诗发挥了些作用；也许，杜甫是在强撑，反正最后公元770年冬，杜甫再次出发了，从潭州向北，先到了岳州，而在路过洞庭湖时，老病重发。

杜甫留下了一首《风疾舟中伏枕书怀三十六韵奉呈湖南亲友》，应该就是绝笔了，"尚错雄鸣管，犹伤半死心。圣贤名古邈，羁旅病年侵"，客观阐述了自己的病情，但即便在此时，杜甫依旧在忧国忧民："书信中原阔，干戈北斗深。畏人千里井，问俗九州箴。战血流依旧，军声动至今。"

写下这首绝笔诗之后，杜甫继续乘舟漂流，具体走到哪里时病逝，已然成谜。但可知的是公元770年冬，这位未来的"诗圣"，悄无声息地离开了，孤寂伴着萧索，悲悯而慈悲地走了。

杜甫的诗，仿佛承载着大唐由盛转衰的时光之痕，仗剑豪情有之，悠然闲适有之，笑看风云变幻亦有之！但真正的情怀，却是悲天悯人、心系黎民的感伤。

他也曾意气风发，疾恶如仇，见证了大唐的盛世，更经历了衰气蔓延的乱世，曾以无情的笔锋揭露过社会的黑暗、人间的疾苦、朝廷的腐败，但最终人生落魄、无力回天。

杜甫去世之后，因家道中落，家人根本没有力量将他的灵柩送回故乡，只能暂放岳州。直到40多年后的公元813年，杜甫的孙辈杜嗣业四处筹款，想尽办法，才把杜甫的遗骨迁回故乡。

"地理发现"

汝阳岘山

汝阳岘山，位于河南洛阳，原名霍阳山，还被称为铁顶山。之所以后来被称为岘山，是因为唐太宗曾经路过此处，看到此山"危峰独见"，和襄阳的岘山很像，甚至比襄阳的岘山还雄奇，就也将此山称为岘山。

汝阳岘山之巅有一座真武观，最早由铁瓦铺就，因山高势险，这些铁瓦都是被捆在羊背上运上山顶的，为了纪念真武观建筑之艰难，所以也将此山称为铁顶山。

据说，岘山道教的开山祖师真武大帝，本是南朝梁时期的一位太子，因厌倦了宫廷的钩心斗角，所以来到岘山修炼。可修炼多年依旧无法得道，灰心之下决定离开，走到半山腰看到一位老太太在磨铁杵，就有了"只要功夫深，铁杵磨成针"的说法。他感觉修炼也该如此：功到自然成。于是不再浮躁，继续回到岘山修炼，最终修成了正果，为真武祖师。

大唐少年游

白居易

萧萧树 ◎ 著

花山文艺出版社
河北·石家庄

图书在版编目（CIP）数据

大唐少年游. 白居易 / 萧萧树著. -- 石家庄：花山文艺出版社，2025. 2. -- ISBN 978-7-5511-7631-6

Ⅰ. K825.6-49

中国国家版本馆 CIP 数据核字第 20242U4C70 号

公元833年（62岁）香山寺
朱陈家门版，"香山居士"

124

公元831年（60岁）龙门山
花甲之年再履任

119

公元829年（58岁）洛阳
身体多病，"中隐"洛阳

115

公元837年（66岁）佛寺
六年晚年，洛阳时期重归江南

130

公元842年（71岁）龙门山
名彻长安，"我有商颂公长在"

135

目录

1 漫游告别少年李白
公元787年 [16岁] 蜀中

5 游襄阳怀孟浩然
公元794年 [23岁] 襄阳

9 长安中进士，"十七八少年李白"
公元800年 [29岁] 长安

14 及第白帝回，悠悠辞物华
公元801年 [30岁] 帝都

漂泊异乡的少年诗人

公元 787 年 [16岁] 越中

公元 772 年，白居易诞生于河南新郑。

白家世代为官，祖父和父亲都是明经出身，学问还算不错。母亲出身书香门第，知书达理，在对白居易的教导上严格但不失慈爱。在这样的环境里，白居易从小便能接受到良好的教育，他的童年过得也十分幸福。

然而，在白居易11岁这年，幸福安稳的生活被彻底打破。

此时，盛唐的辉煌之气已然不复存在，取而代之的是偶有发生的内战，而导致这一切的根源是发生在20多年前的安史之乱。

安史之乱是由唐朝叛将安禄山和史思明发动的内战，共历时8年，虽然最终被平息，但唐王朝也因此国力锐减，对各藩镇的震慑力大大降低。此后，虽然诸多藩镇名义上仍归唐朝统治，但实际上根本不听唐王朝的号令，甚至各藩镇间互相攻伐，导致社会动荡，民不聊生。

这年，爆发了一场规模较大的内战，很快，战火烧到了白居易的家乡——新郑。为了躲避战乱，白居易一家不得不向南迁移。迁移途中，白居易被送到了正在越中做官的叔叔白季康那里。

白居易自幼聪颖，来到越中后，始终记着父母的教导，每天都用功读书，甚至读书读得口生了疮，写字写得手磨出了茧。

聪颖又努力，白居易妥妥的一个"别人家的孩子"。

16岁时，这个"别人家的孩子"写了一首诗，凭借这首诗，白居易成了许多名士口中夸赞的对象，同时，白居易的名字也随着这首诗传遍大街小巷。这首诗便是白诗中流传最广的《赋得古原草送别》。

赋得古原草送别

离离原上草，一岁一枯荣。
野火烧不尽，春风吹又生。
远芳侵古道，晴翠接荒城。
又送王孙去，萋萋满别情。

白居易是在什么情况下写出这首家喻户晓的名诗的呢？从诗名中的

"赋得"二字可以看出一些端倪。在唐代，按照科举考试的规矩，凡是指定或限定了诗题，诗题前面需要加上"赋得"二字。此时，白居易16岁，还没有参加过科举考试，而这首诗又有"赋得"两字，所以，这首诗很有可能是他的"练习"之作。就像今天的学生平时练习写作文一样。

那么，这首"练习"之作究竟有着怎样的魅力，能让许多名士赞不绝口，并迅速传遍大街小巷呢？

唐代，科举考试中的诗歌创作并不是随心所欲的，而是有着一定的要求，就像我们今天语文考试的作文题一样，但其要求之严，远远超过了今天的作文题。在如此严的要求之下，写出好诗作的难度堪比登天。而年仅16岁的白居易做到了。

这首《赋得古原草送别》用语自然流畅，章法严谨，情、景、理三者相互交融，绝对称得上是一首佳作。仅凭这一点，就足以让人称道了。

当然了，仅凭这一点，还不足以让此诗在短时间内传遍大街小巷，做到家喻户晓。我们还需要聚焦诗作本身寻找答案。而答案就在此诗的前四句。

"离离原上草，一岁一枯荣。野火烧不尽，春风吹又生。"初读这四句诗，给人最直观的感觉便是简单直白，通俗易懂。

古语有云："曲高而和寡。"显然，此时的白居易已经知晓了这个道理，他用通俗易懂的几句诗，直白地告诉人们他从野草身上看到的两个现象：一是"一岁一枯荣"；二是"野火烧不尽，春风吹又生"。

不过，诗句虽然简单直白，但三四句的"野火烧不尽，春风吹又生"所描写的意境又可以不局限于草，它还可以引申到人。这使得这两句诗有了哲理性，思之回味无穷。

"通俗易懂"和"思之回味无穷的哲理性"，唐诗中同时具有这两个特质的诗较少。而同时具有这两个特质的诗，极易被世人传诵。因此，这首诗能够迅速传遍大街小巷也就成了一件理所当然的事了。

年仅16岁，还是在条条框框的限制下，竟然可以写出如此优秀的诗作，白居易的才情刚刚显露，便已颇具锋芒。

写完此诗后的几年，白居易仍寄居在叔叔家中，直到公元791年，战乱平息了一些，白居易终于结束了漂泊异乡的生活，回到徐州和家人团聚。

"地理发现"

越中

越中，绍兴的古称。

春秋时期，于越民族在今天的绍兴一带建国，称为越国。公元前222年，秦王嬴政大败越国，从此，越国归于秦国，秦在越故地置会稽郡。公元605年，改名为越州。此后，会稽郡与越州两个名交替使用。公元1131年，改名为绍兴，此后，绍兴之名一直沿用至今。

绍兴是首批国家历史文化名城，有丰富的文化资源，曾荣获"中国优秀旅游城市"的称号。如果来绍兴旅游，可以游览的景点有很多，如绍兴鲁迅故里、大禹陵、安昌古镇、东湖、兰亭等。其中，绍兴鲁迅故里被国家评为5A级景区，是每一位来绍兴旅游的游客都不能错过的一个景点。

游襄阳怀孟浩然

公元 794 年 [23岁] 襄阳

　　安徽宿州有一个小城，叫符离。白居易和家人团聚后，便居住在这里。此后的 3 年，白居易大部分时间都在这里闭门苦读，备战科举考试。

　　公元 794 年的春天，白居易决定外出游历一番，以增长自己的见识。去哪里呢？白居易左思右想，最后选定了襄阳。为什么选择襄阳呢？一是白居易父亲在这里任职，二是他的偶像之一孟浩然曾在襄阳的鹿门山隐居。去襄阳，一举两得。

　　既然目的地已经确定，那就事不宜迟，马上动身。

到了襄阳后，白居易第一时间来到鹿门山。偶像已逝去多年，偶像的故居也早已不见踪影，白居易不禁悲从中来，写下了一首《游襄阳怀孟浩然》。

> **游襄阳怀孟浩然**
>
> 楚山碧岩岩，汉水碧汤汤。
> 秀气结成象，孟氏之文章。
> 今我讽遗文，思人至其乡。
> 清风无人继，日暮空襄阳。
> 南望鹿门山，蔼若有余芳。
> 旧隐不知处，云深树苍苍。

孟浩然生活在大唐最繁盛的时代，他一心想入庙堂，匡扶社稷，无奈仕途不顺，心灰意冷之下选择隐居鹿门山。

在唐代诗人中，孟浩然是第一个在山水诗上耗费大量心血的诗人，并取得了极高的成就。因此，白居易在这首诗中以"山水"起笔，赞扬了楚山汉水的灵气，也为下一句赞扬孟浩然将山水之灵气凝结成文章做好了铺垫。然而，放眼如今的诗坛，却没有人能够继承孟浩然的诗风。看着夕阳下空荡荡的襄阳城，白居易不禁茫茫然。

这茫茫然不仅包含着对当今诗坛无人能继承孟浩然诗风的茫然，也包含着对自己前程的茫然。

二十多岁是一个人最容易迷茫的阶段。从十几岁起，白居易便对科举考试充满了憧憬，为了能够考中进士，他已经苦学多年，但前路究竟如何，他也茫茫然不得而知。

正在白居易迷茫之际，他的父亲病逝在职位上，白家的顶梁柱轰然倒下。

按照唐代的礼制，父母去世后，儿子须丁忧三年，在这三年时间里，子女哪也不能去，只能待在故里，追思父母的恩情，所以白居易不得不把参加科举考试的时间向后推移。

除了把参加科举考试的时间向后推移外，还有一件事让白居易非常苦恼，那就是父亲去世后，家里没有了经济来源。白父为官清廉，没有留下多少积蓄，所以丁忧的这三年，白居易一家人的生活过得十分清苦。

丁忧结束后，为了家里的生计，白家一家人搬到了洛阳，白居易则辗转各地，参加科举考试的时间也一推再推。

公元799年，白居易辗转到宣州（今安徽宣城市），参加了在那里举行的乡试。在唐代，要想考进士，首先要通过乡试，取得考进士的资格。以白居易的学识，轻轻松松便通过了乡试。此时，白居易已经28岁。

带着进士考试的"资格证"，白居易再一次开启了他的行程，目的地则早已刻在他的心里，那便是长安。

"地理发现"

鹿门山

鹿门山位于湖北省襄阳市襄州区，是中国历史文化名山。

据说，汉光武帝刘秀曾到此游玩。夜晚，刘秀留宿于山上，梦见了两只梅花鹿，刘秀认为这两只梅花鹿是守护此山的山神，便命人在山上修建了一座寺庙，并在庙前立了一座石碑，石碑上刻着两只梅花鹿，于是，当地百姓将这座寺庙称为鹿门寺，这座山也因此得名鹿门山。

后来，诸多名人在此隐居，其中便有白居易的偶像孟浩然。在孟浩然的笔下，这座山被诗化，吸引着无数后人来此游览。为了纪念孟浩然，后人在山上修建了一座亭，取名为"浩然亭"。

如今，鹿门山已成为一处国家级森林公园。在它的周围，还有四座山，分别是狮子山、香炉山、霸王山、女娲山。远远望去，五座山姿态各不相同，共同构成了一幅山林奇景。

长安中进士,"十七人中最少年"

公元 800 年 [29岁] 长安

公元 800 年,白居易来到了向往已久的长安,然而,看着繁华的长安城,此刻的白居易却愁绪满怀。

唐代,进士考试的试卷是不遮名字的,也就是说,阅卷老师阅卷的时候,是可以看到考生名字的。为什么会这样安排呢?难道不担心考生和阅卷老师作弊吗?

在当时，这样做的目的其实是让一些有才华的人可以得到更多的机会。那机会从哪里来呢？这就不得不提当时盛行的一种风气——行卷。

什么是行卷？简单来说，就是考生在参加科举考试之前，把自己的得意作品交给权贵重臣或社会名流。一旦这些权贵重臣或社会名流称赞了考生的作品，甚至直接向考官推荐了考生，考生考中进士的概率也会随之增大。对于有才华的人来说，行卷让他们多了一个被权贵重臣或社会名流发现自己才华的机会。

不过，理想很丰满，现实却很骨感。这样做的结果是滋生了徇私舞弊的现象，很多考生为了获得推荐，四处结交关系，学习则被搁置。在他们看来，只要能找到推荐自己的靠山，此次考试就算成功了一半。

当然了，行卷也是有门槛的，那些权贵重臣或社会名流不是谁都会见，要么你已才名在外，要么你有人脉，要么你有足够的钱打点关系。而此时的白居易，三个都没有。

或许你会说，白居易16岁时不是凭借着《赋得古原草送别》火了一把吗？可是，那已经是十几年前的事了，今天恐怕已经没多少人记得他的名字了。另外，白家虽世代为官，但官职都不高，只是地方小官，在长安没有一点儿人脉。至于钱，此时的白居易能养活自己就算不错了，哪还有多余的钱打点关系。想到自己的境遇，白居易再次陷入迷茫，心中愁绪万千。

那该怎么舒缓心中的愁绪呢？答案是郊游。

此时正值初春时节，万物复苏，白居易决定外出逛逛，看看长安城的春色。可是，尽管天朗气清，景色宜人，白居易心中的愁绪却无法得到舒缓，甚至有增无减。看看他当时写下的这首《长安早春旅怀》，就知道白居易那时有多愁了。

> **长安早春旅怀**
>
> 轩车歌吹喧都邑，中有一人向隅立。
> 夜深明月卷帘愁，日暮青山望乡泣。
> 风吹新绿草芽坼，雨洒轻黄柳条湿。
> 此生知负少年春，不展愁眉欲三十。

　　短短八句诗，两处写到了愁。也是啊，白居易如今已年近三十，但仍一事无成，尽管此刻来到了长安，但举目无亲，无人可以投靠。自己为了考中进士努力学习了十几年，如今，自己无处行卷，甚至可能会因此落得一个名落孙山的下场。想到这些，白居易又怎么可能不愁呢？

　　不过，老天似乎非常关照这个青年才子。白居易以第四名的好成绩考中了进士。这一刻，所有的愁绪全都烟消云散，所有的努力也都有了回报。

　　按照唐代科举的习俗，考中进士的人需要在慈恩寺塔下写上自己的名字。意气风发的白居易在写下自己的名字后，大笔一挥，又在名字旁写下了"慈恩塔下题名处，十七人中最少年"的诗句。

　　得意中带着几分狂傲，这便是此时的白居易。

　　虽然只有短短两句诗，但里面包含着两个重要信息：一是此次科举

考试共有17人考中进士；二是白居易是这17人中最年轻的一位。

白居易此时已经29岁，却是17人中最年轻的一位，这不禁让人好奇，唐代的进士考试究竟有多难呢？

其实，唐代的科举考试分很多科，但最受学子们追捧的无非两科：明经科和进士科。因为通过了这两科考试之后，就相当于一只脚踏上了仕途。

那么，这两科考试有区别吗？答案是有，而且区别很大。

首先，难度不同。明经科的难度为困难级，录取率约为十分之一，也就是说1000考生中大约录取100人。进士科的难度则是地狱级，录取率约为六十分之一，即1000考生中只能录取十几人。因为难度不同，所以在古代就有了"三十老明经，五十少进士"的说法，意思是：30岁考中明经已经算老了，而50岁考中进士都算年轻的。

这下我们也就能理解，为什么29岁的白居易是"十七人中最少年"了。

既然难度不同，考中后的待遇自然也不同。如果是明经出身，未来大概率只能做一个小官，很难得到晋升。白居易的祖父和父亲便是如此，他们都是明经出身，所以一辈子只能在地方做一个小官。如果是进士出身，那么仕途便没有了上限。

白居易的少年时代是在漂泊中度过的，他对大唐的衰败和动乱有着切身的体会，所以，他想中兴大唐，改变动乱的现状。当然了，要实现这个愿望绝非易事，而考中进士只是他计划的第一步，他接下来要做的就是步入仕途，然后一步步接近权力中心。

此时，距离吏部组织的下一次官员选拔考试还有两年时间，所以白居易当下要做的便是回到故园，把喜讯告诉每一位亲朋好友。

地理发现

长安

长安，西安的古称。

长安之名，起于西汉，它寄托着汉高祖刘邦最美好的愿望——希望国家长治久安。此前，长安曾用过丰镐（西周时期）、咸阳（秦朝时期）等名。

长安具有十分悠久的历史，是华夏文明的发祥地之一，也是丝绸之路的起点。从公元前11世纪到公元10世纪的2000多年间，共有13个朝代在此建都，所以长安又号称"十三朝古都"，同时也被誉为中国古都之首，与意大利的罗马、埃及的开罗以及希腊的雅典并称为"世界四大古都"。

从西汉到元朝，长安这个名字一共沿用了1500多年。明朝建国后的第二年，将长安改名为西安，此后，西安之名一直沿用至今。

如此悠久的历史，自然赋予了西安深厚的历史文化内涵。目前，仅西安市便有六处遗产被列入《世界遗产名录》，它们分别是：秦始皇陵及兵马俑、唐长安城大明宫遗址、大雁塔、小雁塔、兴教寺塔、汉长安城未央宫遗址。

在此，我们简单介绍一下大雁塔。该塔是由大唐玄奘法师主持修建的，目的是供奉从印度带回的佛教梵文典籍、佛像和舍利。因为该塔建于慈恩寺内，所以又被称为"慈恩寺塔"。当年，白居易便是在此塔下题的名。

及第归故园，符离探初恋

公元 801 年 [30岁] 符离

公刚来长安时，白居易孤身一人，愁绪满怀。此时，他高中进士，满心欢喜，将要带着好消息返回故园。临行时，同科进士中不少人前来送行，白居易深受感动，写下了这首《及第后归觐，留别诸同年》。

及第后归觐，留别诸同年

十年常苦学，一上谬成名。
擢第未为贵，贺亲方始荣。
时辈六七人，送我出帝城。
轩车动行色，丝管举离声。
得意减别恨，半酣轻远程。
翩翩马蹄疾，春日归乡情。

  送别诗大多是伤感的，而白居易此行是载誉而归，所以整首诗洋溢着轻松喜悦之情。

  送行的场面很热闹，除了六七个与他同科考中进士的人，还有吹吹打打的队伍。古人送别，自然也不能少了酒，而喝完送别的酒，白居易已经有点儿醉意了，随后便伴着满城的春色，踏上了回乡的路。

  自从白父去世后，白家的生活过得十分清苦，虽然哥哥已经当了浮梁的主簿，但报酬并不丰厚，只能勉强支撑一家人的生活开支。白居易考中进士，代表着白家即将结束清苦的生活，甚至白家世代只能在地方做小官的时代也会跟着翻篇。然而，正当全家人都沉浸在喜悦之中时，一个噩耗从徐州传来——白居易的外祖母去世了。由于白母的身体十分虚弱，无法长途跋涉返回徐州，于是，白居易代替母亲前往徐州，料理外祖母的后事。

  一切料理妥当后，白居易本该返回洛阳，但此时，他想到了一个人，这个人一直埋在他的心底，于是他转头去了符离。

  白居易的少年时代，大部分时间是在越中度过的，但其实，在他从家乡新郑迁往越中之前，曾在符离短暂停留。其间，白居易认识了一个比他小4岁的女孩，她便是湘灵。19岁，白居易再次回到符离时，湘灵已出落成一个美丽的少女。蓦然相见，15岁的湘灵宛若天女下凡。湘灵也早已听说了白居易的才名。情窦初开的两人，在久别重逢后的朝夕相处中相恋了。

然而，这场青春的热恋却遭到了白母的强烈反对。白母虽知书达理，但在她心里，却有着深深的门户之见。湘灵出身平民，白母无论如何也不会同意白居易娶一个贫寒女子为妻。无奈之下，白居易只能将这份爱深深地藏在心底。而湘灵为了白居易，一直没有出嫁。

此次回到符离，母亲不在身边，白居易有了和湘灵独处的机会。便是在这次相处中，两人相互约定，他非她不娶，她非他不嫁。带着这份坚持，白居易返回洛阳，请求母亲答应两人的婚事。但白母已经铁了心，任凭白居易如何劝说，她就是两个字：不行。

就这样，白居易一直和母亲僵持了一年，眼看着吏部组织的官员选拔考试日期越来越近，白居易已经没有时间和母亲继续僵持下去了，于是他告别母亲，踏上了返回长安的路。

想起远在符离的湘灵，白居易伤心欲绝，写下了这首《潜别离》。

白居易

潜别离

不得哭，潜别离。
不得语，暗相思。
两心之外无人知。
深笼夜锁独栖鸟，利剑春断连理枝。
河水虽浊有清日，乌头虽黑有白时。
惟有潜离与暗别，彼此甘心无后期。

这是一首离别诗，语言通俗易懂，甚至有几分接近白话，但感情真挚，动人心扉。说是离别诗，但离别的人却不在眼前，所以只能"潜别离"，只能"暗相思"。那在此次离别后，两人还会再相见吗？

答案是"无后期"。白居易此次去长安是参加吏部的官员选拔考试，如果考中了，他极有可能留在长安为官，而母亲的态度又如此坚决，他不可能有机会把湘灵接到长安。因此，此次别离之后，也许两人今生今世都无法再相见了。

"地理发现"

符离镇

在宿州市北约10公里处,有一个古老的集镇,名叫符离。符离之名源于一种草——符离草。唐朝时期,符离是一个小县城,归徐州管辖。此后,符离的行政区划有过多次变动。如今的符离是一个集镇,归宿州管辖。

符离镇不仅历史悠久,还是人文昌盛之地,唐代大诗人白居易和韩愈都曾在此寓居。此外,符离还是著名的古战场,濉水之战、符离之战、靖难之役都发生在这里。

据考证,在符离的濉河上曾建有一座石桥,宿州古八景之一的"符离晓渡"便在这里。当年,白居易或许经常站在桥上,思念着湘灵,而如今,物是人非,桥早已不见踪影,只剩几块石头,在那里诉说着过去。

三登科第，名扬长安

公元 802 年 [31岁] 长安

公元 802 年冬天，白居易如期参加了吏部组织的官员选拔考试。第二年春天，考试结果公布，白居易再次登科。四年之间，白居易三登科第，那个曾经靠着《赋得古原草送别》名动长安的名字再一次在长安城引起了轰动。

白居易考中的官职叫秘书省校书郎。秘书省是管理图书典籍的地方,校书郎的工作就是在这里校对图书典籍。

校书郎的官阶很低,只有正九品上,但待遇不错,而且工作很清闲,每个月只需要上几天班。在那个动荡的年代,这样的生活,不知道要羡煞多少人。但这样的生活是白居易想要的吗?显然不是,看看他当时写下的这首名字超长的诗就知道了。

> 常乐里闲居,偶题十六韵,兼寄刘十五公舆、王十一起、吕二炅、吕四颍、崔十八玄亮、元九稹、刘三十二敦质、张十五仲元。时为校书郎(节选)
>
> 帝都名利场,鸡鸣无安居。
> 独有懒慢者,日高头未梳。
> 工拙性不同,进退迹遂殊。
> 幸逢太平代,天子好文儒。
> 小才难大用,典校在秘书。

在这首诗里,有两句很有意思:"小才难大用,典校在秘书。"表面上来看,这是白居易在自嘲,说自己才能有限,不能担任重要的职位,只能在秘书省做一个校书郎。但其实,这是白居易在用自嘲的形式吐槽现在的工作：以我的能力，在这里做校书郎，就是大材小用啊。

考试之前，白居易并不了解校书郎是做什么的，只知道能够入朝为官，他的计划便可以推行下去。然而，实际情况却和他想的相去甚远。于是，他写下了这首诗，并把它寄给了自己刚刚结识的几位好友。

心里不痛快了，自然要找好友一吐为快，白居易找的是谁呢？诗名里交代了答案：刘十五公舆、王十一起、吕二炅、吕四颍、崔十八玄亮、元九稹、刘三十二敦质、张十五仲元。

这些人都是和白居易一起考中校书郎的人，我们就不一一介绍了，只介绍一个重要人物，他就是元九稹。

元九稹本名元稹，15岁时明经科及第，25岁时考中校书郎，并与白居易结识。两人虽然相差7岁，但一见如故，很快就成了非常好的朋友。

提到这首诗，还有一个值得玩味的事情，那就是为什么这些人的名字里都带着数字呢？

唐代，称呼别人时，有时可以把他在家里的排行加到名字里。比如，元稹在家里排行第九，所以称呼他时，可以叫他元九稹或元九。

此时，白居易已经和这些人成了朋友，空闲之余便约上其中的三五好友，要么一起喝酒，要么一起外出游玩。

遇上朋友没时间怎么办？无妨，一个人照样可以外出游玩。

在长安城外的不远处，有一处游玩胜地，因其水蜿蜒曲折，故得名曲江。此时，恰逢早春，白居易一个人来到曲江，看着曲江的明媚风光，诗人心情大好，写下了一首《早春独游曲江》。

早春独游曲江

散职无羁束，羸骖少送迎。
朝从直城出，春傍曲江行。
风起池东暖，云开山北晴。
冰销泉脉动，雪尽草芽生。
露杏红初坼，烟杨绿未成。
影迟新度雁，声涩欲啼莺。
闲地心俱静，韶光眼共明。
酒狂怜性逸，药效喜身轻。
慵慢疏人事，幽栖逐野情。
回看芸阁笑，不似有浮名。

这是一首山水诗，从白居易对曲江山水风光的描述可以看出来，他的心情很好，非常享受曲江的春色。而当他四下环顾曲江的风景时，耸立在远处的秘书省的阁楼突然映入眼帘。想到自己在秘书省"小才难大用"，白居易又一次陷入迷茫：自己该何去何从呢？

"地理发现"

曲江

曲江开凿于汉武帝时期，因其水蜿蜒曲折，故得名曲江。隋朝时期，隋炀帝命人扩建曲江，并将其改名为芙蓉池。唐朝时期，名字改回曲江，并于唐开元年间再一次进行扩建。扩建后的曲江，宫殿林立，花繁树茂，成了长安城外一处游玩胜地。进士及第的学子们尤其喜欢到这里吟诗作赋，时人称之为"曲江流饮"。

如今，昔日的曲江早已不见踪影，取而代之的是于2008年修建而成的曲江池遗址公园。这是一座大型的山水园林式遗址公园，公园内有许多展现唐代社会生活的雕像，漫步其中，不仅可以观赏风景，还可以感受唐代的文化氛围。2011年，曲江池遗址公园被评为国家5A级旅游景区。

避祸华阳观,"所得唯元君"

公元 805 年 [34岁] 华阳观

公元805年正月,唐德宗逝世,他的儿子李诵继位,是为唐顺宗。唐顺宗上位之后,第一件事就是革新,他要清除父亲在位时的诸多弊端,尤其要剥夺宦官的权力。柳宗元、刘禹锡等人便是在这时得到了重用,开始跟着唐顺宗大刀阔斧地进行革新。

唐顺宗此举得到了百姓的拥护,白居易也从中看到了中兴大唐的希

望，于是，他写了一篇《为人上宰相书》，并将它投送给刚上任的宰相。在这篇书信中，白居易直切要害地指出了朝廷的积弊，并针对这些积弊提出了一系列的措施。白居易迫切地希望，自己的这些举措可以为大唐的中兴发挥一些作用。当然了，他也有一点儿小心思，就是自己可以因此得到重用。

然而，他的希望很快便破灭了。

轰轰烈烈的革新只推行了几个月便推行不下去了。其实，唐顺宗早已料到，朝廷积弊如此之深，要快速清除自然阻力重重，但他没想到，阻力竟如此之大，朝臣竟然和宦官联起手来，一起反抗各项举措的推行。

在唐代的政治环境中，宦官是一个特殊的群体，他们手中握着巨大的权力，而为了保住手中的权力，他们竟然把唐顺宗挟持起来，逼迫他把帝位传给他的儿子李纯。唐顺宗在继位的前一年突然中风，使得身体一直十分虚弱，他无力反抗，只得让出帝位。

李纯即位之后，第一件事就是废除革新，唐顺宗在位时受到重用的人全都被贬黜，其中便包括柳宗元和刘禹锡。白居易因为官职太低，而且也没有得到重用，逃过了一劫。不过，目睹了政变的白居易还是心有余悸，他第一次认识到，朝廷的斗争竟如此残酷，于是产生了归隐之情。这首《寄隐者》便是此时白居易最真实的心理写照。

寄隐者

亲族走相送，欲别不敢住。
私怪问道旁，何人复何故？
云是右丞相，当国握枢务。
禄厚食万钱，恩深日三顾。
昨日延英对，今日崖州去。
由来君臣间，宠辱在朝暮。
青青东郊草，中有归山路。
归去卧云人，谋身计非误。

诗中所说的隐者并不是真实存在的，而是白居易幻想出来的，他借隐者之口，把丞相的遭遇描述了一番，最后再借隐者之口得出一个结论：归隐山林才是一条正确的道路啊。

白居易真的会归隐吗？当然不会。几个月后，白居易便把归隐这事抛到九霄云外了，但为了暂避政变的余波，白居易还是决定从东亭搬到远离城区的华阳观。

除了避祸，白居易还有一个打算，那就是在这里准备第二年的制举。制举是由皇帝主持的一种官员选拔考试，考试中表现好的会被皇帝委以重任。制举和明经科、进士科都不同，并非每年都会举办，而是要看皇帝的心情，皇帝心情好了，可能每年都会举办，皇帝心情不好了，可能几年都不举办一次。

与白居易一起搬到华阳观的还有他最好的朋友元稹。白居易产生参加制举的想法之后，第一个告诉的人便是这位好朋友，而元稹此时也正有参加制举的想法，于是，两人一拍即合，一块搬到了华阳观。这段时间，

白居易

两人几乎形影不离，一起学习，一起吃饭，一起探讨天下大势。

来年四月，白居易和元稹一起参加制举。元稹被授予左拾遗，从八品上，白居易被授予盩厔县（今周至县）尉，正九品下。

左拾遗是什么官呢？我们可以把官职名拆开来理解。左：皇帝左边；拾：拾起；遗：遗漏的东西。连起来就是：皇帝左边负责拾起遗漏东西的人。当然了，遗漏的不是东西，而是决策、政策。更直白地说，就是皇帝平时决策上有什么遗漏、失误的地方，左拾遗负责提醒。由此可见，左拾遗的官职虽然不高，但直接参与皇帝的政事，有很大的话语权。

那县尉是什么官呢？县尉是县令的副手，县令负责统领全县的事务，县尉则负责具体的执行工作。

元稹和白居易的两个职位，一个在皇帝身边，一个在县令身边，可以说天差地别。为何两人被授予的官职相差如此之大，甚至白居易还被降了一级，是白居易的才能远远不及元稹吗？

其实，就才能而言，两人不相上下，只是在考试的时候，针对当前的政治问题，白居易的言辞太犀利了，让宪宗看了很不舒服，于是打发了他一个小官。元稹在措辞上则比较谨慎，深得宪宗喜爱，于是给他了一个左拾遗，把他召到了身边。

难道白居易不知道这样做的风险吗?他当然知道,只不过他迫切希望宪宗看到这些问题,所以才直言不讳,就像去年写《为人上宰相书》一样。可是,结果再一次不如人意。

此刻,白居易的心里充满了失望,但让他内心得到一点儿安慰的是,好友元稹被授予左拾遗。是啊,还有这个好朋友。想到这里,白居易写下了这首情感真切的《赠元稹》。

赠元稹

自我从宦游,七年在长安。
所得惟元君,乃知定交难。
岂无山上苗?径寸无岁寒。
岂无要津水?咫尺有波澜。
之子异于是,久要誓不谖。
无波古井水,有节秋竹竿。
一为同心友,三及芳岁阑。
花下鞍马游,雪中杯酒欢。
衡门相逢迎,不具带与冠。
春风日高睡,秋月夜深看。
不为同登科,不为同署官。
所合在方寸,心源无异端。

来到长安后,白居易结交了不少朋友,但在长安这个政治漩涡中,很多朋友逐渐变了节、变了心,只有元稹始终如一,所以在诗的最后,白居易形容两人是"心源无异端"。

写完这首诗不久后,白居易辞别好友,带着些许的不甘离开了长安。

"地理发现"

东亭

唐朝时，在长安城内有一座非常大的宅院，在这座宅院内，有一处院落，名叫东亭。白居易被授予校书郎之后，便租下了这里。在东亭的东南角有一片竹丛，白居易非常喜欢，并为此写下了一篇《养竹记》。

据考证，东亭遗址位于现在的西安交通大学校园南部。1996年，在西安交通大学百年校庆之际，校方在东亭遗址上修建了一座亭子，亭上悬挂着一块牌匾，书有"东亭"两个大字。亭子的对面有一座琉璃瓦墙壁，上面刻着白居易的《养竹记》。墙壁的后面是一片竹林。清风拂过，竹叶沙沙作响，似乎是在告诉每一位学子，要像竹子一样正直坚韧、刚直不阿。

盩厔县尉 失意"厌官游"

公元 806 年 [35岁] **盩厔县**

县尉的官职很小，但很忙。忙什么呢？什么都忙，县里的大事小事都可以看到白居易的身影。在这些事里，有一件事是最令白居易痛苦的，这就是向百姓收购粮食。

唐朝初年，朝廷实行了一种制度，叫和籴法。该制度通常在丰收的年份或者盛产粮食的地方实行，官府以稍高于市价的价钱从农民手里收购粮食，并把这些粮食储存起来，当出现饥荒时，再以低价把粮食卖给农民。制度非常人性化，在制度实施的初期也确实取得了不错的效果，一定程度上缓解了饥荒带来的问题。

然而，到了唐朝中期，该制度的执行却变了味儿。地方官员名义上是在和籴，实际上就是强取。在地方官员手里，和籴法相当于一张强制收购令，不管你愿不愿意卖粮食，都必须卖给他们，否则就是违抗命令，轻则一顿杖刑，重则关进牢房。更过分的是，官府收购粮食时，还会故意压低粮食的价格。

白居易工作在一线，深知百姓的疾苦，但作为县尉，又不得不执行命令。此刻，白居易的内心极其矛盾，这样的矛盾无法缓解，于是，他学陶渊明种菊花，在自家的院子里栽了一些竹子。倚坐在窗前，听着竹叶随风摇曳发出的沙沙声，白居易的内心似乎又找到了寄托，于是写下了这首《新栽竹》。

新栽竹

佐邑意不适，闭门秋草生。
何以娱野性？种竹百余茎。
见此溪上色，忆得山中情。
有时公事暇，尽日绕栏行。
勿言根未固，勿言阴未成。
已觉庭宇内，稍稍有余清。
最爱近窗卧，秋风枝有声。

　　古人写诗很喜欢借物喻人，白居易的这首诗也是如此。虽然做县尉以来，他的工作让他很矛盾，也很痛苦，但他仍旧没有放弃心中的理想，他也会在自己的权力范围内尽可能减轻对百姓的剥削。

　　从竹子身上，白居易似乎看到了自己。竹子是新栽的，根还没有扎牢。自己呢，则是一个新上任的小官，没有任何根基。但在他和竹子身上，

白居易看到了一个共同点：正直坚韧、宁折不弯。

在当时的政治环境下，白居易这样的品质很容易受到同僚的排挤。而在同僚的排挤下，白居易第一次对做官产生了厌恶、失望之情。这首《县西郊秋寄赠马造》便是在这样的心境下写出的。

> **县西郊秋寄赠马造**
> 紫阁峰西清渭东，野烟深处夕阳中。
> 风荷老叶萧条绿，水蓼残花寂寞红。
> 我厌宦游君失意，可怜秋思两心同。

历史上关于马造的记载很少，据考证，他是白居易在长安当校书郎时结识的朋友。此时的马造和白居易一样，官场失意，受人排挤。

秋季是一个让人容易伤感的季节，尤其在人失意的时候，更容易产生悲秋之情。从这首诗的用词上，如"老叶""萧条""残花""寂寞"，可以明显看出来，白居易的心情很不好。此时，他想起了在长安做官的马造，两人同病相怜，但又都对现状无可奈何。

无可奈何之后的抉择是什么？是同流合污，还是学陶渊明隐居山野，抑或是继续坚持自己的理想？在这首充满消极情绪的秋思诗中，我们除了可以看到白居易的落寞之外，似乎也可以看到他的选择。

在诗的三四句，他在"老叶萧条"后接了一个"绿"字，在"残花寂寞"后接了一个"红"字。秋季，万物开始显现萧条之色，而在萧条之色中冒出来的"绿"和"红"是怎么回事呢？那便是坚持不与世俗同流合污、坚定内心理想的自己与马造。而这便是白居易的选择。

"地理发现"

紫阁峰

在紫阁峰位于西安市鄠邑区，峰顶有三道紫色石层，晚春或早秋时节，在阳光的照耀下，隐约可以看到峰顶有紫气升起，故得名紫阁峰。紫阁峰海拔2150米，山峰的两侧是绝壁，风景绝美，有"终南第一山"的美誉。唐代，许多诗人游览过紫阁峰并留下诗句，如李白的"紫阁连终南，青冥天倪色"，杜甫的"昆吾御宿自逶迤，紫阁峰阴入渼陂"，岑参的"东望紫阁云，半入紫阁松"等。

紫阁峰上有一座塔，名叫宝林寺塔，也叫敬德塔。塔高约17米，共7层。在塔的第五层放有一个石刻，根据上面的文字记载，该塔建于北宋元祐七年（公元1092年）。2013年，宝林寺塔入选第七批全国重点文物保护单位名单。

马嵬坡怀古，《长恨歌》问世

公元 806 年 [35岁] 马嵬坡

　　白居易来到盩厔县后，结交了一些新朋友，关系比较好的当属陈鸿和王质夫。这年冬天，三人相约一起到仙游寺游玩。仙游寺不远处便是马嵬坡，历史上著名的"马嵬之变"便发生在这里。

　　公元 756 年，安禄山带叛军攻占了潼关，长安危在旦夕，为了保命，唐明皇带着杨贵妃从长安仓皇出逃。逃亡途中，将士们怨声载道，于是，他们把气撒到了一直把持朝政的"流氓宰相"杨国忠身上。杀死杨国忠

后，将士们担心他的妹妹杨贵妃秋后算账，于是以"杨贵妃是红颜祸水，不杀死她不足以稳定军心"为由，逼迫唐明皇下令杀死杨贵妃。唐明皇无奈之下，只得赐死杨贵妃。这件事后不久，太子李亨登基，唐明皇不仅失去了心爱的女人，也失去了握在手里四十多年的权力。

谈及这段历史，三人不免感慨万千。盛唐的辉煌之气便是从"安史之乱"之后开始消散的，如果唐明皇没有专宠杨贵妃，没有重用杨国忠等人，也许就不会有"安史之乱"，大唐也许就不会走向衰败。可是，如果抛去唐明皇与杨贵妃的身份，仅仅去看他们的爱情故事，又是那么真挚，那么让人同情和惋惜。

讽刺与愤恨中又蕴含着同情与惋惜，正是在这种极其矛盾的心境下，白居易写下了一首近千字的长篇叙事诗，这便是让他名动天下的《长恨歌》。

长恨歌

汉皇重色思倾国,御宇多年求不得。
杨家有女初长成,养在深闺人未识。
天生丽质难自弃,一朝选在君王侧。
回眸一笑百媚生,六宫粉黛无颜色。
春寒赐浴华清池,温泉水滑洗凝脂。
侍儿扶起娇无力,始是新承恩泽时。
云鬓花颜金步摇,芙蓉帐暖度春宵。
春宵苦短日高起,从此君王不早朝。
承欢侍宴无闲暇,春从春游夜专夜。
后宫佳丽三千人,三千宠爱在一身。
金屋妆成娇侍夜,玉楼宴罢醉和春。
姊妹弟兄皆列土,可怜光彩生门户。
遂令天下父母心,不重生男重生女。
骊宫高处入青云,仙乐风飘处处闻。
缓歌慢舞凝丝竹,尽日君王看不足。
渔阳鼙鼓动地来,惊破霓裳羽衣曲。
九重城阙烟尘生,千乘万骑西南行。
翠华摇摇行复止,西出都门百余里。
六军不发无奈何,宛转蛾眉马前死。
花钿委地无人收,翠翘金雀玉搔头。
君王掩面救不得,回看血泪相和流。
黄埃散漫风萧索,云栈萦纡登剑阁。
峨嵋山下少人行,旌旗无光日色薄。
蜀江水碧蜀山青,圣主朝朝暮暮情。
行宫见月伤心色,夜雨闻铃肠断声。
天旋地转回龙驭,到此踌躇不能去。
马嵬坡下泥土中,不见玉颜空死处。
君臣相顾尽沾衣,东望都门信马归。
归来池苑皆依旧,太液芙蓉未央柳。
芙蓉如面柳如眉,对此如何不泪垂?

春风桃李花开日，秋雨梧桐叶落时。
西宫南苑多秋草，落叶满阶红不扫。
梨园弟子白发新，椒房阿监青娥老。
夕殿萤飞思悄然，孤灯挑尽未成眠。
迟迟钟鼓初长夜，耿耿星河欲曙天。
鸳鸯瓦冷霜华重，翡翠衾寒谁与共？
悠悠生死别经年，魂魄不曾来入梦。
临邛道士鸿都客，能以精诚致魂魄。
为感君王辗转思，遂教方士殷勤觅。
排空驭气奔如电，升天入地求之遍。
上穷碧落下黄泉，两处茫茫皆不见。
忽闻海上有仙山，山在虚无缥缈间。
楼阁玲珑五云起，其中绰约多仙子。
中有一人字太真，雪肤花貌参差是。
金阙西厢叩玉扃，转教小玉报双成。
闻道汉家天子使，九华帐里梦魂惊。
揽衣推枕起徘徊，珠箔银屏迤逦开。
云鬓半偏新睡觉，花冠不整下堂来。
风吹仙袂飘飖举，犹似霓裳羽衣舞。
玉容寂寞泪阑干，梨花一枝春带雨。
含情凝睇谢君王，一别音容两渺茫。
昭阳殿里恩爱绝，蓬莱宫中日月长。
回头下望人寰处，不见长安见尘雾。
惟将旧物表深情，钿合金钗寄将去。
钗留一股合一扇，钗擘黄金合分钿。
但令心似金钿坚，天上人间会相见。
临别殷勤重寄词，词中有誓两心知。
七月七日长生殿，夜半无人私语时。
在天愿作比翼鸟，在地愿为连理枝。
天长地久有时尽，此恨绵绵无绝期。

这是一首极具浪漫主义气息的诗歌，虽然脱胎于唐明皇与杨贵妃这两个真实的历史人物，但白居易没有拘泥于历史，而是将民间传说、神话故事等也融入其中，然后再用回环往复的艺术形式将故事歌咏出来。可以说，《长恨歌》完美地将事、景、情融合在一起，体现了白居易高超的诗歌创作水准。

这首《长恨歌》让白居易声名大噪，甚至连唐宪宗都频频给他点赞。此时的白居易不会想到，从他写下《长恨歌》的那一刻起，命运的齿轮便开始转动了。

"地理发现"

马嵬坡

马嵬坡也叫马嵬驿，位于陕西省兴平市西约11公里处。唐朝时，这里是一处非常重要的驿站，而如今，这里变成了一处充满历史与文化底蕴的旅游景点。

马嵬驿的景点众多，其中比较著名的当属黄山宫与杨贵妃墓。

黄山宫是一处道教圣地，据说，道教始祖老子曾在这里传经布道。公元前193年，汉孝惠帝巡游到此，命人在这里修建了一座道观，这便是黄山宫。

杨贵妃墓是李隆基为纪念杨贵妃而修建的一处陵墓，距今已有1200多年的历史。墓园内绿树成荫，碑石林立，碑石上刻有历代文人的题咏，仿佛在诉说着一个又一个古老的故事。

傥骆道上的叹息与蜕变

公元 807 年 [36岁] 傥骆道

公元 807 年的夏天，白居易奉命到乡下视察，走的是傥骆道。傥骆道是一条古栈道，白居易下乡视察民情时经常走这条道。

到达乡下时正好是中午，太阳高照，酷热异常。然而，农夫们却没有一个人在阴凉里歇着，全都在弯着腰收割小麦。

对此情景，白居易很是疑惑，便命人前去询问。

原来，农夫们担心突然下起暴雨，那样的话，麦子很可能会烂在地里，所以即便是中午，也不敢休息。只有早一点儿把麦子收完，才能早一刻安心。

白居易是一个"官二代"，对农事一窍不通。农夫简单的几句话，在白居易听来，却如同五雷轰顶。他看向四周，一个个忙碌的身影强烈地冲击着他的内心。

接下来的几天，白居易是在巨大的痛苦与自责中度过的，也是在这样的心境下，白居易写下了这首极具讽刺意味的《观刈麦》。

观刈麦

田家少闲月，五月人倍忙。
夜来南风起，小麦覆陇黄。
妇姑荷箪食，童稚携壶浆，
相随饷田去，丁壮在南冈。
足蒸暑土气，背灼炎天光，
力尽不知热，但惜夏日长。
复有贫妇人，抱子在其旁，
右手秉遗穗，左臂悬敝筐。
听其相顾言，闻者为悲伤。
家田输税尽，拾此充饥肠。
今我何功德？曾不事农桑。
吏禄三百石，岁晏有余粮，
念此私自愧，尽日不能忘。

在这首诗里，白居易以近乎白描的语言描写了农夫与农妇辛苦劳作的场景，但尽管他们已经如此勤劳了，为何还是吃不饱呢？罪魁祸首便是沉重的税赋以及已经变了味儿的和籴法。

来盩厔县之前，白居易心里装的是整个大唐，他可以洋洋洒洒地写下几千字，甚至上万字的策文，里面写的全是治国的良方。而来到盩厔县接触了许多底层百姓之后，白居易明白了一件事：治理国家不能忽略了底层的百姓。于是，他写了这首《观刈麦》，目的就是为底层的百姓发声。

从某种意义上来说，在盩厔县做县尉的经历促使白居易实现了人生的第一次蜕变，他不再只把目光聚焦于朝廷之上，而是开始关注起了民间百姓的疾苦。

当然，这条路注定会布满荆棘。

"地理发现"

盩厔县

盩厔县是陕西省西安市下辖县，是一个有着2000多年历史的古县，因"山曲为盩，水曲为厔"而得名。1964年，盩厔县改名为现在使用的周至县。

周至县拥有丰富的旅游资源。其中，楼观台是道教文化的发祥地之一，据说，老子曾在此处讲授过《道德经》，所以这里也被称为"说经台"。1993年，经陕西省政府批准，"楼观台风景名胜区"得以在此建造。景区内植被茂密，山清水秀，景点众多，游客们在这里可以欣赏秀美的自然风光，感受深厚的道教文化，也可以参与各种文化活动，体验中华优秀传统文化的魅力。

周至县还拥有世界上面积最大的植物园——秦岭国家植物园。植物园的面积为639平方千米，海拔落差达2000多米，是植被分带最清晰的植物园，也是我国第一个国家级植物园。2023年，秦岭国家植物园被认定为国家4A级旅游景区。

升迁，升迁，再升迁

公元 808 年 [37岁] 大明宫

公元 807 年秋，机会终于落到白居易头上，他被召回长安，担任本届进士考试的考官。虽然没有具体的官职任命，但调回长安这件事本身就释放了一个积极的信号。

为什么突然把白居易调回长安呢？历史上众说纷纭，其中一个观点是他的那篇《长恨歌》发挥了作用。想想看，一个名满大唐的大才子，一个得到了宪宗频频点赞的进士，怎么可能让他一直待在县里做一个小小的县尉呢？只不过，宪宗在等一个合适的时机。这个时机便是进士考试。

果然，进士考试结束后，白居易没有回到原任，而是被调到了集贤院，任集贤院校理。集贤院位于大明宫西区，是皇帝用来收藏典籍的地方，和秘书省的职责差不多，但由于宪宗非常重视集贤院，所以集贤院具有一定的政治职能，这是秘书省所不具备的。

白居易在集贤院待了几个月后，宪宗又下了一道圣旨，将白居易召入翰林院，授翰林学士。翰林院，说白了就是皇帝的秘书处，权力可大可小，主要看皇帝的态度。权力小的时候，也就是负责给皇帝写写诏书；权力大的时候，会完全参与皇帝的政事。此时，翰林院的权力说大不大，说小也不小，虽然不会完全参与皇帝的政事，但皇帝时不时地也会询问他们的意见。

唐代，翰林学士的特殊之处是不设官阶，一般由侍郎、郎中等中高级官员兼任，白居易以一个九品县尉的身份兼任翰林学士，可见宪宗对他的抬爱。不过，既然已经把白居易召入翰林了，怎么可能还会一直让他以县尉的身份兼任呢？于是，第二年，宪宗将白居易升为左拾遗，和两年前的元稹待遇一样。

那元稹去哪里了呢？

原来，上任左拾遗后，元稹的嘴和腿就没停过，不是在进谏，就是在进谏的路上。进谏的多了，得罪的人也就多了。这些人一有机会，就上书弹劾元稹。宪宗迫于压力，仅仅半年之后便把元稹贬出长安了。没过多久，元稹的母亲去世，元稹回乡丁忧。丁忧期间，元稹没了收入，全靠白居易等好友的接济过活。

这一年，除了升为左拾遗外，白居易还迎来了他人生中的一件大事，娶了时任国子监祭酒的杨宁的女儿为妻。此时的白居易已经37岁，绝

大唐少年游

对算得上是晚婚了,而导致他晚婚的原因,就是他自始至终都爱着的湘灵。自从和湘灵分别后,白居易一直守着和她的约定,非她不娶。可是,在他坚持到37岁这年,白母竟然以性命相要挟,逼他成婚。无奈之下,白居易只得娶了与白家门当户对的杨氏。

将近20年的坚持,在这一刻全部化为泡沫。我们无法得知白居易当时心里想什么,但可以肯定的是,虽然他此时还没有对妻子产生爱意,但他依旧选择担起作为丈夫的责任,从他当时写给妻子的这首《赠内》便可知其一二。

赠内(节选)

生为同室亲,死为同穴尘。
他人尚相勉,而况我与君。
黔娄固穷士,妻贤忘其贫。
冀缺一农夫,妻敬俨如宾。
…………
缯絮足御寒,何必锦绣文?
君家有贻训,清白遗子孙。
我亦贞苦士,与君新结婚。
庶保贫与素,偕老同欣欣。

整首诗的语言朴实无华，仿佛白居易在和妻子唠家常，告诉她我们要同甘共苦，要清清白白、踏踏实实地过日子。这些恳切的语言，让人倍感亲切，但却少了几分新婚宴尔的激情与热烈。是啊，双方的结合并非出于爱情，自然少了爱情该有的激情。尽管如此，白居易还是决定做一个好丈夫，并向妻子许下承诺：我们要快快乐乐地白头偕老。

" 地理发现 "

大明宫

唐朝时期，在长安城内有三座大的宫殿，分别是大明宫、太极宫、兴庆宫，大明宫是这三座宫殿里最大的一座，也是皇帝工作和居住的地方。大明宫始建于贞观八年（634 年），宫殿分前朝和内廷两部分，前朝是皇帝的工作场所，后庭是皇帝的居住场所。白居易待过的集贤院、翰林院全都位于前朝。

自大明宫建成以来，前后共有 17 位唐朝皇帝在这里工作和居住过。唐朝末年，战乱不断，大明宫也在战乱中被损毁，沦为废墟。

2010 年，建于大明宫遗址上的大明宫国家遗址公园正式对外开放。该公园基本还原了大明宫的历史原貌，游览其中，可以感受盛唐的辉煌与繁华。2020 年，大明宫国家遗址公园被评为 5A 级旅游景区。

上任左拾遗，为国为民恪尽职守

公元 808 年 [37岁] 长安

从 29 岁考中进士，到升任左拾遗，这条路，白居易走了 7 年。这 7 年来，白居易见证了朝堂斗争的残酷，但仍旧不改其志；他还见证了官府对百姓的剥削，于是他开始写讽喻诗，借此为百姓发声。

升任左拾遗后，白居易继续发扬他的老传统，用诗为百姓发声。不同的是，他现在是左拾遗，他不仅要为百姓发声，更期望通过他的诗让宪宗了解百姓的疾苦。既然已经是左拾遗了，为什么白居易不直接把百姓的疾苦告诉宪宗，而是要绕那么大的弯子呢？归根到底，还是和宪宗执政时的政治环境有关。

宪宗登基以来，一直想有一番作为。然而，自唐代宗（唐朝的第九位皇帝，唐宪宗是唐朝的第十二位皇帝）执政以来，宦官的权力日渐膨胀。到唐宪宗时期，宦官的权力已经大到可以在一定程度上决定谁能登上皇位。几年前，宪宗便是靠着宦官的扶持才登上帝位。所以，尽管宪宗想有一番作为，但对于宦官专权这件事，他很多时候也无可奈何。另外，朝堂中还存在着以李吉甫为首的旧官僚派，他们表面上效忠宪宗，暗地里却和宦官勾结在一起，这也让宪宗很是无奈。

为了削弱宦官的权力，维持自己的帝权，宪宗决定培植自己的势力，用以制衡另外两股势力。本来，在宪宗的谋划里，已经没有了白居易这个"刺头"的位置，但《长恨歌》出来后，宪宗被白居易的才情打动，于是，一纸诏书，将白居易召回了长安。

此时的朝堂，基本成了宦官、旧官僚派、新派三足鼎立的局面，宪宗需要在如此复杂的政治环境下斡旋，自然没有多余的精力管百姓的生活。或许，白居易多次向宪宗提过百姓的疾苦，但可能没说几句话，便被宪宗叫停了，多次尝试无果之后，白居易只得走起"惟歌生民病，愿得天子知"的弯路。

既然要"歌生民病"，那就不能藏着掖着，有什么问题，全都给他"歌"出来，于是，便有了《秦中吟十首》。这十首诗分别是《议婚》《重赋》《伤宅》《伤友》《不致仕》《立碑》《轻肥》《五弦》《歌舞》和《买花》。

这10首诗可以说把当时社会上最尖锐的问题全部揭露了出来。而要说这10首诗中，哪首言辞最为激烈，非《重赋》莫属。

重赋（节选）

厚地植桑麻，所要济生民。
生民理布帛，所求活一身。
身外充征赋，上以奉君亲。
国家定两税，本意在忧人。
…………
缯帛如山积，丝絮似云屯。
号为羡余物，随月献至尊。
夺我身上暖，买尔眼前恩。
进入琼林库，岁久化为尘！

  一年前，白居易写了一首《观刈麦》，讽刺了税赋的问题。这一次，白居易再次把矛头指向税赋，无情地揭露了地方官员以税赋之名，大肆搜刮百姓，导致民不聊生的社会现状。

  然而，尽管白居易写了很多反映社会问题的诗，却依旧没有引起宪宗的重视。

  在政事上，白居易走得同样不顺。他和元稹一样，上任左拾遗后，嘴和腿就没停过，不是在进谏，就是在进谏的路上。白居易也因此得罪了很多人，甚至引起了宪宗的不满。白居易是宪宗一手提拔起来的，为什么会对他不满呢？这是因为白居易不只把矛头指向宦官和旧官僚派，还总是挑宪宗的"刺"，说他这不对、那不对，尽管这就是左拾遗的职责所在，但说得多了，宪宗难免会不高兴。

  如果换成别人，面对重重阻碍，或许会就此退缩，但白居易为了国家和百姓，可以无视所有的阻碍，他该写诗写诗，该进谏进谏，该他干的事，一件也没有落下。

"地理发现"

仙游寺

　　仙游寺位于周至县，白居易返回长安后，偶尔还会与好友王质夫到此处游玩，以排解心中的愤懑。

　　仙游寺建于隋代。据记载，隋文帝外出游玩走到此处，见风光旖旎，便命人在这里修建了一座行宫，名为仙游宫。几年后，隋文帝为了安置佛骨舍利，命人在仙游宫建造了一座塔，取名为法王塔。法王塔的建成代表着这处场所从道观变成了寺庙，仙游宫也从此改名仙游寺。

　　法王塔高35米，共7层，由石砖搭建而成。历经1400多年的风雨，法王塔至今仍安然无恙地矗立在仙游寺内。

轰轰烈烈"新乐府",振聋发聩《卖炭翁》

公元 809 年 [38岁] 杜陵

公元809年,白居易结识了一个非常重要的人,他就是李绅。没错,就是写《悯农》的那个李绅。李绅当时在秘书省当校书郎,他和白居易的主张一样,希望通过诗歌反映现实。与白居易不同的是,他选择的是乐府体诗。

什么是乐府体诗？要弄清这个问题，首先要弄明白什么是乐府诗。西汉时期，朝廷成立了一个部门，叫汉乐府，职责就是到民间采集文人的诗，以及在民间流传的歌谣、民谣，然后对其进行整理、改编，再配上音乐进行演奏或演唱。在汉代，这些经过整理和改编后的作品称为"歌诗"，到了魏晋时期，则称其为"乐府"（或"汉乐府"），于是，后世便把这类作品称为"乐府诗"。乐府体诗就是在形式上模仿"乐府诗"而形成的一种诗歌体裁。

为什么在众多的诗歌体裁中，李绅偏偏选择了乐府诗体呢？

乐府诗源于民间，语言平白易懂，内容也多描述民间之事。这三个特点，与李绅要用诗歌反映现实的需求完全契合。不过，要反映当下的现实，就需要抛弃原有的题目，结合时事起新的题目，同时要抛弃能够配乐这个标准。李绅把这种新标准下写出的乐府诗称为"新题乐府"，即"新乐府"。

李绅的这一主张得到了白居易和元稹的大力支持，于是，在三人的倡导下，轰轰烈烈的新乐府运动开始了。

此后，白居易把大量精力投入新乐府的创作中，仅一年时间便写出了50首新乐府。其中，比较有名的当属《杜陵叟》与《卖炭翁》。

白居易

杜陵叟

杜陵叟，杜陵居，岁种薄田一顷余。
三月无雨旱风起，麦苗不秀多黄死。
九月降霜秋早寒，禾穗未熟皆青干。
长吏明知不申破，急敛暴征求考课。
典桑卖地纳官租，明年衣食将何如？
剥我身上帛，夺我口中粟。
虐人害物即豺狼，何必钩爪锯牙食人肉？
不知何人奏皇帝，帝心恻隐知人弊。
白麻纸上书德音，京畿尽放今年税。
昨日里胥方到门，手持敕牒榜乡村。
十家租税九家毕，虚受吾君蠲免恩。

公元809年春，长安周边地区遭遇了严重的旱灾，白居易上书宪宗，请求减免百姓的税赋。这一次，宪宗竟然痛快地答应了白居易的请求，

下旨减免灾区百姓的税赋。然而，地方官员却来了一套阳奉阴违。他们接了圣旨后，秘而不宣，依旧按照往年的标准征收赋税。等到赋税征得差不多了，再把圣旨的内容告知百姓。可是，百姓都已经交完税了，再颁布圣旨的内容还有什么作用呢？

白居易得知此事后，向宪宗上书，请求惩办相关人员，并返还税赋。可是，税赋已经纳入国库，宪宗怎么舍得把进了嘴的东西再吐出来呢？于是驳回了白居易的请求。悲愤之余，白居易写下了这首《杜陵叟》。

这年冬天，还发生了一件事。一群宦官在长安的街市上，用半匹红纱和一丈白绫从一位老翁手里换了1000多斤炭，还把老翁的牛车牵走了。得知这件事后，白居易把它写到了诗里，这便是每一句都振聋发聩的《卖炭翁》。

卖炭翁

卖炭翁，伐薪烧炭南山中。
满面尘灰烟火色，两鬓苍苍十指黑。
卖炭得钱何所营？身上衣裳口中食。
可怜身上衣正单，心忧炭贱愿天寒。
夜来城外一尺雪，晓驾炭车辗冰辙。
牛困人饥日已高，市南门外泥中歇。
翩翩两骑来是谁？黄衣使者白衫儿。
手把文书口称敕，回车叱牛牵向北。
一车炭，千余斤，宫使驱将惜不得。
半匹红纱一丈绫，系向牛头充炭直。

在这首诗的下面，白居易写了一个小序，只有四个字："苦宫市也。""宫"指皇宫，"市"是买的意思，连在一起解释就是皇宫需要购买的物品。以前，这些事由专门的官吏负责，宦官专权之后，看到这里面有利可图，便把采购权夺到了手里。这些宦官横行无忌，强买强卖，以极低的价格强行购买货物，甚至有时分文不给。面对这种名为"宫市"，实为抢夺的行为，百姓们苦不堪言，但又无处申冤。

此时的白居易，提出了一个主张："文章合为时而著，歌诗合为事而作。"简单来说，就是文学作品要能够反映社会现实，而不是单纯地为了写文章而写文章。显然，白居易的50首新乐府都在践行这一主张。

这一年，除了大量写诗外，在政事上，白居易同样没有丝毫的松懈，该直言进谏的事一件也没有少，甚至在一次公开讨论政事的场合直接指出了宪宗的错误。因为这件事，宪宗对白居易的不满达到了极点，甚至扬言要把白居易从翰林院赶出去，免了他左拾遗的职位。幸得时任翰林学士的李绛规劝，宪宗才打消了这个念头。不过，宪宗也只是嘴上打消了念头，在他心里，对白居易的信任已然崩塌。

白居易上任左拾遗后，从没结交过任何势力，而且把宦官势力以及旧官僚派几乎得罪了一个遍，他唯一可以倚靠的就是宪宗的信任。而如今，宪宗对白居易的信任已经荡然无存，他未来的路可想而知。

"地理发现"

杜陵原

在西安曲江有一片开阔的原地,因汉宣帝刘询的陵墓——杜陵建在这里,故得名杜陵原。

杜陵是西汉历代皇帝陵墓中规模较大,且保存较好的一座,陵墓内有5处陪葬坑,坑内发现了大量陪葬物。此外,杜陵周围还发现了大量的陪葬墓,目前探明的已有一百多座。什么是陪葬墓?这是西汉时期形成的一种陪葬制度,即皇族与功勋卓著的大臣死后,可以把墓葬建在黄帝陵的周围,目的是表示对皇族以及这些大臣的恩宠。

从1982年至1984年,考古人员对杜陵进行了发掘。后来,以杜陵为中心,建立了杜邑遗址公园,并于2020年正式对外开放。公园内的景点主要有杜陵遗址核心保护区、杜陵汉代文化综合体验区、核心文化展示区等,每个区域都有其独特的魅力和价值。

辞官丁忧，乡居渭河旁

公元 811 年 [40岁] 渭河

公元 810 年，白居易左拾遗的任期结束，按照惯例，该将他升为尚书员外郎（从六品上），但宪宗没有直接下旨给他升官，而是告诉他："只要合乎规制，朝堂中的官职随便你选。"

表面上来看，这是宪宗给他的恩宠，但其实，这话的言外之意是，你选什么官都行，但就是不要再在我眼前晃悠了。

失去宪宗信任的这一年，白居易的日子过得很不好，同宦官的数次交锋都以失败告终，他的信心也随之逐渐消散。迟疑、彷徨、无力、无奈，各种消极的情绪占满了他的心，最终，他选择了妥协，请求出任京兆府户曹参军。户曹参军的官阶是正七品下，虽然比左拾遗高，但由于远离权力中心，权力反而变小了。所以，此次调动实际上是明升暗降。

户曹参军的职责是管理户籍，工作压力小，工资高，所以担任户曹参军以来，白居易的日子过得还算自在。然而，天有不测风云，白居易的母亲在一次外出赏花时，意外坠井而亡。

12岁之前，白居易一直和母亲生活在一起，母子两人的感情很深，尽管白母一直反对他和湘灵的婚事，但除了这件事之外，两人再没有其他矛盾。想起母亲的养育、教导之恩，白居易伤心欲绝，写下了这首《慈乌夜啼》。

慈乌夜啼

慈乌失其母，哑哑吐哀音。
昼夜不飞去，经年守故林。
夜夜夜半啼，闻者为沾襟。
声中如告诉，未尽反哺心。
百鸟岂无母，尔独哀怨深。
应是母慈重，使尔悲不任。
昔有吴起者，母殁丧不临。
嗟哉斯徒辈，其心不如禽。
慈乌复慈乌，鸟中之曾参。

白居易

　　这是一首借物喻人的诗。在古人心中，乌鸦能够反哺，所以称乌鸦为慈乌。诗中，白居易刻画了乌鸦失去母亲后夜夜啼叫的场景，其实是在借乌鸦的形象倾吐自己的哀伤。自从白居易到长安任职之后，他与母亲聚少离多，也因此没能尽到为人子该尽的责任，而此刻，一切都已经晚了，他心中有的只是无尽的哀伤和愧恨。

　　按照礼制，白居易辞去了官职，回到了渭水河旁的紫兰村。他要在这里丁忧3年。

　　屋漏偏逢连夜雨，白居易回到紫兰村没多久，他刚满3岁的女儿因病去世。短短数月之间，白居易接连失去了母亲和女儿，巨大的悲痛之下，白居易的身体终于扛不住了，他大病了一场。

　　不过，生活似乎并不打算放过他。辞官之后，白居易不仅没有了收入，还需要按照农户的身份交税。曾经在盩厔县担任县尉时，白居易忙碌在征税的第一线，而如今，他成了那个被征税的人。

　　此刻的白居易陷入了人生低谷。母亲去世、女儿夭折、官场失意、生活艰难，种种打击下，白居易把目光转向了佛学和道学。按照他自己

的说法，他学佛和学道并不是为了觉悟什么，而是为了用佛家和道家的学说开解自己，缓解内心的痛苦。

这一年也是多灾的一年，百姓没有收获多少粮食，入冬之后便没了口粮，于是只能去野外采一种叫地黄的药材。地黄有什么作用呢？据说，马吃了地黄，毛色可以变得非常漂亮。百姓采了地黄之后，便拿着地黄到养马的富贵人家换一些吃的，哪怕只能换一些马料他们也愿意。

"朱门酒肉臭，路有冻死骨。"从杜甫那个时代，一直到今天，百姓的生活没有一点儿改变。这种"人不如马"的残酷现实刺痛了白居易的心，也再一次激起了他的斗志，于是挥笔写下了这首《采地黄者》。

采地黄者

麦死春不雨，禾损秋早霜。
岁晏无口食，田中采地黄。
采之将何用，持以易糇粮。
凌晨荷锄去，薄暮不盈筐。
携来朱门家，卖与白面郎。
与君啖肥马，可使照地光。
愿易马残粟，救此苦饥肠。

如果家里有粮食吃，谁愿意吃马吃剩下的粮食呢？是啊，他们已经饥肠辘辘，或许已经一天没有吃东西了，他们没有选择，只要能填饱肚子，吃马吃剩的粮食又有何妨呢？

可是，真的无妨吗？

至少，对于白居易来说，一定不是这样。

"地理发现"

渭河

渭河，是黄河最大的支流，其干流全长818公里，横跨陕西中部与甘肃东部。渭河也有很多支流，其中，泾河是最大的一条支流。渭河水浑浊不清，但其支流泾河的水却比较清澈。在两条河的交汇处，一侧水浑，一侧水清，颜色差别非常明显。成语"泾渭分明"便是源于此处。

作为黄河最大的支流，渭河的"脾气"可不算好，动不动就给百姓来个洪灾，所以在渭河中下游流传着"大雨大涝、小雨小涝、十年九涝"的顺口溜。为了降低洪灾对百姓的危害，古人开始学着改造渭河，在其流域修建水渠，其中，最著名的便是修建于战国时期的郑国渠。

郑国渠建于公元前246年，由当时的水利专家郑国主持修建，故得名郑国渠。郑国渠全长约300里，依靠该渠得到灌溉的田地大约有1800余平方千米，关中一带也因此渠由贫瘠之地变成一片沃野，因此，郑国渠也被称为"天下第一渠"。

2016年，郑国渠申遗成功，成为陕西省第一处世界灌溉工程遗产，这标志着郑国渠的历史和文化价值得到了国际认可。

被贬江州，鹦鹉洲旁闻歌者

公元 815 年 [44岁] 武昌

三年丁忧期满后，白居易被召回长安。宪宗为了不让白居易在他眼前晃悠，把他安排到了太子身边。当然了，为了显示自己的恩德，宪宗还是给白居易升了官，正五品上，比之前的户曹参军高了不少。

按照当时的制度，到了太子身边，你的职责就是围着太子转，朝堂的政事就不能插手了。可是，以白居易的性格，他会老老实实地待在东宫吗？

公元 815 年夏天，长安城发生了一件惊天动地的大案，当朝宰相武元衡在上朝的路上被刺客杀害。一时之间，满朝震动，但没人敢站出来请求宪宗彻查此案。为什么会这样呢？自然是有它的原因。

宪宗自上位以来，一直在谋划一件大事——削藩。我们知道，自安史之乱之后，唐王朝对各藩镇的震慑力大大降低，而各藩镇为了争夺地盘相互攻伐，导致社会动荡，民不聊生。因此，要恢复唐王朝的繁荣，削藩势在必行。当然了，各藩镇的势力都不小，不是宪宗想削就削的。几年前，宪宗曾派兵讨伐过驻守在河北地区的节度使，但以失败告终。

这年夏天，宪宗再一次动起了讨伐节度使的心思，申蔡节度使是他此次讨伐的首要目标。各节度使得知消息后，派出了刺客到长安，第一个要刺杀的就是大力支持讨伐节度使的宰相武元衡。此次刺杀行动就是各节度使在给唐王朝施压。效果立竿见影，武元衡死后，朝臣们虽然都知道其中的内情，但担心下一个被杀的就是自己，于是纷纷闭口不言。

大唐少年游

就在此时，白居易站了出来，他上书宪宗，请求彻查凶手。白居易一张口，朝臣们也都跟着张口了，但他们说的却不是宰相被刺杀的事，而是白居易越职言事的事。于是，一纸诏书下来，白居易被贬出长安，到江州做一个小小的司马。

司马是刺史（相当于现在的市长）的副手，职责是协助刺史料理各种政务，其任务可以说相当繁重。然而，不知从何时开始，司马成了被贬官员的专属职位，由于被贬官员的身份特殊，所以司马逐渐成了一个闲职，刺史的一应事务不会交给司马处理，而是交给另一个副手——别驾。那司马需要做什么呢？答案是什么政务也不用做，非常清闲。不仅如此，司马每个月还有高工资拿，吃、喝、玩、乐，想干什么干什么，只要不犯法，没有人会约束。

这样看起来，做一个司马似乎也没有什么不好。如果选择"摆烂""躺平"，确实如此，但对于像白居易这样想做事的人来说，做一个没有任何实权的司马，无疑是一件痛苦的事。

按照唐朝的制度，诏书下来之后，必须尽快动身，于是，第二天，

白居易收拾好行囊后，便踏上了前往江州的路。一路上，白居易走走停停，时时望向长安的方向。他不知道，这一去，何时才能回来。

这天，船行驶到武昌，停靠在鹦鹉洲旁。白居易正在船上休息，忽然从船外传来一阵歌声，歌声中充满了愁绪，歌罢，又传来几声哭声。白居易走出船舱，只见邻船上站着一位少女，一边哽咽，一边哭泣。见此情景，白居易心底涌起了怜悯之情，于是他轻声地问女子："你遇到了什么事？为什么歌声如此凄婉？又为什么在这里哭泣呢？"白居易每问一个问题，少女便用衣襟擦一次眼泪，但始终一言不发。少女此举或许让白居易想起了自己的遭遇，他叹息一声，写下了这首《夜闻歌者》。

夜闻歌者

夜泊鹦鹉洲，秋江月澄澈。
邻船有歌者，发调堪愁绝。
歌罢继以泣，泣声通复咽。
寻声见其人，有妇颜如雪。
独倚帆樯立，娉婷十七八。
夜泪似真珠，双双堕明月。
借问谁家妇，歌泣何凄切？
一问一沾襟，低眉终不说。

后来，白居易是否和少女有过交谈，少女又究竟为什么事哭泣，是在抒发闺中之怨，还是在感叹自己的身世可怜呢？白居易在诗中没有给出答案。或许，这是白居易有意为之，故意给后人留下了一个悬念。

"地理发现"

鹦鹉洲

鹦鹉洲位于武汉市汉阳区，其名字源于三国时期的一位名士——祢衡。当时，在武昌城外的江中有一个岛屿，名叫江心洲。这天，祢衡受邀来江心洲做客，宴会上，有人以一只红嘴鹦鹉为谢礼，请求祢衡写一篇和鹦鹉有关的文章。祢衡是当世有名的才子，大笔一挥，写下了一篇流传千古的《鹦鹉赋》。后来，祢衡和江夏太守黄祖起了冲突，被黄祖杀死。好友黄射将祢衡葬在了江心洲上。因为祢衡的《鹦鹉赋》，人们后来便把江心洲改为鹦鹉洲了。

唐朝时期，崔颢在黄鹤楼上写出了千古名篇《黄鹤楼》，诗中写道："晴川历历汉阳树，芳草萋萋鹦鹉洲。"此后，鹦鹉洲名声大振，不少名人慕名而来，留下了无数诗篇。可惜的是，明清时期，鹦鹉洲被长江吞没，此后，便消失在了历史的长河中。

鹦鹉洲虽然消失了，但它的名字与故事却流传了下来。2010年，在鹦鹉洲的原址之上，一座大桥拔地而起，连接了长江两岸，这座大桥被命名为鹦鹉洲长江大桥。在大桥东岸北约3公里处，便是被誉为"天下江山第一楼"的黄鹤楼。当年，白居易也曾登临黄鹤楼，遥望鹦鹉洲，并写下了"白花浪溅头陀寺，红叶林笼鹦鹉洲"的诗句。

此来江州两千里

公元 815 年 [44岁] 江州

　　从长安到江州，遥遥两千里。白居易从长安出发的时候是八月，如今已是十月，行程也即将结束，而就在白居易即将抵达江州的时候，他遇到了已经阔别十几年的湘灵。湘灵此时已有 40 岁，仍孤身一人，从未出嫁，这意味着什么，不言而喻。

　　愧疚、悲伤、惋惜、无奈，各种复杂的情绪涌上白居易的心头。当初，两人是那么相爱，但"门当户对"四个字横亘在他们中间，任凭他们如何努力,都无法撼动分毫。此刻,两人再次相逢,但已无法再续前缘。或许,此次相逢只是为了让两人好好告别,给青春的遗憾画上一个句号。

红尘一别,天涯两端。望着湘灵离去的背影,白居易写下了《逢旧》两首。

> 逢旧(其一)
> 我梳白发添新恨,君扫青蛾减旧容。
> 应被傍人怪惆怅,少年离别老相逢。

> 逢旧(其二)
> 久别偶相逢,俱疑是梦中。
> 即今欢乐事,放盏又成空。

多年的相恋,十几年的相思,如今,只留下只言片语的怀念。此后,两人再未相见。

青春的遗憾画上了句号,而白居易的人生还需要继续,他需要到江州赴任。此时,天气已日渐寒凉,白居易对仕途的担忧也让他的心有几分凄凉。然而,下船之后,这份凄凉之感顿时被热闹的欢迎仪式淹没了。

> 初到江州
> 浔阳欲到思无穷,庾亮楼南湓口东。
> 树木凋疏山雨后,人家低湿水烟中。
> 菰蒋喂马行无力,芦荻编房卧有风。
> 遥见朱轮来出郭,相迎劳动使君公。

诗中说的"使君公"是时任江州刺史的崔能，他是白居易的顶头上司，而他之所以带着队伍热热闹闹地来迎接白居易，是因为他是白居易的"小迷弟"，十分仰慕白居易的才情和人品。

前面我们已经说过，司马是一个闲职，在这么闲的一个职位上，白居易肯定待不住，但他又无法做事。于是，他开始大量读李白、杜甫等人的诗，还整理起了自己以前写过的诗。如果从他16岁写下《赋得古原草送别》算起，到今年已经过去了近30年，这段时间，他写下了上千首诗。当然了，有些诗的水平非常一般，白居易自己都看不上眼，这些诗自然也就没有整理的必要了。最后，白居易一共整理出来了大约800首诗，编成了15卷。

整理完自己的诗后，白居易颇有几分自得，想着向自己的好友炫耀一下，于是写下了这首《编集拙诗成一十五卷，因题卷末，戏赠元九、李二十》。

> **编集拙诗成一十五卷，因题卷末，戏赠元九、李二十**
>
> 一篇长恨有风情，十首秦吟近正声。
> 每被老元偷格律，苦教短李伏歌行。
> 世间富贵应无分，身后文章合有名。
> 莫怪气粗言语大，新排十五卷诗成。

诗中提到的"长恨"与"秦吟"分别是让白居易名声大噪的《长恨歌》，以及他自己非常看重的《秦中吟十首》。这两部让自己洋洋得意的作品在朋友那里有什么反响呢？两个字概括：佩服。诗中说的"老元"和"短李"分别是诗人的两个好朋友元稹和李绅。"老元"这个称呼在今天很常见，当朋友上了岁数之后，彼此之间很喜欢称呼对方为"老什么什么"，而"短李"则是白居易给李绅起的外号，原因是李绅身高比较矮。说完了自己的诗，白居易接着自夸："我以后肯定会因为我的诗作留名千古，我这可不是在吹牛，因为我已经整理出来了十五卷作品。"

在唐代诗人中，白居易的确算得上高产，但他的诗能够流传下来三千多首，和他此次整理自己的诗作有莫大的关系。以这次整理诗集作为开端，在白居易以后的人生中，他每过一段时间便整理自己写过的诗作，而很多诗人只知道写，不知道整理，时间一长，诗作就不知道丢到哪里去了。白居易的好友李绅便是一个典型的例子，由于他不爱整理自己的诗作，他在新乐府运动时期写下的《新题乐府二十首》一首也没能流传下来。

与刚来江州时相比，此时的白居易豁达了许多，但彷徨、苦闷、无常之感仍旧时时袭来，对前路，他依旧茫茫然不知所往。

"地理发现"

江州

江州，九江的古称。

其实，九江这个地方最早的名字便是九江，意为九条江流汇合的地方。西晋时期，改名为江州。后来，又多次改名，如浔阳、柴桑等。唐朝时期，又改回江州。直到元末明初，江州再一次改回九江，此后，九江之名一直沿用至今。

九江景点众多，有被誉为四大书院之首的白鹿洞书院、中国最大的淡水湖鄱阳湖、入选世界文化遗产的庐山，以及被视作佛教净土宗发源地的东林寺。九江的文化底蕴也非常深厚，有16项国家级非物质文化遗产项目、52项省级非物质文化遗产项目。2022年，经国务院批复，九江被列为国家历史文化名城。

浔阳江头闻琵琶，江州司马青衫湿

公元 816 年 [45岁] 浔阳江

公元 816 年的秋天，白居易在浔阳江头送别好友时，偶遇一位弹琵琶的女子，听了琵琶女的身世遭遇后，白居易感慨万千，写下了传诵千古的《琵琶行》。

白居易

琵琶行

浔阳江头夜送客，枫叶荻花秋瑟瑟。
主人下马客在船，举酒欲饮无管弦。
醉不成欢惨将别，别时茫茫江浸月。
忽闻水上琵琶声，主人忘归客不发。
寻声暗问弹者谁，琵琶声停欲语迟。
移船相近邀相见，添酒回灯重开宴。
千呼万唤始出来，犹抱琵琶半遮面。
转轴拨弦三两声，未成曲调先有情。
弦弦掩抑声声思，似诉平生不得志。
低眉信手续续弹，说尽心中无限事。
轻拢慢捻抹复挑，初为《霓裳》后《六幺》。
大弦嘈嘈如急雨，小弦切切如私语。
嘈嘈切切错杂弹，大珠小珠落玉盘。
间关莺语花底滑，幽咽泉流冰下难。
冰泉冷涩弦凝绝，凝绝不通声暂歇。
别有幽愁暗恨生，此时无声胜有声。
银瓶乍破水浆迸，铁骑突出刀枪鸣。
曲终收拨当心画，四弦一声如裂帛。
东船西舫悄无言，唯见江心秋月白。
沉吟放拨插弦中，整顿衣裳起敛容。
自言本是京城女，家在虾蟆陵下住。
十三学得琵琶成，名属教坊第一部。
曲罢曾教善才服，妆成每被秋娘妒。
五陵年少争缠头，一曲红绡不知数。
钿头银篦击节碎，血色罗裙翻酒污。
今年欢笑复明年，秋月春风等闲度。
弟走从军阿姨死，暮去朝来颜色故。
门前冷落鞍马稀，老大嫁作商人妇。
商人重利轻别离，前月浮梁买茶去。
去来江口守空船，绕船月明江水寒。

夜深忽梦少年事，梦啼妆泪红阑干。
我闻琵琶已叹息，又闻此语重唧唧。
同是天涯沦落人，相逢何必曾相识！
我从去年辞帝京，谪居卧病浔阳城。
浔阳地僻无音乐，终岁不闻丝竹声。
住近湓江地低湿，黄芦苦竹绕宅生。
其间旦暮闻何物？杜鹃啼血猿哀鸣。
春江花朝秋月夜，往往取酒还独倾。
岂无山歌与村笛，呕哑嘲哳难为听。
今夜闻君琵琶语，如听仙乐耳暂明。
莫辞更坐弹一曲，为君翻作《琵琶行》。
感我此言良久立，却坐促弦弦转急。
凄凄不似向前声，满座重闻皆掩泣。
座中泣下谁最多？江州司马青衫湿。

在这首诗诗名的下面，白居易写了一段序言："元和十年，予左迁九江郡司马。明年秋，送客湓浦口，闻舟中夜弹琵琶者，听其音，铮铮然有京都声。问其人，本长安倡女，尝学琵琶于穆、曹二善才，年长色衰，委身为贾人妇。遂命酒，使快弹数曲。曲罢悯然，自叙少小时欢乐事，今漂沦憔悴，转徙于江湖间。予出官二年，恬然自安，感斯人言，是夕始觉有迁谪意。因为长句，歌以赠之，凡六百一十六言，命曰《琵琶行》。"

序言交代了故事发生的时间、地点、人物，以及写诗的原因和经过。

原来，琵琶女曾经是长安城非常有名的歌伎，受万人追捧，一时风光无限。年老色衰之后，为了生活，她被迫嫁给了一位商人。然而，商人十分薄情，没过多久就抛弃了她，为了谋生，她只得辗转各地。

听完琵琶女的遭遇，白居易不禁想起自己的遭遇：曾经备受宪宗信任的他，在朝堂上意气风发，可以说没有他不敢弹劾的人，而如今只能在江州做一个没有任何实权的司马。"同是天涯沦落人，相逢何必曾相识"，想到这里，白居易心中再次泛起了被贬黜的失意之感，竟失声痛哭起来。

这首《琵琶行》和《长恨歌》一样，取得了巨大的成功，而白居易的名字再一次随着这首诗传遍大街小巷。不过，这首诗并没有像当年的《长恨歌》一样推动白居易命运齿轮的转动。白居易依旧做着小小的司马，依旧无法改变自己的命运，更无法改变唐王朝走向衰败的命运。

是啊，当一个朝代必然要走向衰败时，所有人都会被裹挟其中，不管是掌握着权力的朝臣，还是地位低下的歌伎，都无法从中逃脱。想到这里，白居易变得更加迷茫了，于是他决定隐居庐山，去山水中寻找答案。

"地理发现"

浔阳江

　　浔阳江是长江流经九江市的一段,因为九江在古代曾用过浔阳这个名字,所以这段江也被称为"浔阳江"。当年,白居易便是在浔阳江的一个码头上写出了千古名篇《琵琶行》。

　　如今,码头早已消失在历史的长河中,取而代之的是九江市的一张城市旅游名片——浔阳江景区。该景区沿江而建,呈长卷式分布,景点主要有滨江生态公园、琵琶亭、锁江楼、浔阳楼、浪井、烟水亭等。其中,琵琶亭便是因白居易的《琵琶行》而得名。

半隐庐山,"世事从今口不言"

公元 817 年 [46岁] 庐山

在庐山香炉峰的山脚,白居易搭建了一座草堂,草堂不大,只有三间屋子,陈设也很简单。草堂建成时,白居易写了一首《香炉峰下新置草堂,即事咏怀,题于石上》以作纪念。

> **香炉峰下新置草堂，即事咏怀，题于石上（节选）**
>
> 香炉峰北面，遗爱寺西偏。
> 白石何凿凿，清流亦溅溅。
> 有松数十株，有竹千余竿。
> 松张翠伞盖，竹倚青琅玕。
> ……
> 言我本野夫，误为世网牵。
> 时来昔捧日，老去今归山。
> 倦鸟得茂树，涸鱼返清源。
> 舍此欲焉往，人间多险艰。

白居易的这首诗一如既往地简单易懂。前两句交代了草堂的位置：香炉峰的北面，遗爱寺的西面。在香炉峰山脚，有一处寺庙，名叫遗爱寺，白居易经常到这里游玩。

后面的诗句交代了草堂周围的景色，以及白居易在草堂的生活，这两者可以分别用两个字来形容，一个是优美，一个是舒适。

当然了，白居易在这里虽然过的是隐居生活，但由于他还担任着江州司马一职，所以此次归隐只能算是半隐。

四月，白居易约了十几个好友，一起登游庐山。在庐山大林峰峰顶，有一座寺庙，名叫大林寺。在寺庙内，白居易看到了许多盛开的桃花，而此时，山下的桃花大多已经凋谢。这一奇怪的现象激起了白居易的兴致，于是写下了这首《大林寺桃花》。

白居易

大林寺桃花

人间四月芳菲尽，山寺桃花始盛开。
长恨春归无觅处，不知转入此中来。

这是一首脍炙人口的记游诗，诗中说的"人间"其实指的就是山下。大自然很神奇，随着海拔的增高，温度会随之降低。庐山的平均海拔超过了1000米，山上的气温比山下大约低10℃，所以山上桃花比山下桃花盛开的时间延后了大约一个月。对于这个神奇的现象，白居易感叹道："春天离去了，人们不知道到哪里去寻找，为此常常深感遗憾，却不知道春天已经偷偷地跑到山上来了。"

其实，诗的后两句还有更深一层的含义：春天的离去象征着宪宗对白居易信任的消散，而自己接下来该怎么办呢？正当白居易为此迷茫时，在山上发现了春天的踪迹。不过，在此时的白居易看来，山上的春天不再象征宪宗的信任，而是象征着新的精神寄托。那新的精神寄托是什么呢？或许是山水景色，或许是诗歌，也或许是佛学。

不管是什么，白居易在这年冬天获得了解脱，也解开了人生的困惑，他彻底和过去说了声"再见"。

> **重题香炉峰下新卜山居草堂东壁（节选）**
>
> 喜入山林初息影，厌趋朝市久劳生。
> 早年薄有烟霞志，岁晚深谙世俗情。
> 已许虎溪云里卧，不争龙尾道前行。
> 从兹耳界应清净，免见啾啾毁誉声。
> ……………
> 宦途自此心长别，世事从今口不言。
> 岂止形骸同土木，兼将寿夭任乾坤。
> 胸中壮气犹须遣，身外浮荣何足论。
> 还有一条遗恨事，高家门馆未酬恩。

白居易是怎么和过去说的"再见"呢？从这年冬天写下的这首《重题香炉峰下新卜山居草堂东壁》可以找到答案，那便是"宦途自此心长别，世事从今口不言"。什么意思呢？就是说自己不再对仕途有什么向往了，而且也不再谈论世事了。

此时的白居易开始迎来了他人生的第二次蜕变。从前，他一心想要中兴大唐，而如今，他不再执着于这些，他也不再困惑，不再彷徨，他告别了过去的自己，过起了写写诗、喝喝酒、交交友的悠闲生活。

"地理发现"

锦绣谷

锦绣谷是庐山的一个景点,由天池山与大林峰交会而成。相传这里是晋代名僧慧远采撷花卉、草药的地方,因花开时犹如锦绣,故而得名。

锦绣谷内有一处景点,名曰天桥,堪称庐山一奇。相传,明朝开国皇帝朱元璋早年和陈友谅在鄱阳湖大战,结果朱元璋打了败仗,带着士兵慌慌张张逃上了庐山。他们一路拼命地跑,跑到锦绣谷时,朱元璋一看,心凉了半截,只见眼前全是悬崖峭壁,深不见底,根本没有路可以走。可后面呢,陈友谅的追兵紧紧跟着,眼瞅着就要追上来了。

就在这万分危急的时候,突然,一道金光闪过,一条金龙从天上飞了下来。随即,这条金龙变成了一座虹桥,横跨在悬崖的两端。朱元璋一看,觉得这是老天在帮他,赶紧挥起马鞭,骑着马冲过了桥。

没过多久,陈友谅带着人马追到了桥头。可他刚到,就听见一声震天响的霹雳,再一看,那座虹桥便没影了,就好像从来没出现过一样。这下陈友谅没辙了,只能无奈地鸣金收兵。

后来有个叫潜凡的人听说了这个传说,专门写了一首诗:"盘岩对立冰川琢,维有残墩乍断桥。太祖借机抬圣驾,金龙传化上凌霄。"

赴任忠州,开启人生新篇章

公元 819 年 [48岁] 忠州

当白居易想告别仕途,安于悠闲时,在公元 818 年的冬天,他接到了宪宗的诏命,让他到忠州担任刺史。

按照当时的制度,被贬官员要在任上待满 5 年才有可能调到别的职位上,如今,才过了 3 年多,宪宗为什么突然想起了白居易,还给他升了官呢?

原来,3 年前宰相武元衡被刺杀后,宪宗并没有放弃讨伐节度使的

计划，而经过了长达数年的征战之后，终于讨伐成功。讨伐节度使是宪宗的一大理想，此时终于成功，他的喜悦之情可想而知。高兴之余，宪宗下了一个大赦的命令，而白居易当时犯的错并不算大，自然也就在大赦之列了。

对于白居易来说，这是个好消息，但他并没有表现得很惊喜，因为此时的他已经对仕途不再执着，所以接到诏书后他并没有着急赴任，而是在江州过完了春节才出发。

忠州是一座建在山上的小城市，人口不多，市井萧条，所以白居易虽然是一州之长，要统管一州所有的事务，但其实并没有多少政务需要他处理。

在当地，流行着一种民歌，名叫"竹枝"，白居易非常喜欢这种民歌的曲调，闲暇之余，便四处采风，好好过了一把采风官的瘾。

白居易的好友刘禹锡曾被贬朗州，当地也流行竹枝这种民歌，刘禹锡根据竹枝的曲调写了十几首《竹枝词》，在当时广为流传。白居易采风之后，便学着刘禹锡的做法，写了《竹枝词四首》。

竹枝词（其一）

瞿塘峡口水烟低，白帝城头月向西。
唱到竹枝声咽处，寒猿暗鸟一时啼。

竹枝词（其二）

竹枝苦怨怨何人？夜静山空歇又闻。
蛮儿巴女齐声唱，愁杀江楼病使君。

竹枝词（其三）

巴东船舫上巴西，波面风生雨脚齐。
水蓼冷花红簇簇，江蓠湿叶碧凄凄。

竹枝词（其四）

江畔谁人唱竹枝？前声断咽后声迟。
怪来调苦缘词苦，多是通州司马诗。

《竹枝词》是用来唱的，所以要兼具声韵之美，白居易的这四首《竹枝词》都做到了这一点。另外，这四首《竹枝词》内容写实，语言通俗易懂，继承了白诗一贯的特点，所以这四首诗虽然在成就上比不上刘禹锡的《竹枝词》，但也称得上是四首佳作。

在采风的过程中，白居易对当地的民情也有了一定的了解，随后便制定了他的施政方针——无为而治。

无为而治并不是什么都不做，而是不过多干预百姓的工作和生活。白居易为官的这十几年，深知官府对百姓的压迫与剥削，他不知道该如何扭转这个局面，所以干脆采取无为而治的做法，用"不做"去遏制官府做坏事的行为。

采取无为而治的施政方针后，白居易的生活变得更加清闲了，于是，他在忠州府衙的东坡上开辟了一块田园，没事可做了，便在这里种种花、种种树。白居易非常享受这样的生活，从他当时写下的《东坡种花二首》可以明显地看出这一点。

白居易

东坡种花（其一）（节选）

持钱买花树，城东坡上栽。
但购有花者，不限桃杏梅。
……
巴俗不爱花，竟春无人来。
唯此醉太守，尽日不能回。

东坡种花（其二）（节选）

东坡春向暮，树木今何如？
漠漠花落尽，翳翳叶生初。
……
云何茂枝叶？省事宽刑书。
移此为郡政，庶几氓俗苏。

当然了，白居易虽然十分享受这种没事种种花、种种树的清闲生活，但他并没有忘记百姓，甚至把种树这件事和自己的施政方针联系起来。在白居易看来，养民和养树是一个道理，要想使其枝繁叶茂，就必须使它的根和树干足够强壮。那什么是百姓的根和树干呢？答案是农业。而

要让农民积极地从事农业生产，就需要采取宽松的政治制度。

在白居易看来，制定宽松的政策，提高百姓从事农业生产的积极性，而自己则享受悠闲的生活，何乐而不为呢？

如果说江州三年多的生活教会了白居易如何和过去说再见，那忠州的生活则是教会了白居易如何开启人生新篇章。新篇章的主题是什么呢？白居易的字——乐天，便是答案。

地理发现

忠州

忠州，即现在重庆的忠县。忠县地处三峡库区腹心地带，长江穿城而过。借助长江的水运优势，这里成了重要的交通枢纽和货物集散地，来来往往的船只络绎不绝，运输着各类物资，也带来了各地的文化交流。

在特色物产方面，忠州豆腐乳那可是相当有名。它口感细腻，味道鲜美，香气独特，千余年来一直深受当地人的喜爱。忠州的柑橘也非常有名，种植历史长达2000多年，是中国国家地理标志产品。

这里的自然风光也十分迷人，翠屏山树木郁郁葱葱，登高望远，能将整个忠县的美景尽收眼底。石宝寨是一座建在巨石上的奇特建筑，飞檐斗拱，气势非凡，是国家4A级旅游景区，每年都吸引着无数游客前来打卡。

牛李党争，请辞出长安

公元 820 年 [49岁] 长安

公元 820 年正月，白居易收到一个噩耗，宪宗暴毙。宪宗的死非常蹊跷，尽管对外宣称是服用丹药过量致死，但其实人们心知肚明，是宦官在丹药中下了毒。

宪宗在位的十几年也算是做出了一些政绩，削弱了藩镇的势力，唐朝的经济也有所恢复，但在宦官专权这件事上，他始终没有什么大的作为，导致自己最终死于宦官之手。

宪宗死后，宦官拥护太子李恒登上帝位，是为唐穆宗。唐穆宗上位后没多久，白居易被召回长安。此时的白居易不会想到，在长安迎接他的将是一场又一场"噩梦"。

唐穆宗是个只知享乐的皇帝，对政事漠不关心，朝臣们趁机结党营私，形成了两个党派，一个是以牛僧孺、李宗闵为首的牛党，一个是以李德裕为首的李党。两个党派为了自己的私利，相互倾轧，导致朝政越发混乱。

白居易虽然没有加入任何一个党派，但不少昔日的老友为了升官纷纷加入不同的阵营。昔日的朋友陡然之间成了政敌。眼见朋友之间相互倾轧，而自己却无能为力，白居易怎么可能不伤心，怎么可能不失望？

然而，这只是噩梦的开始。

宪宗在位时，极大削弱了藩镇的势力，只要穆宗处置得当，藩镇割据的局面就可以彻底得到解决，但昏庸无能的穆宗却采取了一系列错误的措施，导致河朔三镇再次叛乱。

白居易回到长安后，为了避免自己卷入党争，一直走的是明哲保身的道路，很少向穆宗进言。而此时，面对三镇叛乱这样的大事，白居易不能置之不理，于是上书一封《论行营状》，陈述了如何平叛当前的叛乱。然而，穆宗根本不听白居易的建议，一向只知享乐的他突然刚愎自用起来，以为自己可以轻松平复叛乱，结果自然是兵败而归。宪宗谋划了十几年才降服的藩镇，却因为穆宗的昏庸无能，仅过了两年便再一次脱离了唐王朝的统治。

白居易对朝堂的失望达到了极点，而就在此时，他的好友元宗简因病去世。在白居易诸多好友中，与元宗简的友谊仅次于元稹，所以元宗简的去世对白居易的打击很大。

皇帝昏庸无能,朝臣结党营私,好友离世,一个接着一个的"噩梦"让白居易开始重新思考在长安为官的意义。是啊,在这里待下去已经没有任何意义了。于是,在穆宗给白居易升官时,白居易反而请求外放,到杭州做一个刺史。

在官员的任命上,穆宗一直以来都非常儿戏,所以当白居易请求外放杭州时,他想也没想就答应了。

杭州,江南水乡,白居易早就想游览那里的景色了,也早就想远离长安残酷的政治环境了,所以穆宗的旨意刚下来,白居易便立刻收拾好了行李。

初出城留别

朝从紫禁归,暮出青门去。
勿言城东陌,便是江南路。
扬鞭簇车马,挥手辞亲故。
我生本无乡,心安是归处。

出城时，不少亲朋好友前来相送，虽是离别，但白居易并不难过。此时的白居易再次变回了白乐天。"我生本无乡，心安是归处"，是啊，我生来就没有固定的住所，一直在漂泊，只要是让我心灵安宁的地方，就是我的归宿。

带着这份乐观与坦然，白居易开启了他的杭州之行。

" 地理发现 "

商山

商山位于陕西省商洛市丹凤县商镇，因其山形像一个"商"字，故得名商山。

秦王嬴政完成了一统六国的大业后，建立了中国历史上第一个专制主义中央集权国家——秦朝，并自称始皇帝。当时，有四位非常有名的学者，分别是东园公唐秉、夏黄公崔广、绮里季吴实、甪里先生周术，他们不满秦始皇的统治，于是隐居商山，时称"商山四皓"，商山也因这四人而得名。此后，商山逐渐成为中国隐逸文化的象征，被称为"中国第一隐山"。

从忠州返回长安，商山是必经之地。白居易途经此地，下马登临，并在山顶写下了《登商山最高顶》一诗。

且向洞庭湖上去

公元 822 年 [51岁] 洞庭湖

　　从长安到杭州，迢迢三千里。路途虽长，但白居易的心情十分放松，有的是精力欣赏沿途的风景。

　　这天，白居易乘船顺长江而下，此时，夕阳西下，眼前的景色让白居易诗兴大发，于是便有了这首白诗中传唱度极高的《暮江吟》。

暮江吟

一道残阳铺水中，半江瑟瑟半江红。
可怜九月初三夜，露似真珠月似弓。

这首《暮江吟》构思十分巧妙，前两句描绘了夕阳西下、晚霞铺洒在江面上的景象，后两句则描绘了新月东升、露水如珍珠般晶莹剔透的朦胧夜景。两幅景象一东一西，组合到一起之后，便构成了一幅绝美的暮江图画。

顺长江而下，会经过著名的洞庭湖，按理说，看到洞庭湖的景色，白居易的心情会变得更加愉快，然而，从他当时写下的这首《自蜀江至洞庭湖口有感而作》来看，他的心情似乎有几分复杂。

自蜀江至洞庭湖口有感而作（节选）

疏流似剪纸，决壅同裂帛。
渗作膏腴田，踏平鱼鳖宅。
龙宫变闾里，水府生禾麦。
坐添百万户，书我司徒籍。

在民间故事中，洞庭湖是大禹为了疏通长江的河道而开凿的，因为有了洞庭湖，长江水有了宣泄的地方，周围的百姓再也不用遭受水患之苦。可是，八百里的洞庭湖占了太多的地方，导致百姓的耕地变少。这种矛盾怎么解决呢？白居易不禁畅想起来：如果大禹重生，重新给这里做规划，一定可以解决这个矛盾。

　　看到洞庭湖的景色，白居易为何没有感叹洞庭湖的景色，而是感叹洞庭湖周围百姓的生活呢？说到底，白居易的心里还是放不下他们。

　　从七年前被贬谪到江州，到如今自请外放杭州，这七年间白居易经历了太多，他的心态一直在发生变化，从愁闷到困惑，再到告别过去的自己、乐天知命，最后到对朝廷彻底的失望。可以说，白居易是带着失望离开长安的，而从他离开长安的那一刻起，他已经做好了游山玩水、不问世事的准备。然而，在看到洞庭湖的景色后，白居易的心态再一次发生了改变，他将要出任杭州刺史，如果他不去作为，百姓该怎么办呢？

　　其实，直到此时，白居易才真正完成了他人生的第二次蜕变，他虽然对朝堂失望，但他的心里依旧装着百姓。是啊，见过了百姓疾苦的白居易，怎么可能弃百姓于不顾呢？

　　过了洞庭湖就是江州，白居易故地重游了一番，见了一些老友，品了一些旧味，直到十月才再次启程，踏上前往杭州的路。

"地理发现"

洞庭湖

洞庭湖处于长江中游荆江南岸。关于洞庭湖名字的由来,可谓源远流长。

先秦时期,在江陵以东的江汉平原上,有一个大湖,名叫云梦泽。在云梦泽的南边,有一个小湖,名叫洞庭波。后来,云梦泽逐渐向南移动,与洞庭波合并。合并后,云梦泽由于泥沙的聚集,面积不断缩小,洞庭波则由于长江水的注入不断变大。在合并而成的新湖的众多岛屿中,有一座岛屿,名叫洞庭山,于是,人们便把合并而成的新湖称为洞庭湖。这便是洞庭湖名字的由来。

唐宋时期,洞庭湖成了一个天然的蓄水池,当长江发生洪水时,人们便把长江水引到洞庭湖中,洞庭湖的面积因此进一步变大,最后变成了浩浩荡荡的"八百里洞庭"。正是因为洞庭湖的存在,武汉三镇和江汉平原多次免受洪涝灾害。然而,到了近代,洞庭湖的面积却开始快速缩减,从鼎盛时期的六千多平方公里缩减到如今的两千多方公里。当然了,尽管洞庭湖的面积缩小了很多,但它依旧是中国第二大淡水湖。

洞庭湖湖区名胜繁多,湖边的岳阳楼与湖中的君山都是国家5A级旅游景区。

忙碌的杭州刺史

公元 823 年 [52岁] 杭州

　　杭州是个富庶之地，有许多政务需要白居易处理，所以刚到任上，他便全身心地投入工作。

　　在地方做官自由了许多，尤其作为一州之长，白居易可以按照自己的理念来治理杭州。经过几个月的努力，杭州的事务逐渐步入正轨，白居易则忙里偷闲到钱塘湖游览了一番。

钱塘湖春行

孤山寺北贾亭西，水面初平云脚低。
几处早莺争暖树，谁家新燕啄春泥。
乱花渐欲迷人眼，浅草才能没马蹄。
最爱湖东行不足，绿杨阴里白沙堤。

钱塘湖，即西湖。在杭州众多景点里，西湖绝对是排名第一的存在，所以来到杭州的文人没有一个不来西湖走一遭的，既然来了，那就大概率会写下诗作。可是，尽管描写西湖的诗作有很多，却没有一首像白居易的这首《钱塘湖春行》一般，能够把西湖的春景描绘得如此生意盎然。

诗中，白居易从山到水，再到天空和地上，对西湖的景色进行了全方位的描绘。这景色中，有山、有寺、有水、有云、有早莺、有春燕、有树、有花、有草、有堤，可谓美不胜收。

观赏完西湖的春景，白居易便又投入到紧张的政务中去了。杭州城内有六口大井，是50年前开凿的。自从开凿了这六口大井之后，百姓用水问题得到了解决。然而，后来的杭州刺史疏于修缮，导致这六口大井逐渐荒废，百姓用水再次成了一个大问题。得知情况后，白居易带人疏通了六口井的输水管道，百姓得以再次用上了"放心水"。

疏通完水井后，白居易又开始了另一项大工程——修筑堤坝。

杭州这个地方，春季雨水较多，秋季容易干旱。针对杭州的气候特点，白居易制定了加高西湖堤坝的策略，这样，在春季雨水较多的时候，便可以把雨水储蓄在西湖里，等到干旱的时候，再放水浇田。

规划好一切之后，白居易亲自上阵监督，修筑堤坝的工程就这样开始了。工程耗时大半年，竣工之后，白居易写下了一篇"西湖使用说明书"——《钱塘湖石记》，并命人雕刻在堤坝的石碑上。

在白居易看来，历代刺史都不能完全发挥西湖的作用，导致杭州旱涝灾害时有发生，如今，他加高了堤坝的高度，西湖终于可以完全发挥它的作用了，而百姓再也不用担心旱涝灾害了。他希望以后的杭州刺史可以知道这些，于是写下了这篇文章。

后来，人们为了纪念白居易修筑堤坝的功劳，将该堤命名为白公堤。

在杭州的这一年半，白居易愈发坚信，与其在朝堂中忍受党争的不良之风，不如到地方造福一方百姓。然而，正当他准备继续践行这一理念时，一道圣旨彻底打乱了他的计划。

"地理发现"

西湖

西湖位于杭州市西湖区，是江南三大名湖之一，湖水被白堤、苏堤、杨公堤、赵公堤分成几个大小不一的部分。需要注意的是，很多人以为现在的白堤就是白居易修筑的白公堤。其实，白居易修建的白公堤已经无迹可寻了，现今西湖上的白堤原名白沙堤，在白居易出任杭州刺史之前就已经存在了。白沙堤最早以白沙铺地，故得名白沙堤。虽然白沙堤不是白居易修建，但人们为了感念白居易为杭州所做的贡献，便将白沙堤称为白堤。

在西湖周围，分布着十处建于南宋至清代的特色风景，它们分别是苏堤春晓、曲苑风荷、平湖秋月、断桥残雪、柳浪闻莺、花港观鱼、雷峰夕照、双峰插云、南屏晚钟、三潭印月。这十处风景合称为西湖旧十景。1985年，杭州市组织了一次全民投票（西湖旧十景不在评选范围），票数最高的十处风景分别为：云栖竹径、满陇桂雨、虎跑梦泉、龙井问茶、九溪烟树、吴山天风、阮墩环碧、黄龙吐翠、玉皇飞云、宝石流霞。这十处风景合称为西湖新十景。2007年，杭州又举行了一次西湖景点评选活动（西湖旧十景、西湖新十景不在评选范围），共分3次评选，最终从149处景点中选出了十处景点，分别为：灵隐禅踪、六和听涛、岳墓栖霞、湖滨晴雨、钱祠表忠、万松书缘、杨堤景行、三台云水、梅坞春早、北街梦寻。这十处景点合称为"三评西湖十景"。

洛阳：是归人，亦是过客

公元 824 年 [53岁] 洛阳

公元 824 年正月，唐穆宗因病去世，16 岁的太子李湛继位，是为唐敬宗。正所谓"一朝天子一朝臣"，皇帝换人了，臣子自然也要跟着来一波大换血，白居易便是在这样的情况下被召回长安。

对于返回长安这件事，白居易是什么态度呢？两个字：抵触。

此时恰好是春天，是西湖景色最美的时候，于是，白居易把圣旨扔

到一旁，骑马来到了西湖，游览起了如画的景色。

> **春题湖上**
>
> 湖上春来似画图，乱峰围绕水平铺。
> 松排山面千重翠，月点波心一颗珠。
> 碧毯线头抽早稻，青罗裙带展新蒲。
> 未能抛得杭州去，一半勾留是此湖。

"未能抛得杭州去，一半勾留是此湖"，白居易对杭州与西湖的不舍跃然纸上。然而，纵使不舍，终究还是要离开。

此次北上，白居易走的是汴河路。一路上，白居易听说了不少敬宗做的荒唐事，越听心越凉，对返回长安这件事的抵触心理也越强。

其实，在敬宗继位之初，白居易对这位少年皇帝还抱有一些期许，希望他可以一改穆宗执政时的不正之风。然而，现实却是敬宗比穆宗更加昏庸，更加沉迷于享乐，甚至为了打马球半个月不上一次朝。

走到洛阳时，白居易停下了脚步。多年以前，白居易一家人搬到洛阳居住，虽然自己在这里生活的时间不长，但这里也算是自己的第二故乡。于洛阳而言，白居易是归人。

看着熟悉的洛阳城，白居易打定主意：不走了，就在这里度过以后的人生吧。于是，他给宰相牛僧孺写了一封信，请求给他在洛阳安排一个职位。牛僧孺当年参加进士考试时，白居易担任考官，所以牛僧孺算是白居易的门生。有了这层关系，牛僧孺非常爽快地答应了白居易的请求，给他在洛阳安排了一个闲职。

在杭州忙碌了两年，此时，又有了大把的时间，白居易再一次过起了喝喝酒、写写诗、交交友的悠闲生活。

然而，老天似乎并不打算让他这样悠闲下去。

公元825年春，白居易刚把自己的房子修缮好，便接到了一项任命，去苏州做刺史。苏州和杭州相距不远，或许是他在杭州任上的名声不错，所以又给他安排了一个苏州刺史，让他把苏州也好好治理一番。

对于这项任命，白居易并不反感，因为苏州和杭州一样，都是景色怡人之地，到了那里，白居易便又可以诗酒交游一番了。可是，对于洛阳，他心里也充满了不舍，尤其舍不得城东的那一处春色，于是，在离开洛阳前，他特地来此游玩了一番，并写下了这首《除苏州刺史别洛城东花》。

除苏州刺史别洛城东花

乱雪千花落，新丝两鬓生。
老除吴郡守，春别洛阳城。
江上今重去，城东更一行。
别花何用伴，劝酒有残莺。

从诗的名字可以看出来，白居易告别的不是人，而是花。春天，恰好是牡丹花盛开的时节，而洛阳的牡丹花更是甲天下。看着盛开的牡丹花，白居易用这首诗和它们告了一次别。

告别了牡丹花，白居易便踏上了前往苏州的路。等待他的是什么呢？他又会怎么做呢？

"地理发现"

洛阳

洛阳，位于洛水之阳（水的北面谓之阳），故得名洛阳。古时候，洛阳也叫洛邑、洛京、神都。

洛阳与西安一样，先后有13个王朝在此建都。如此悠久的历史，自然赋予了洛阳深厚的历史文化内涵。截至目前，洛阳共有6处世界文化遗产，分别是龙门石窟、汉魏洛阳故城遗址、隋唐洛阳城定鼎门遗址、新安县汉函谷关遗址、回洛仓遗址和含嘉仓遗址。中国四大发明中的指南针、印刷术、造纸术均诞生于洛阳。

洛阳的牡丹花具有十分悠久的历史，唐代刘禹锡曾写诗赞美："唯有牡丹真国色，花开时节动京城。"1982年，洛阳将牡丹定为市花。1983年，洛阳举办了洛阳牡丹花会，此后，每年的4月份，洛阳都会举办牡丹花会。2010年，洛阳牡丹花会升格为国家级节会，改名为"中国洛阳牡丹文化节"。

洛阳是首批国家历史文化名城，共有5处国家5A级旅游景区，分别是龙门石窟、老君山、白云山、鸡冠洞和龙潭大峡谷。2001年，洛阳便被评为"中国优秀旅游城市"。

赴任苏州,力不从心感垂暮

公元 825 年 [54岁] **苏州**

  苏州是一个大城市,经济发达,文化繁荣,所以白居易来到苏州后,并没能按照他预想的那样,好好地诗酒交游一番,而是忙起了政务,这一忙,就是三个月。

  三个月后,苏州的一切事务逐渐步入正轨,此时也恰好到了收柑橘的季节。按照唐朝的制度,地方官员每年需要向朝廷进贡当地的特产。苏州的特产是产于太湖洞庭山的柑橘,于是,白居易乘船来到太湖,亲自督办柑橘的采摘。他也乘机偷得几日闲,在太湖游览了一番。

这天夜晚，白居易一行人在太湖上吟咏赋诗，开怀畅饮，何等潇洒畅快。酒罢，一行人夜宿湖中，白居易兴致正浓，吟了这首《宿湖中》。

宿湖中

水天向晚碧沉沉，树影霞光重叠深。
浸月冷波千顷练，苞霜新橘万株金。
幸无案牍何妨醉，纵有笙歌不废吟。
十只画船何处宿，洞庭山脚太湖心。

太湖是位于苏州西部的一座大湖。白居易这首诗表面是在写太湖的风景，实际写的是自己的闲适心情。白居易自从来到苏州后，整日忙于公务，甚至休假的时候也得不到清闲。苏州有不少的名胜，但白居易一直没有时间游览，而今天，总算没有了案牍之劳，索性伴着太湖的风景大醉一场，好好放松一下。

从太湖回来后，白居易再次投入繁忙的工作中，其中最值得一提的就是修了一条通往虎丘的路。

虎丘是苏州的一处名胜，但要想欣赏虎丘的景色，还需要费一番周折。当时，通往虎丘的水路被淤泥堵塞，而陆路崎岖不平，所以，要想去虎丘，需要先坐船走一段水路，船走到淤塞处，再下船走一段崎岖的陆路。

为了让人们更便捷地通往虎丘，白居易带人疏通了河道，河道中清理出来的淤泥被用到了河堤以及陆路的修缮中。几个月后，一条长约七里的道路修建完成。道路的中间是水路，两侧是陆路，人们可以选择任意一种出行方式。

这项工程到这里还没有结束，白居易还命人在水里种了荷花，在道路两旁种了几千棵桃树和李树。此后，每年春天，这里游人如织，一片繁荣景象。

这一年，白居易过得很充实，他忙于公务，筑堤修路，但也是在这一年，他开始感觉力不从心，垂暮之感陡然袭来。

第二年春天，白居易外出办公时，不小心从马上摔了下来，摔伤了腰和腿，所以这年春天，白居易不得不卧床休养。

两个月后，白居易刚刚养好腰伤和腿伤，眼疾突然发作。各方求医无果之后，白居易产生了辞官的想法。他知道，自己现在这副身体，已经无法胜任刺史的工作了，于是，他以患病为由请了一个长达百日的长假。按照唐朝的律例，百日长假就是辞官的前奏，请假期间，官员依旧可以待在任上，工资照发，但不用处理政务，等到百日假期结束之后，官员便可以办理退休手续了。

休假之后，白居易的眼睛竟然奇迹般地开始好转。或许，白居易的眼疾是积劳成疾，如今，他不用再昼夜忙于公务，眼睛得到了休养，自然也就一点点变好了。

剩下的这段假期，白居易开启了诗酒交游的惬意生活，他一边游览苏州的风景名胜，一边和朋友喝酒赋诗，畅舒离别之情。

九月，假期结束，代表着白居易的任期也结束了。离开苏州这天，苏州的百姓来到江边为白居易送行。虽然白居易只在苏州刺史的位子上待了不到两年，但为百姓做了很多实事，百姓们感念他的恩德，纷纷前来送行。

看着前来送行的百姓，白居易深受感动，写下了这首《别苏州》。

别苏州

浩浩姑苏民，郁郁长洲城。
来惭荷宠命，去愧无能名。
青紫行将吏，班白列黎氓。
一时临水拜，十里随舟行。
饯筵犹未收，征棹不可停。
稍隔烟树色，尚闻丝竹声。
怅望武丘路，沉吟浒水亭。
还乡信有兴，去郡能无情。

几天前，白居易还在为退休还乡而欣喜，而如今，看着浩浩荡荡前来送行的百姓，他的内心又泛起了不舍之情。可是，他的身心日渐疲惫，他的身体也频繁发出"预警信号"，他不得不告别了。

"地理发现"

苏州

苏州原名吴郡，隋文帝建立隋朝后，从吴郡的姑苏山上获得灵感，将吴郡改名为苏州。苏州是著名的江南水乡，城内河街相邻、水陆并行，素有"人间天堂"的美称，还被意大利著名旅行家马可波罗誉为"东方威尼斯"。

苏州还被誉为"园林之城"，有园林200多处，现保存完好的尚有数十处。中国四大名园，仅苏州就占有两处，分别是拙政园和留园。1997年，拙政园和留园被列入世界文化遗产名录。

白居易曾去过的虎丘被誉为"吴中第一名胜"。景区内，有一座塔，名叫虎丘塔，距今已有一千多年的历史。虎丘塔是世界第二斜塔，被称为"中国的比萨斜塔"。

苏州城外，还有一座寺院，因为一首诗火了一千多年，它就是寒山寺，这句诗就是"姑苏城外寒山寺，夜半钟声到客船"。寒山寺是中国十大名寺之一，距今已有一千多年的历史。寺内古迹很多，以碑刻艺术而出名，寺内陈列着唐伯虎、董其昌等人的诗碑。

喜遇刘禹锡，携手游扬州

公元 826 年 [55岁] 扬州

就离开苏州后，白居易乘船一路北上，行至扬州渡口时，竟与同样要返回洛阳的刘禹锡不期而遇。

白居易与刘禹锡是多年的好友，两人一直有书信上的往来，也有诗文上的唱和。如今，好友相逢，自然要互诉衷肠。

刘禹锡和白居易同岁，不过，刘禹锡22岁便考中了进士，后面的仕途也是顺风顺水。然而，公元805年的革新失败后，刘禹锡被贬黜在外，而这一贬，就是二十二年。

白居易并非不知道好友的情况，但此刻从好友口中听到他的遭遇，还是忍不住唏嘘一声，随即写下了这首《醉赠刘二十八使君》。

醉赠刘二十八使君

为我引杯添酒饮，与君把箸击盘歌。
诗称国手徒为尔，命压人头不奈何。
举眼风光长寂寞，满朝官职独蹉跎。
亦知合被才名折，二十三年折太多。

在诗中，白居易称赞了好友的才华，并对好友被贬的坎坷经历感到痛惜。是啊，人生又有几个二十三年呢。

值得玩味的是，从刘禹锡被贬的那年算起，到他们相遇这年，中间过去了二十二年，为何白居易却在诗中说二十三年呢？

两人在扬州相遇时，已经是初冬，返回洛阳后，刘禹锡还需要等朝廷的安排，而安排好一切事务后，估计就是第二年了。于是，白居易在写这首诗的时候，提前把第二年的时间算了进去。

听完白居易的诗，刘禹锡当即回赠，写下了这首刘诗中传唱度极高的《酬乐天扬州初逢席上见赠》。

酬乐天扬州初逢席上见赠

巴山楚水凄凉地，二十三年弃置身。
怀旧空吟闻笛赋，到乡翻似烂柯人。
沉舟侧畔千帆过，病树前头万木春。
今日听君歌一曲，暂凭杯酒长精神。

刘禹锡虽然过了二十多年的贬谪生活，但他为人豁达，不管到哪里都是随遇而安。这首《酬乐天扬州初逢席上见赠》便是最好的证明。

同样值得玩味的是，刘禹锡在这首诗里也用了"二十三年"这个说法。这首诗是回赠白居易的，既然白居易在诗中用了"二十三年"的说法，那他自然要向白居易看齐。

在扬州城内，有一座塔，名叫栖灵塔。据说，李白、高适、刘长卿等人都曾登临此塔，李白还写下了"宝塔凌苍苍，登攀览四荒"的诗句。既然如此，两人又怎么肯错过。

栖灵塔共有九层，两人登上最高层，极目远望，只见一片壮丽的景象展现在眼前。此情此景，不写一首诗，怎么对得起两人"诗人"的名号呢？于是，白居易吟了一首《与梦得同登栖灵塔》，刘禹锡则和了一首《同乐天登栖灵塔》。

白居易

与梦得同登栖灵塔

半月悠悠在广陵,何楼何塔不同登。
共怜筋力犹堪在,上到栖灵第九层。

同乐天登栖灵塔

步步相携不觉难,九层云外倚阑干。
忽然笑语半天上,无限游人举眼看。

两首诗走的都是通俗易懂的路线,只是简单记述了下两人一起登栖灵塔的事。从白诗的第一句,我们还可以得到一个信息,两人在广陵(即扬州)一直晃晃悠悠地待了半个月,在这半个月的时间里,他们结伴同游,观山看水,极是畅快。

打卡完栖灵塔,扬州的景色也算游览了一个遍了,既然如此,那就出发吧,前往洛阳。此次返程,有好友相伴,一路上两人赏景吟诗,倒也快活自在。

"地理发现"

扬州

扬州历史悠久,春秋时期,楚怀王在此建城,取名为广陵。南北朝时期,改名为吴州。隋文帝建立隋朝后,改吴州为扬州。此后,扬州之名虽屡有更改,但大部分时间都叫扬州。因为扬州曾用名广陵,所以白居易在诗中说"半月悠悠在广陵"。

扬州文化底蕴丰厚,古琴、雕版印刷、富春茶点制作技艺、剪纸这四个项目被列入"人类非物质文化遗产代表作名录",扬州弹词、漆器、扬州评话、玉雕等项目入选了"国家级非物质文化遗产名录"。

扬州景点众多,最著名的就是位于扬州市邗江区的瘦西湖。瘦西湖原本是一片浅滩,京杭大运河建成后,运河中的水被引入瘦西湖,这便形成了今天我们所见到的瘦西湖的样子。

关于瘦西湖的名字,和清代的一位诗人有关。据说,清代诗人汪沆有一次来扬州游玩,看到这片湖水及周边的景色如诗如画,于是写了一首赞美诗:"垂杨不断接残芜,雁齿虹桥俨画图。也是销金一锅子,故应唤作瘦西湖。"此后,这里便被人们称为"瘦西湖"了。

身体告急，"中隐"洛阳

公元 829 年 [58岁] **洛阳**

公元 826 年的冬天，也就是白居易和刘禹锡返回洛阳的途中，长安发生了一件大事，敬宗被宦官杀害。事情的起因是敬宗经常随意鞭笞宦官，宦官不堪其辱，于是在一个夜晚，宦官们勾结在一起，将敬宗在宫中杀害。

敬宗死后，宦官们拥护敬宗的弟弟李昂上位，是为唐文宗。

李昂自幼勤勉进取，一心想学唐太宗，开创一个盛世，但奈何自己前面有一个哥哥，皇位是不可能轮到他来坐的。正在他为救国无门而惆怅时，天上突然掉下个皇位。他终于有了大展拳脚的机会。

"一朝天子一朝臣"，唐文宗也不例外，继位之后，第一件事就是给朝堂换了次血，把一些能干事的人提拔了上来。白居易虽然不在此次提拔之列，但他的不少好友都被提拔了上来，而他在好友的推荐下，被任命为秘书监。

任命下来的时候，白居易和刘禹锡刚刚抵达洛阳，刘禹锡暂时被安排在了洛阳（几个月后被调回长安），而白居易要即刻启程，前往长安。

秘书监是秘书省的最高长官，官阶为从三品。二十多年前，白居易在秘书省做校书郎，所以此次回到秘书省也算是重回故地了。秘书省的主要职责是管理图书典籍，所以即便作为秘书省的最高长官，白居易也不用参与政事。对于一心想要退休不愿参与政事的白居易来说，此次安排还算符合心意。

不过，文宗似乎并不打算让白居易一直清闲下去，公元827年年底，便把他安排到了刑部侍郎的位置上。刑部侍郎负责管理司法，是一个非常重要的职位。白居易担任左拾遗时，曾写诗讽刺过当时的刑部侍郎渎职枉法，如今，他坐到这个职位上，自然不敢有丝毫的懈怠。然而，他的身体健康却时时出现问题，眼疾也频频复发。

一年后，白居易的身体再也坚持不住了，于是，他再次以患病为由提交了退休申请。文宗体恤白居易的辛劳，但还想以后重用他，于是想了一个折中的办法，在洛阳给他安排了一个闲差，让他在任上好好休养，而且这样还可以领一份工资，不至于为生计发愁。

古语有云："大隐隐于市，小隐隐于野。"白居易这样的生活算什么呢？他将其称为"中隐"，并赋诗一首。

白居易

中隐（节选）

大隐住朝市，小隐入丘樊。
丘樊太冷落，朝市太嚣喧。
不如作中隐，隐在留司官。
似出复似处，非忙亦非闲。
……
人生处一世，其道难两全。
贱即苦冻馁，贵则多忧患。
唯此中隐士，致身吉且安。
穷通与丰约，正在四者间。

白居易很喜欢中隐的生活，既不用为了政事劳心劳力，也不用为了没有钱财而担忧。另外，洛阳有不少朋友，无聊了，便去找几个朋友喝喝酒、写写诗，想安静了，大门一关，谁也不见。

这年九月，在外任职的元稹被召回长安，路过洛阳时，叩响了白居易家的大门。白居易谁都可以不见，唯独元稹这个一辈子的好友，哪怕他卧床不起，也必须见。

自从二十多年前，元稹被授予左拾遗，白居易被授予盩厔县尉之后，

两人一直是聚少离多,且大多都是匆匆相聚、匆匆离别。此次相聚也是如此,元稹奉旨进京,不能耽误太多时间,于是短暂的相聚之后,便又要分别了。

看着元稹离去的背影,白居易的心里突然多了几分落寞。

"地理发现"

白居易故居纪念馆

白居易中隐洛阳后,居住在洛阳履道里,即今天的狮子桥、贺村、大屯一带。1992年,洛阳市政府在白居易故居的原址上修建了白居易故居纪念馆。纪念馆占地80亩,馆内有白居易学术中心、乐天园、唐文化游乐园等建筑。

白居易纪念馆仿照唐代的建筑风格修建而成,馆内矗立着白居易的雕像,并陈列着和他有关的字画、壁画,我们可以在这里了解这位大诗人的生平事迹。

花甲之年担重任

公元 831 年 [60岁] 龙门山

公元 830 年的冬天，白居易正坐在火炉前取暖，突然从长安传来一道圣旨，他被任命为河南尹。河南尹是洛阳市的最高行政长官，统管洛阳的一切事务。

如果是两年前，白居易一定会想方设法推掉这个职务，而如今，经过两年时间的休养，白居易的身体已有所恢复，于是，过完新年，白居易便欣然赴任，再次开启了他政治生涯。

这一年，白居易 60 岁，已是花甲之年，但他仍旧抖擞起精神，以一副"老来当作正当年"的姿态处理起政务。他惦念百姓的生活，经常骑马出城视察庄稼的生长情况。看到庄稼长得很好，白居易喜笑颜开，写下了一首《与诸公同出城观稼》。

> **与诸公同出城观稼**
>
> 老尹醉醺醺，来随年少群。
> 不忧头似雪，但喜稼如云。
> 岁望千箱积，秋怜五谷分。
> 何人知帝力，尧舜正为君。

60 岁的白居易已经满头白发，但他不为此而担忧，因为百姓今年可以有一个好收成。在诗的最后，白居易还赞扬了文宗的德行，甚至把文宗与尧舜相比。自宪宗之后，穆宗、敬宗一个比一个昏庸，白居易已然对朝堂失望透顶，而几年前，文宗继位后，励精图治，这让白居易看到了希望，所以欣喜之余，他便把这位年轻的帝王也夸赞了一番。

政务比较闲暇的时候，白居易还会约上三五好友一起游龙门山。自从回到洛阳后，白居易曾多次与好友同游龙门山，还写下了"龙门不是旧龙门"的诗句。其实，何止"龙门不是旧龙门"，他们也不再是原来的少年。

这年冬天，洛阳的天气很冷，白居易命人做了一件新棉袄。这本来是一件再正常不过的事，但穿着新做成的棉袄，白居易的耳边竟突然响起了百姓挨饿受冻的呻吟声。作为河南尹，他自然不愁吃、不愁穿，但

白居易

天下还有那么多的百姓在挨饿、受冻，想到这里，他不禁一声叹息，写下了这首《新制绫袄成感而有咏》。

新制绫袄成感而有咏

水波文袄造新成，绫软绵匀温复轻。
晨兴好拥向阳坐，晚出宜披踏雪行。
鹤氅毳疏无实事，木棉花冷得虚名。
宴安往往叹侵夜，卧稳昏昏睡到明。
百姓多寒无可救，一身独暖亦何情！
心中为念农桑苦，耳里如闻饥冻声。
争得大裘长万丈，与君都盖洛阳城！

70年前，杜甫在成都喊出了"安得广厦千万间，大庇天下寒士俱欢颜，风雨不动安如山"。如今，白居易在洛阳发出了"争得大裘长万丈，

121

与君都盖洛阳城"的感叹。

　　两位诗人虽然处于不同的时代，但想要庇护天下百姓的理想是相同的。而和杜甫一生郁郁不得志比起来，白居易还算幸运，做过左拾遗，做过忠州、杭州、苏州的刺史，如今，又担任河南尹，虽然他无法在朝堂中发挥才能，但做地方官的这些年，他为百姓做了不少实事，也的确达成了他造福一方百姓的政治理想。

　　可是，尽管已经做到如此地步，白居易仍旧觉得不够，他希望可以有一个"大裘"，把洛阳的百姓全部盖起来，让他们免受饥寒之苦。

　　进入官场以来，无论白居易的心态如何改变，无论他的政治理想如何改变，他始终想着身处社会底层的百姓，这也是已经花甲之年的他依旧竭尽心力处理洛阳的政事的原因。

　　此后的两年，白居易依旧任劳任怨地待在河南尹的职位上，尽他所能地为当地百姓做一些实事。可是，他终究是老了，担任河南尹的这几年，他的旧疾时时复发，他终究是扛不住了，于是，在公元833年的春天，他再一次提交了退休申请。

　　文宗也再一次拒绝了他的请求，但还是和上次一样，给他安排了一个闲差，让他既可以休养，还可以领一份工资。

　　而这一次，白居易在中隐的基础上更进一步，选择了半遁空门，住进了香山寺。

"地理发现"

龙门山

龙门山位于洛阳城南。据说,龙门山曾是一个相连的整体,大禹治水时,把龙门山从中间凿开,此后,龙门山分成东、西两座山。武则天在位时,在龙门东山上修建了香山寺,此后,龙门东山改名为香山,而龙门西山则被简称为龙门山。

被誉为四大石窟之首的龙门石窟(其他三座石窟分别是敦煌莫高石窟、云冈石窟和麦积山石窟)便位于龙门山与香山。龙门石窟始凿于北魏孝文帝年间,一直持续到唐代,营造时间长达400多年。龙门石窟现存造像9.7万多尊,是世界上规模最大、造像最多的石刻艺术宝库。同时,龙门石窟也代表着中国石刻艺术的最高峰。

半遁空门的"香山居士"

公元 833 年 [62岁] 香山寺

　　四年前，白居易选择了"中隐"，如今，他又选择了"半遁"。所谓"中隐"，说白了，就是介于"隐"与"不隐"之间，那"半遁"自然就是介于"遁"与"不遁"之间了。当然了，怎么"中隐"，怎么"半遁"，因人而异。白居易是什么形式的"半遁"的呢？在他当时写下的《香山寺二绝》中的其中一首里，我们可以找到一半答案。

香山寺（其一）

空门寂静老夫闲，伴鸟随云往复还。
家醅满瓶书满架，半移生计入香山。

"往复还""半移生计"便是白居易给出的一半答案。

"往复还"就是说白居易并非一直住在香山寺，他会经常回家，或是和朋友小聚，或是了解朝堂的政事，总之，他这段时间总是频繁来往于家与香山寺之间。

"半移生计"说的是什么呢？这便是本诗第三句提到的酒和书。对于此时的白居易来说，酒和书已经占据了他生活的一半，是不可缺少的，所以他住进香山寺的同时，也把家里的酒和书一块搬了过来。

另一半答案没写在诗里，而是在他的生活里，那便是他经常参悟佛理。

频繁来往于家和香山寺，居住的屋子里装满了酒和书，经常参悟佛理，这便是"半遁"空门的白居易。

住在香山寺的时候，白居易经常穿一身白衣，做居士打扮，他还给自己取了一个号，叫"香山居士"。

香山寺的环境非常寂静，住的时间长了，他便产生了完全遁入空门的想法，但尘世还有太多他割舍不下的东西，所以他在《香山寺二绝》的另一首中说道："他生当做此山僧。"说白了，就是下辈子再来这里做和尚吧。

> **香山寺（其二）**
> 爱风岩上攀松盖，恋月潭边坐石棱。
> 且共云泉结缘境，他生当做此山僧。

此后的两年，白居易一直维持着这种生活状态，过得那叫一个闲适。不过，文宗可不打算让他一直闲适下去，他还打算让白居易继续为朝廷发光发热呢。

公元835年的秋天，一道圣旨传来，白居易被任命为同州刺史。同州离长安不远，文宗此次把白居易调到同州，是想让白居易先离开洛阳，等他谋划的事情尘埃落定，再把白居易调到长安，辅佐他完成后面的事。

然而，白居易此时并不想离开洛阳，再加上他的健康状态不佳，于是，他以养病为由请求文宗另择他人。文宗非但没有强求白居易，准许了他的请求，还封他为太子少傅（一个闲差，但官阶很高，为从二品），并加封"冯翊县侯"。

在古代，只有功名显赫的人才能封侯，而文宗之所以给白居易如此大的优待，自然和他的谋划有关。

白居易

我们知道，文宗是一个励精图治的年轻帝王，但他继位时，大唐王朝已经处于风雨飘摇之中。宦官乱政、牛李党争，这两件事是横亘在文宗前面的两座大山，要想中兴大唐，就必须铲平这两座大山。于是，从文宗继位的那天起，他就开始培植自己的势力，并谋划着如何铲除宦官和牛李党派。

文宗谋划了近10年。公元835年，文宗见时机已经成熟，便开始了"朝堂大清扫行动"。他先把牛、李党派的一些重要领袖贬出长安，接着开始分化宦官集团，并成功处死了大宦官王守澄。计划进行到这一步，离成功只有一步之遥，接下来要做的便是设计处死另外两个大宦官——仇士良和鱼弘志。

然而，就在这关乎成败的时刻，有人不小心走漏了风声。仇士良和鱼弘志得知消息后，带兵劫持了文宗，并杀死了所有支持文宗的大臣。此后，文宗被宦官集团控制，彻底沦为傀儡，他想要中兴大唐的愿望也就此落了空。

此时，白居易还居住在洛阳，得知消息后，震惊、悲伤、失落、无奈……

各种情绪涌上心头,也正是在如此复杂的心绪下,白居易写下了这首《九年十一月二十一日感事而作》。

> **九年十一月二十一日感事而作**
>
> 祸福茫茫不可期,大都早退似先知。
> 当君白首同归日,是我青山独往时。
> 顾索素琴应不暇,忆牵黄犬定难追。
> 麒麟作脯龙为醢,何似泥中曳尾龟?

诗的最后一句非常值得玩味,大意是,你们都是人中龙凤,而如今却成为他人的刀下鬼,为什么不像我一样做一只藏在泥中的缩头乌龟呢?

白居易真的是一只缩头乌龟吗?当然不是。他年轻时直言进谏,不怕得罪任何势力,后来又多次担任地方官,竭尽心力地为百姓做事,这样一位敢作敢为的好官怎么可能是缩头乌龟呢?

白居易之所以在诗里这样自比,是因为这件事对他的打击非常大,他在用"缩头乌龟"自嘲,但其实里面所包含的更多是无奈,一种无法扭转大唐王朝衰落命运的无奈。是啊,即便像文宗这样有作为的帝王都无法挽救风雨飘摇的大唐,而如今,朝堂完全被宦官把持,唐王朝未来的命运可想而知。

在这里,我们做一个假设,如果文宗的谋划成功,他下一步便是想尽办法把白居易调回长安,辅佐他中兴大唐。届时,两人的愿望或许都会得到实现。但如今,一切都落了空。

"地理发现"

香山寺

香山寺有唐代香山寺和清代香山寺之分。唐代的香山寺是武则天在位时修建的，位于香山（龙门东山）的南端。寺庙建成后，武则天经常到此处游览，香山寺也因此名声大振。然而，安史之乱后，香山寺逐渐衰败。白居易到洛阳担任河南尹时，出资重修了香山寺。重修后的香山寺在白居易的影响下，再次名声大振，一时间香火鼎盛。

元朝末年，香山寺被毁，自此，香山寺彻底消失在人们的视线中。清代康熙年间，当地官员经过考察后，在龙门西山石窟对面的香山上重建了香山寺。然而，他们却弄错了地方，唐代的香山寺在香山的南端，距离此处还有一段距离。不过，虽然地址考察有误，但香山寺终于得以重新出现在人们的视线中。后来，乾隆到香山寺游览，写下了"龙门凡十寺，第一数香山"的诗句，并命人刻在了石碑上。如今，在香山寺依旧可以看到这块石碑。

安享晚年，洛阳城里忆江南

公元 837 年 [66岁] 伊河

政变过后，白居易的人生彻底迎来了第三次蜕变，他不再过问世事，过起了安享晚年的生活。

此后的一段时间，除了在香山寺参悟佛理外，白居易将大部分精力都放在了整理自己的作品上。

公元 836 年，白居易完成了整理工作，一共整理出了三千多首诗，编成六十五卷，全部收藏在洛阳的圣善寺。白居易对外声明：谁都可以来寺里翻阅他的手稿，但不能带到寺外。

话一放出去，不少人慕名而来，有些人读完白居易的诗想顺便见见

他这个人,但白居易大门一关,谁也不见。

这年秋天,刘禹锡来洛阳任职,有好友相伴,白居易的生活快乐了许多。两人经常一起喝酒。有一次,白居易喝到尽兴处,拿起笔来,在酒瓮上写了一首诗,这便是《题酒瓮呈梦得》。

题酒瓮呈梦得

若无清酒两三瓮,争向白须千万茎?
麴糵销愁真得力,光阴催老苦无情。
凌烟阁上功无分,伏火炉中药未成。
更拟共君何处去,且来同作醉先生。

这首诗的意思很直白,就是告诉刘禹锡:你没事了就来找我喝酒。

虽然有好友相伴,但白居易的内心总是有几分失落,起因便是他最近时时回忆起江南。

忆江南(其一)

江南好,风景旧曾谙。日出江花红胜火,春来江水绿如蓝。能不忆江南?

忆江南(其二)

江南忆,最忆是杭州。山寺月中寻桂子,郡亭枕上看潮头。何日更重游!

忆江南(其三)

江南忆,其次忆吴宫。吴酒一杯春竹叶,吴娃双舞醉芙蓉。早晚复相逢!

严格来说，这三首《忆江南》并不是诗，而是词。很多人可能会奇怪，词不是宋代才出现的吗？其实不然，早在隋代，便已经出现了词这种文学体裁，但由于到了唐代，诗的发展达到了顶峰，使得词的影响力几乎到了可以忽略不计的地步，所以很多人误以为唐代没有词。其实，唐代也有不少词作，但由于水平高的文人都去写诗了，所以好的词作很少，而白居易的这三首《忆江南》绝对是唐词中的代表作，在当时便已经有了非常高的传唱度。

白居易一生去过很多地方，江南给他留下的印象最深刻。深刻在哪里呢？三个字：风景好。所以，他日日思念着，可以再去一次江南。

其实，此时的白居易有钱又有闲，他完全可以再去一趟江南，但为什么没去呢？历史没有留给我们答案。我们猜测，或许与他的健康状况有关。

还有一件事历史也没有留给我们答案。那就是为什么白居易在这个时候突然回忆起了江南呢？

白居易

回忆的袭来总要有一个诱因，而这个诱因或许与香山山脚下的伊河有关。

这天，白居易像往常一样参悟佛理，可是久久不得其法，于是，他走出禅房。爬到山顶，白居易极目远眺，他看到了绵延的山峰，也看到了一直延伸到天边的伊河。这一刻，在他的脑海里，突然浮现出了那个有山有水的江南，他也想起了他在江南做刺史的时光。

江南好，能不忆江南……

"地理发现"

江南

读了白居易的《忆江南》，你是否会有疑问，江南究竟是哪里呢？有人说，江南就是长江以南。真的是这样吗？

唐代杜牧在《寄扬州韩绰判官》中写道："青山隐隐水迢迢，秋尽江南草未凋。二十四桥明月夜，玉人何处教吹箫。"这首诗写的是扬州，而扬州位于长江的北边，如果江南就是长江以南，那杜牧为什么要说扬州是江南呢？所以，江南并非长江以南。

要弄清江南究竟是哪里，还需要从贞观元年（627年）说起。这一年，唐太宗将唐朝的版图分成了10道监察区，其中一个是江南道。江南道涵盖的地域范围很广，长江中下游的很多地区都涵盖在内，这就是广义上的"大江南"。

用"大江南"的概念去解释杜牧的《寄扬州韩绰判官》，也就解释得通了，包括很多诗人的诗词，也都可以解释得通了。比如，杜甫的《江南逢李龟年》写于长沙，在当时，长沙属于江南道的地域范围，所以诗名中有"江南"也就不足为奇了。

不过，这个"大江南"太过宽泛了，而且也比人们认知中的江南大了很多。那么，是不是有一个范围相对小一些、和人们认知相接近的江南呢？

答案是肯定的，这就是以太湖为核心，包括杭州、苏州、南京、扬州等地所形成的地域范围。这片地域最为繁华富庶，其景色、文化也都符合我们对江南的认知。所以，江南既可以很大，也可以比较具体，在不同的场景下，我们可以用不同的地域概念去理解不同人口中的江南。

达哉白乐天,"我身虽殁心长在"

公元 842 年 [71岁] 龙门山

古语有云:"人生七十古来稀。"此时的白居易已经 71 岁,在古代绝对算得上是长寿了。他这几年的晚年生活过得还算舒适,除了身体状况一直不是很好外,没有什么大事发生。

这年,白居易也实现了退休的愿望。回顾自己的一生,有过狂妄,有过失意,有过成就,不过不甘……

不过，不管有过什么，这些都已成为过去，此时他所有的，是十足的达观。看看他当时写下的这首《达哉乐天行》，我们就知道他当时是怎么个"达"法了。

达哉乐天行（节选）

达哉达哉白乐天，分司东都十三年。
七旬才满冠已挂，半禄半及车先悬。
或伴游客春行乐，或随山僧夜坐禅。
二年忘却问家事，门庭多草厨少烟。
…………
吾今已年七十一，眼昏须白头风眩。
但恐此钱用不尽，即先朝露归夜泉。
未归且住亦不恶，饥餐乐饮安稳眠。
死生无可无不可，达哉达哉白乐天。

房子、田地，对于白居易来说，都是身外之物，留着也没用，所以干脆全卖了，然后用这些钱买吃的、穿的、用的，好好享受生活。当然了，这些都只是小"达"，真正的"达"是他在诗最后的表态：死生无可无不可。简而言之，生死已经看淡。

唐代，官员退休也是有退休工资可以拿的，虽然只有在职时工资的一半，但因为白居易退休时的官职很高，所以退休工资并不算低，再加上卖地、卖房的钱，他手上的钱根本花不完。

看着多余的钱财，白居易决定为百姓再做一些事。

在龙门潭附近，有一段水路，叫八节滩，此处暗礁密布，船只在这里非常容易触礁，所以在民间八节滩又有"鬼门关"一说。

白居易

    白居易要做的事就是凿通这段水路。

    在担任杭州与苏州刺史期间，白居易指挥建设过不少水利工程，有着丰富的水利经验，所以指挥这项工程对他来说并不是一件难事。难的是他即便把全部积蓄拿出来，也不够完成这项工程。

    幸运的是，香山寺主持极力支持这项工程，他不仅捐了不少钱，还派了一些僧人相助。就这样，在白居易与香山寺主持的带领下，这项工程终于启动了。对于民间组织来说，这项工程不算小，所以足足花费了一年多的时间才完工。看着畅通无阻的八节滩，白居易非常高兴，把这件事写成了两首诗，这便是《开龙门八节石滩诗二首》。

> **开龙门八节石滩诗（其一）**
>
> 铁凿金锤殷若雷，八滩九石剑棱摧。
> 竹篙桂楫飞如箭，百筏千艘鱼贯来。
> 振锡导师凭众力，挥金退傅施家财。
> 他时相逐四方去，莫虑尘沙路不开。

> ☁ **开龙门八节石滩诗（其二）**
>
> 七十三翁旦暮身，誓开险路作通津。
> 夜舟过此无倾覆，朝胫从今免苦辛。
> 十里叱滩变河汉，八寒阴狱化阳春。
> 我身虽殁心长在，暗施慈悲与后人。

这一年，白居易73岁。

公元846年，也就是凿通八节滩的两年后，朝堂再一次迎来变动，李忱在宦官们的拥护下登上帝位，是为唐宣宗。宣宗上位后，和历来新上位的皇帝一样，给朝堂官员来了一次大换血。

尽管朝堂风云变幻，但这些都已经与白居易无关了。就在这年的八月，白居易悄然长逝。遵照他的遗愿，家人把他葬在了香山的琵琶峰。

三分乐观，七分悲悯，在白居易的诗里，有对人生的达观与通透，但更多的是对百姓的怜悯与关爱。他的一心为民换来了百姓对他的爱戴，在他死后，大街小巷仍在传唱他的诗，"文章已满行人耳，一度思卿一怆然"。

不止如此，唐宣宗还将"诗仙"的称号赐给了白居易。"缀玉联珠六十年，谁教冥路作诗仙。浮云不系名居易，造化无为字乐天。"其实，白居易才是大唐第一个通过了官方认证的"诗仙"。不过，"诗仙"这个称号最终被后人颁发给了大唐的另一位诗人——李白。当然了，对于白居易来说，是不是"诗仙"本就无所谓，因为他是"达哉达哉白乐天"。

"地理发现"

白园

白园位于洛阳香山琵琶峰上，是白居易的墓园，也是一座为纪念白居易而修建的园林。

墓园分青谷区、墓体区、诗廊区三部分。青谷区内有白池、石板桥、松竹、听伊亭、乐天堂等景观。听伊亭又叫草亭，是为纪念白居易16岁时写出的那首千古名篇《赋得古原草送别》而建。听伊亭旁边便是乐天堂，堂内有一座汉白玉雕成的白居易像，栩栩如生。

墓体区在琵琶峰峰顶，白居易的墓便在这里，墓前立着三块高大的石碑，其中一块上面刻着"唐少傅白公墓"六个字。墓丘旁边还有一块卧碑，上面刻着白居易的《醉吟先生传》。这块卧碑重约24吨，是中国目前最大的石书。

诗廊区展示的全是白居易的诗作，由中外名家书写，行书、篆书、草书、隶书等各种书体都可以在这里见到。

白园紧挨着香山寺，游览完香山寺，便可以到这里来了解白居易的生平事迹，与诗人来一场跨越时空的对话。